Joëlle Drou

C000150961

Internationalismes éducatifs entre débats et combats

(fin du 19ᵉ – premier 20ᵉ siècle)

PETER LANG

Bruxelles • Berlin • Bern • New York • Oxford • Warszawa • Wien

Information bibliographique publiée par « Die Deutsche Nationalbibliothek »
« Die Deutsche Nationalbibliothek » répertorie cette publication dans la « Deutsche Nationalbibliografie » ; les données bibliographiques détaillées sont disponibles sur Internet sous ‹http://dnb.d-nb.de›.

L'étape de la prépresse de cette publication a été soutenue par le Fonds national suisse de la recherche scientifique.

Réalisation couverture : Didier Studer, Peter Lang AG.

ISSN 0721-3700 br.   ISSN 2235-6312 eBook
ISBN 978-2-8076-1668-4 br. ISBN 978-2-8076-1669-1 eBook
ISBN 978-2-8076-1670-7 EPUB ISBN 978-2-8076-1671-4 MOBI
DOI 10.3726/b17507   D/2020/5678/71

Cette publication élaborée entre 2017 et 2020 a fait l'objet d'une évaluation par les pairs.

© P.I.E. PETER LANGs.a. Éditions scientifiques internationales Brussels, 2020
avenue Maurice, B-1050 Bruxelles, Belgiumbrussels@peterlang.com ;
www.peterlang.com

Table des matières

Introduction. Internationalismes au prisme de l'éducation. Convergences, dissonances, résonances

Joëlle Droux et Rita Hofstetter

Le 28 décembre 1916, la *Gazette de Lausanne et journal suisse* cible, dans sa Une, au milieu d'une masse d'informations toutes consacrées à la guerre mondiale, l'hécatombe des enseignants[1] au Nord de ses frontières. Dans l'un de ces entrefilets, titré « Les instituteurs tués à la guerre », on peut lire :

> Une feuille d'enseignement paraissant à Strasbourg annonce que l'Alsace-Lorraine a perdu à la guerre 159 instituteurs, la Prusse 6 927, le duché de Bade 535, la Bavière 749, le royaume de Saxe 1 076, le Wurtemberg 476, le duché de Hesse 275 soit en tout avec les différents États confédérés allemands 11 499. Ces pertes ne se rapportent qu'au nombre des instituteurs tombés jusqu'à fin septembre 1916.

Cette funèbre statistique se passe de commentaires. Et d'ailleurs le journal n'en fournit aucun. C'est qu'à elle seule, l'information pointe l'évidente menace qui pèse sur l'humanité en guerre : celle d'un avenir plombé, où les populations juvéniles devront faire face à une inévitable dégradation de leurs conditions d'instruction et d'apprentissage, au sein de systèmes scolaires durablement affectés par la guerre. Encore n'en était-on qu'au seuil de l'année 1917...

---

1   Dans le présent volume, il est fait usage du genre masculin afin de faciliter la lecture et sans aucune intention discriminatoire.

Ce modeste entrefilet témoigne de la conscience des contemporains que le devenir du continent est entre les mains des nouvelles générations, évoquant en filigrane le lien indissociable qui s'opère dès avant la fin du conflit entre paix et éducation. Mais pas seulement : de façon plus subtile, ces lignes montrent que ces enjeux sont d'emblée pensés comme *profondément internationaux*. Aucune région du continent n'est épargnée par les menaces pesant sur l'éducation, un des piliers culturels des sociétés européennes, et toutes braquent leurs regards sur leurs frontières, et au-delà. L'Alsace-Lorraine bien sûr, prise entre deux feux depuis des décennies, tandis que sa population demeure déchirée entre sa nationalité allemande et son attachement à sa culture et son identité françaises. La Suisse pas moins que d'autres, qui côtoie les belligérants sur toute la longueur de ses frontières, et voit s'exacerber sur son sol les tensions entre francophiles et germanophiles.

Pour ces contemporains du conflit, penser la sortie de guerre implique dès lors une réflexion sur le statut de l'éducation dans la construction d'une société de nations pacifiées et humanisées, conditionnée par une nécessaire mutation des relations entre les cultures et les peuples. La cause de la paix et celle de l'éducation sont donc bien, à proprement parler, des causes internationales, communes à toutes les nations : l'avenir des systèmes éducatifs et la résolution des problèmes pédagogiques, jusque-là considérés comme un pré carré national, deviennent un terrain collectif d'investigations, d'échanges, et d'expériences.

INTERNATIONALISMES ÉDUCATIFS

Cet ouvrage se propose précisément de réfléchir à ces enjeux croisés. Les auteurs analysent la façon dont les questions et débats éducatifs se sont progressivement internationalisés, au prisme surtout de la Grande Guerre, en se focalisant pour l'essentiel sur les décennies marquées par l'émergence d'un système radicalement nouveau d'organisation des relations internationales dominé par la Société des Nations (SDN). Tout comme celle-ci, traversée de tensions et de conflits, l'internationalisation du champ éducatif a donné lieu à de multiples interprétations et incarnations, parfois congruentes, souvent contrastées, voire contradictoires. Les contributions réunies dans ce volume illustrent la variété des traductions, en discours, projets ou actes, de ce qu'on peut désigner sous le terme d'*internationalismes éducatifs*. Au pluriel donc ; un syntagme sur lequel nous reviendrons.

L'enjeu de ce volume consiste à mettre en lumière les différentes formes du processus d'internationalisation du champ éducatif ; il invite à s'interroger sur les modalités de constitution de ces mouvements agrégatifs qui traversent les frontières, sur les formes d'institutionnalisation de ces réseaux, sur les types d'acteurs qu'ils mobilisent, sur les projets qu'ils portent, sur leur manière de les mener à bien, et les effets qu'ils ont (ou pas) engendrés sur les représentations et pratiques pédagogiques. Car la problématique qui domine est bien là : comment penser le rôle des échanges internationaux dans la façon dont les questions éducatives sont posées, conceptualisées, et réappropriées voire résolues sur les terrains locaux et nationaux ? Faire donc le pari que le changement d'échelle d'analyse, en alternant espaces circonscrits et échelles plus globalisantes, fasse émerger des facteurs d'évolution jusqu'alors peu visibles et moins problématisés en histoire de l'éducation.

Or de récents travaux, en poursuivant ce pari, sont parvenus à traquer les sources d'inspiration foraine au cœur des débats régionaux ou nationaux relatifs à l'éducation (comme dans d'autres domaines d'intervention des politiques publiques). Et ce, en pleine période de construction des États-Nations[2]. Ces formes d'échanges et de transferts se construisent par le biais d'une diversité de supports et de stratégies déjà bien identifiés. Constituent-ils pour autant un système ? C'est-à-dire un ensemble organisé, cohérent et stabilisé de modes de relations, assurant la structuration durable des échanges internationaux en matière éducative ? À l'évidence, certains organes y sont dédiés dès le 19e siècle (voir les exemples développés par Rasmussen, 1989) : mais ils se limitent essentiellement à des sous-systèmes propres au champ éducatif. C'est le cas par exemple des congrès internationaux ou des revues liées à des domaines scientifiques spécifiques, qui permettent les échanges entre intellectuels[3]. Mais ces formes d'institutionnalisation des échanges internationaux n'embrassent pas pour autant l'ensemble

---

2 Mentionnons en particulier les travaux suivants, qui le démontrent notamment pour le 19e siècle : Caruso, Koinzer, Meyer & Priem, 2013 ; Dussel, 2011 ; Hofstetter & Criblez, 2018 ; Fontaine & Matasci, 2015 ; Matasci, 2015a, 2017.
3 Ce qu'ont déjà bien documenté nombre de publications : Charle, Schriewer & Wagner, 2004 ; Cicchini, 2004 ; Depaepe, 1993 ; Matasci, 2015b ; Schriewer, 2007.

des problématiques éducatives, ni ne confrontent ou regroupent la diversité des disciplines ou professions qui s'y rapportent. Le régime d'internationalisation demeure relativement cloisonné, segmenté, à la différence de ce qui se produit à la même période autour des enjeux liés à la question sociale, par exemple, où s'observent la constitution de plusieurs agences qui tendent à orchestrer et coordonner les échanges internationaux (Rodogno, Struck & Vogel, 2014).

Bien qu'esquissée à l'aube du nouveau siècle[4], cette étape ne sera franchie pour les terrains éducatifs qu'après la charnière de la Première Guerre mondiale, qui fait percevoir la nécessité de penser désormais conjointement les enjeux de la paix et de l'éducation (Hofstetter, Droux & Christian, 2020), et de les penser collectivement, de façon internationalisée. S'impose le besoin de créer un mode de gestion de ces relations qui fasse système : quelque chose qui dure, qui soit cohérent, et qui permette la coordination. Ce quelque chose, ce sont précisément les internationalismes éducatifs qui sont au cœur du présent ouvrage : une série de nouveaux acteurs qui tout à la fois naissent de la mutation du processus d'internationalisation mis en place au lendemain de la Grande Guerre, et l'alimentent. Affirmant pour la plupart s'exprimer au nom de la société civile (« self-appointed conscience of the globe » pour reprendre les termes de Mazlish, 2006, p. 20), une variété de collectifs s'estiment légitimés à faire entendre leurs voix dans le concert des associations internationales et des nations ; certains vont s'efforcer de siéger à la table des négociations des instances établies, États et organisations intergouvernementales, afin de participer avec eux à la mise en œuvre de nouveaux régimes de communication et d'organisation des relations internationales.

Faisant nôtres les conceptualisations de Iriye (1997, pp. 1–50), Laqua (2015, pp. 1–16) et Sluga (2013, pp. 1–9), le substantif *internationalismes* désigne ici les efforts et réalisations d'une diversité d'acteurs (intellectuels, philanthropes, pacifistes, féministes, associations professionnelles,

---

4   En témoigne, en particulier, le 1er Congrès international de pédologie (Bruxelles, 1911), dont le suivant ne pourra se tenir en raison de la guerre ; nous pourrions évoquer aussi le Congrès international d'éducation morale (CIEM : Londres, 1908 ; La Haye, 1912, qui poursuivra son travail dans l'entre-deux-guerres) bien que l'adjonction du qualificatif moral restreigne son champ d'action.

entre autres) pour intensifier les échanges transnationaux. Défiant les frontières en tous genres, ces contemporains sont convaincus de la plus-value de la coopération internationale pour résoudre les problèmes du monde et pacifier l'humanité. Ces trois historiens du transnational cités insistent, quant à eux, sur la pluralité des conceptions (pour la période qui nous concerne, depuis l'internationalisme prolétarien à l'internationalisme libéral wilsonien) ; mais aussi sur la pluralité des organes, des stratégies, et des mécanismes déployés pour y parvenir. Autant d'éléments que l'on retrouve dans le champ éducatif, ainsi qu'en témoigne notre ouvrage.

Iriye (1997) a de surcroît démontré que, loin de se circonscrire aux seules sphères géopolitiques, entre les mains des grandes puissances, des diplomates et des technocrates, l'internationalisme dès l'aube du 20e siècle est un phénomène sociétal, dont la composante culturelle est une caractéristique majeure. Son ouvrage *Cultural Internationalism and World Order* démontre, entre autres, la manière dont mouvements scientifiques et artistiques, communautés spirituelles et sociopolitiques, réseaux de sociabilités proches et plus lointains, ont façonné les mentalités, les styles de vie et de pensée, les représentations de soi et de l'autre, de la race et de la civilisation : ces substrats culturels ont puissamment contribué à forger cette conscience aiguë de l'interdépendance des hommes et des nations, à l'origine des convictions internationalistes du 20e siècle. Un renouveau historiographique, dont notre ouvrage s'inspire, met en lumière le rôle joué par la diplomatie culturelle et par les instances de coopération intellectuelle[5]. Comme les auteurs du présent ouvrage, nombre de chercheurs insistent sur ce que l'on appelle aujourd'hui les mouvements sociaux (Boli & Thomas, 1999 ; Davies, 2014), représentants de la société civile, que l'Union des Associations internationales s'efforce dès l'orée du 20e siècle de rassembler et cartographier (Laqua, Van Acker & Verbruggen, 2019) et que le Comité d'Entente des grandes associations internationales va tenter dès 1925 de fédérer et coordonner.

Notre volume s'inscrit dans cette dynamique pour se focaliser clairement sur les phénomènes éducatifs et les terrains scolaires, composantes constitutives de cet internationalisme culturel. Curieusement

---

5   Nous nous référons plus particulièrement à : Dulphy, Frank, Matard Bonucci & Ory, 2012 ; Dumont, 2018 ; pour les organismes de coopération intellectuelle notamment à Grandjean, 2018 ; Renoliet, 1999 ; Tournès, 2016, pp. 189–218.

pourtant encore largement méconnues[6]. C'est d'autant plus surprenant que l'éducation fait partie des causes les plus investies dans le tout juste après-guerre : tous sont alors convaincus des vertus rédemptrices de l'éducation, laquelle constituerait l'outil privilégié pour éradiquer l'esprit belliciste au profit d'un rapprochement entre les peuples et d'une fraternité désormais mondiale. Mais derrière cet idéal clamé de toutes parts, l'éducation et l'enfance demeurent des enjeux de luttes et de disputes, même entre militants de la paix. Et les contenus et systèmes scolaires continuent à être considérés comme outils de construction identitaire, où patriotisme, nationalisme et internationalisme se conjuguent parfois, s'achoppent couramment, en particulier lorsque se durcissent les régimes totalitaires. De fait, le champ éducatif et scolaire est loin d'être préservé des convulsions politiques, religieuses, économiques, idéologiques. Terrain d'alliances et de discordes, il constitue un domaine convoité, un champ de pouvoir, où se réfractent les confrontations du monde environnant et se projettent les rêves d'emprise sur l'avenir : façonner les nouvelles générations, pour avoir prise sur les mentalités, afin de transformer l'humanité et maîtriser son devenir.

C'est dans le dessein de placer l'accent sur l'intensité et la variété de ces convictions et controverses, en mettant en lumière la pluralité des collectifs qui investissent ces scènes et des enjeux qui s'y jouent, que nous avons résolument privilégié le pluriel du syntagme *internationalismes éducatifs*.

Des processus construits et situés

Une première partie de l'ouvrage se focalise sur la genèse de ces internationalismes éducatifs, en les abordant comme des phénomènes socialement construits. Loin de n'être que le résultat de politiques imposées d'en haut, ces processus sont la résultante de rapports complexes entre

---

6   Riches sont en revanche les travaux sur les milieux académiques et les réseaux intellectuels, mettant désormais aussi en lumière les collectifs internationaux – des femmes aussi (cf. à ce propos Thébaud, 2017) – réunissant et soutenant les étudiants et étudiantes à l'échelle transnationale : Hunyadi, 2019 ; Gillabert, 2020 ; Laqua, 2019 ; Reis, 2010. Nous avons de notre côté initié quelques récents travaux collectifs relatifs aux chantiers de l'éducation ; voir notamment : Droux, Hofstetter & Robert, 2020.

acteurs individuels et collectifs aux intérêts divergents, qui se distinguent par leurs engagements volontaristes.

Que cherchent les personnalités qui promeuvent une forme d'activité internationale reliée au champ pédagogique ? Et celles et ceux qui s'y rallient ou s'en défient ? Par ailleurs, ces phénomènes sont historiquement situés. Et donc nécessairement instables, évolutifs, perméables au changement. Mais d'où proviennent ces évolutions ? Sont-elles programmées, réfléchies, anticipées, ou au contraire subies ? Entrent-elles en résonance avec les impulsions des pouvoirs établis, ou à l'inverse constituent-elles des poches de résistance et des forces de contestations ?

C'est à de telles questions que s'efforce de répondre *Charles Heimberg*, qui nous convie précisément à remonter à la généalogie de ces dynamiques, en problématisant les ambiguïtés de l'internationalisme ouvrier : la lutte contre l'exploitation s'opère sur les lieux de travail, dans des espaces nationaux, alors que la solidarité des travailleurs nourrit sa puissance d'une alliance transfrontalière. Ce premier chapitre démontre que l'équivoque est plus manifeste encore au niveau éducatif, faute de mobilisations de masse, assumées de façon concertée. Mais *C. Heimberg* pointe simultanément que dès leur apparition les mouvements ouvriers européens ont nourri de leurs revendications politiques un espoir d'émancipation sociale arc-bouté sur des ambitions pédagogiques spécifiques. Des projets qui se partagent et circulent d'autant mieux entre les frontières et les réseaux militants qu'ils répondent à des configurations identiques au sein de l'espace européen (voir aussi à ce propos Codello, 2005 ; Thomas, 2004). Nous pourrions même nous interroger, avec Avrich (1980) et Jomini-Mazoni (1999) sur les transpositions possibles en d'autres contrées. Partout en effet se pose la question du rôle de l'instruction dans l'émancipation de la classe ouvrière. Puisque partout – en Occident surtout – s'impose, dès la fin du 19e siècle, l'État enseignant et la « forme école » qui contribuent au projet d'intégration des masses populaires sécrété par les sociétés libérales. *C. Heimberg* montre que la concomitance des situations inspire de communs constats aux personnalités qui s'emparent de la question éducative au sein du mouvement ouvrier. Elle nourrit aussi la circulation des idées et des projets, portés par les discours de personnalités emblématiques (Francisco Ferrer, James Guillaume, Élisée Reclus) autant que par leurs réalisations (l'École moderne de Francisco Ferrer à Barcelone, de 1901 à 1906, reconfigurée à l'École Ferrer de Lausanne entre 1909 et 1919). Il serait intéressant de comparer les modes de reconfigurations dans d'autres contrées, à l'exemple de l'École Ferrer – Modern School – dans l'effervescente New York[7] bientôt déplacée à Stelton, dont la longévité (1911–1953) et l'audience (Avrich, 1980) contrastent singulièrement avec celle, plus précaire et chahutée, de Lausanne.

Cet internationalisme éducatif ouvrier se caractérise avant tout par son caractère fondamentalement critique de l'école d'État, que ces courants contestataires amalgament à l'école traditionnelle : une école qui enseignerait la discipline asservissante, limiterait les savoirs enseignés et donc les horizons culturels ouverts aux élèves, étoufferait chez eux toute tentative d'autonomie et de responsabilisation. Ces critiques-là seront d'ailleurs relayées par les tenants de l'éducation nouvelle (qu'évoquent en filigrane plusieurs auteurs de cet ouvrage, plus particulièrement *R. Latała* et *A. Nóvoa*)[8]. Mais ce qui distingue clairement cet internationalisme ouvrier, précise *C. Heimberg*, c'est sa conscience politique de classe, cette alliance transfrontalière entre classes laborieuses assujetties aux intérêts des élites bourgeoises, qui s'empareraient des consciences et esprits enfantins, pour se les annexer (Suissa, 2006). Son chapitre démontre que cet internationalisme se veut aussi force de proposition et d'expérimentation, de conscientisation surtout. Pour en saisir les incarnations, c'est au niveau local qu'il convient de le traquer : à travers la mise en œuvre de pédagogies libertaires dans des tentatives telles que l'éphémère École Ferrer de Lausanne, cet internationalisme éducatif élargit son éventail de pratiques, et les met en partage grâce à l'immatérialité du discours (la presse, qui circule) ou la matérialité des objets (les outils et supports pédagogiques qui s'échangent).

En remontant à la source de cet internationalisme éducatif ouvrier, *C. Heimberg* pose aussi indirectement la question de son devenir. S'il est vrai, comme il l'affirme, que la question éducative se fait moins pressante au sein du mouvement ouvrier quand les luttes sociales sont en recul, on peut légitimement s'interroger sur la façon dont il a subi le double choc

---

7   Pour n'évoquer que la plus connue, vingt autres ayant été ouvertes en Amérique du Nord entre 1909 et 1961, notamment à Chicago, Los Angeles, San Francisco, auxquelles s'ajoutent 12 établissements connexes (colonies, children's Playhouse, Walden School) ; voir Avrich, 1980, pp. 46–50.

8   S'agissant de l'éducation nouvelle et ses réseaux internationaux durant l'entre-deux-guerres, voir entre autres : Brehony, 2004 ; Depaepe, 1993 ; Gutierrez, 2011 ; Haenggeli-Jenni, 2017 ; Hameline, 2002 ; Hofstetter & Schneuwly, 2006 ; Koslowski, 2013 ; Röhrs & Lenhart, 1994.

de l'après-guerre. Confronté d'une part à un surgissement révolutionnaire sans précédent (sur lequel la contribution de F. *Mole* reviendra), et
d'autre part à l'affirmation des internationalismes éducatifs d'inspiration
libérale, scientifique ou religieuse (dont témoignent la plupart des autres
contributions de cet ouvrage), l'internationalisme ouvrier s'est alors frag-
menté et fracturé, suscitant controverses et résistances.

Remontant eux aussi à la sociogenèse de cet élan réformiste éducatif, *Rita Hofstetter et Bernard Schneuwly* portent l'attention sur un organe
qui ambitionne en précurseur d'institutionnaliser à l'échelle mondiale
l'internationalisme éducatif : le Bureau international d'éducation (BIE),
fondé en 1925. Un projet qui s'origine dès la fin du 19ᵉ siècle, dans les
aspirations, largement internationalisées, d'une collectivité de savants
et de militants décidés à promouvoir des réformes éducatives basées
sur une meilleure connaissance de l'enfant (Depaepe, 1993 ; Drewek
& Luth, 1998 ; Hofstetter, 2010 ; Nóvoa, 2006). Face à ce défi, toute leçon
ou expérience apportée sur le chantier commun est bonne à prendre, à
partager et à méditer, même si ce collectif se positionne, lui, clairement
à rebours de l'internationalisme prolétarien examiné par C. *Heimberg*.
Parmi les institutions qui se chargent alors de produire et de diffuser les
résultats de ces expérimentations, l'Institut Rousseau, École des sciences
de l'éducation de Genève fait figure de pionnier lors de sa fondation
en 1912[9]. Un statut qui se spécifie encore dès 1919, grâce à sa proximité
avec la Société des Nations (SDN) et sa complexe bureaucratie. Témoin
de la dilatation de ses perspectives : la création en son sein d'un discret
Bureau international d'éducation, qui s'arroge le mandat de construire
un centre mondial de documentation et de coordination pédagogique,
dont le fer de lance serait une stricte neutralité et objectivité scientifique.

Cet organe subit entre 1925 et 1934 une succession de métamorphoses tout à la fois dans son organisation, ses objectifs, ses collaborations, sur lesquelles *R. Hofstetter* et *B. Schneuwly* placent la focale.
C'est que l'agence genevoise n'est pas seule sur le créneau qu'elle s'est
choisie : s'autoproclamer organe de ralliement et de représentation des
réseaux favorables à une réconciliation internationale, basée sur la réno-
vation de l'école (ses contenus, ses systèmes, ses professionnels). Bien
d'autres caressent d'analogues ambitions, telle la World Federation of

---

9   Bien qu'il s'inspire largement d'expériences analogues, et se proclame dans
    l'« air du temps » (Claparède, 1912).

Education Associations (WFEA), ancrée aux USA, qui oppose au pôle gravitationnel du « petit » BIE de Genève le poids de ses propres militants et réseaux, anglo-saxons surtout, et celui plus pesant encore de son indifférence voire de son isolationnisme, qui affecte le BIE[10]. Faisant le deuil d'un internationalisme surplombant, les fondateurs du BIE initient une stratégie d'internationalisation sélective, en développant une opération de séduction notamment à l'égard de l'Amérique latine, dont témoigne le long périple d'un de leurs représentants : Adolphe Ferrière, le « globe-trotter » et « garde-des-sceaux »[11] de l'éducation nouvelle (Hameline, 1993), sur lequel *A. Nóvoa* reviendra dans le chapitre qui clôt ce volume. Apôtre d'une hypothétique solidarité latine opposable à l'attraction états-unienne, ce chapitre démontre que Ferrière s'efforce de profiler le BIE comme source d'inspiration pour des pays neufs, soucieux de se moderniser en modelant leurs offres scolaires sur les réformes prônées et orchestrées depuis l'Occident (et depuis Genève tout particulièrement).

C'est le succès très relatif de cette ambition tout à la fois fédératrice et expansionniste qui pousse finalement les stratèges du BIE, son directeur Jean Piaget en tête, à faire une nouvelle fois muter le projet internationaliste du Bureau : délaissant ses ancrages militants, l'agence devenue organisation intergouvernementale se place désormais au service des Ministères de l'instruction publique (ou leur équivalent), construisant pour eux un espace supposé neutre de collaboration, toujours basé sur l'objectivité scientifique, et susceptible de leur rendre accessible un réservoir de bonnes pratiques pédagogiques éprouvées par les diverses expériences nationales. Un espace de libre-échange éducatif en somme : ouvert à tous et à chacun, où tout pays pourrait venir puiser de quoi perfectionner son propre système éducatif. *R. Hofstetter* et

---

10 Il s'agit donc de la perception qu'en ont les membres des instances du BIE. L'examen plus global des relations entre le BIE et la WFEA ainsi qu'avec les représentants du gouvernement des États-Unis entre 1925 et 1939 témoigne que sur le terrain éducatif également il convient de démonter, à la suite de Tournès (2016), la légende de l'isolationnisme, pour parler plutôt « d'interventionnisme limité et de volonté de ne prendre aucun engagement contraignant » (pp. 8–10).

11 C'est Petersen lui-même, l'un des éminents représentants de l'éducation nouvelle allemande, qui le dénomme *Großsiegelbewahrer* dans l'introduction à la traduction en allemand (1928) de son livre *L'école active* (de 1922).

B. Schneuwly montrent comment les promoteurs du BIE intergouverne-mental s'évertuent à démarcher tous les États du monde, quels que soient leurs positionnements pédagogiques et politiques. Principal écueil de ce nouveau concept d'internationalisme, mais il est de taille, rétrospective-ment surtout : une impartialité absolue du Bureau et de ses promoteurs à l'égard des modèles et pratiques éducatives promues et visibilisées par les gouvernements, même les plus rétifs à l'idéal pacifiste initial du BIE, à l'instar de l'Italie mussolinienne …

R. Hofstetter et *B. Schneuwly* ont ici pointé un aspect spécifique des difficultés propres à l'institutionnalisation d'une forme systématisée d'internationalisme éducatif : celle de la gestion de son système relation-nel. Veut-on faire tenir ensemble des associations partageant la même cause, mais dont le devenir est par essence fragile et le soutien condi-tionné à la (bonne) volonté volatile des militants qui y passent et s'y succèdent ? Ou plutôt miser sur la permanence incarnée par les États, synonyme de durabilité et de légitimation, mais au risque de voir sa marge de manœuvre limitée par les contraintes propres au jeu diplo-matique international ? Une question sensible sur laquelle reviendront *C. Boss* et *E. Brylinski*, dans le chapitre 8 du présent ouvrage.

L'internationalisme éducatif est donc sans nul doute affaire de choix stratégiques. De rencontres aussi, débouchant sur des accords, des com-promis, des divorces parfois. C'est un truisme que de le souligner : un organe de collaboration internationale ne se construit pas seul. C'est une entreprise collective, et le chapitre 3, rédigé par *Joyce Goodman*, l'évoque clairement, en dévoilant un partenaire jusque-là moins étudié de ce mouvement d'internationalisation de l'éducation : les internationales religieuses.

La contribution des religions à l'édification progressive des sys-tèmes éducatifs nationaux n'est pas fondamentalement chose nou-velle : on sait par exemple le rôle des congrégations religieuses en tant que pourvoyeuses de personnel enseignant, notamment pour les publics féminins, en métropole ou en situation coloniale (Barthélemy, 2010 ; Dunkerley, 2009 ; Rogers, 2013). Ce qui est plus inédit, et que *J. Goodman* éclaire, c'est l'émergence de réseaux transnationaux de fidèles qui, inspirés par une foi religieuse donnée, s'agrègent à un mouvement d'intégration politique : dans ce cas, la SDN que ce mouvement religieux Bahá'ie soutient dans sa tentative d'organiser les relations internatio-nales sur de nouvelles bases. Par ailleurs, ce chapitre donne à voir le caractère proprement global d'un processus d'internationalisation pour

l'essentiel perçu à travers les yeux et les activités européennes (ou occidentales, si l'on y inclut les USA). Grâce à la galerie de portraits que l'auteure convoque, on voit en effet se dessiner le rôle prégnant joué par les
convictions religieuses d'un ensemble de personnalités influentes, des
femmes en particulier, au sein d'associations militant pour la paix par la
réforme éducative. Ainsi, le réseau Bahá'ie vient-il grossir le nombre des
internationales religieuses acquises à la cause de la paix par l'éducation,
au sein duquel on trouverait aussi les quakers, les théosophes comme
les initiateurs du mouvement œcuménique d'inspiration protestante[12].
En suivant les trajectoires de deux de leurs adeptes, l'Américaine Laura
Dreyfus-Barney et l'Anglaise Jean Stannard, on découvre aussi comment
cet internationalisme éducatif nourri de foi et d'égalité prend corps et
assise en moult contrées extra-européennes ou colonisées, en particulier dans l'Empire ottoman (initialement en Perse), et en Inde, dans les
mondes musulmans, hindouistes et bouddhistes.

Mettre sous la loupe ces personnalités, leurs parcours et réseaux,
permet en tout cas de visualiser, derrière l'activisme en faveur de certaines causes éducatives – telles la création ou le financement d'écoles
pour filles au Moyen-Orient – l'empreinte des convictions religieuses qui
les inspire : une foi qui postule, affirme et travaille à l'unité de l'humanité, et milite pour la démocratie, la liberté de conscience et l'égalité. *J.
Goodman* nous les fait saisir et comprendre, en montrant la congruence
de leurs convictions avec le projet politique de la SDN (certes jugé
insuffisant), mais aussi avec celui d'autres mouvements culturels qui
soutiennent son inspiration internationaliste (milieux féministes, mouvements espérantistes).

Le rôle et l'influence des internationales religieuses en tant que
soutien à l'œuvre de la SDN, et tout particulièrement aux réalisations
éducatives qui en sont issues, nécessiteraient d'être encore approfondies,
notamment pour évoquer leurs points de tension : car si toutes postulent
une nécessaire spiritualisation des peuples comme base de la formation

---

12 La littérature s'est substantiellement enrichie ces dernières années sur
    l'impact de ces réseaux religieux dans les internationales de l'éducation.
    S'agissant des quakers : Haenggeli-Jenni, 2017 ; Maul, 2016 ; des théo-
    sophes : Brehony, 2004 ; Condette & Savoye, 2016 ; Wagnon, 2017 ; et de
    mouvements œcuméniques d'inspiration protestante : Gorman, 2010 ; Engel,
    2018 ; Engel, Kennedy & Reynolds, 2018.

d'une société mondiale unifiée et pacifique, il n'en demeure pas moins que tous ne défendent pas la même foi, ni ne se reconnaissent dans un unique corps de doctrine. Cela ne va certainement pas sans causer des tiraillements et confrontations qu'il conviendrait de mieux documenter.

Par ailleurs, cet ancrage spirituel fort, s'il peut être une source de convergence des luttes et des causes entre des univers culturels compatibles, peut aussi gêner voire empêcher d'autres collaborations : si l'on voit bien se dessiner un front commun entre diverses convictions religieuses hétérodoxes, souvent d'inspiration orientale, renforcées par l'appartenance à une sphère culturelle anglo-saxonne profondément marquée par l'impérialisme britannique, les liens semblent moins étroits avec d'autres confessions (le catholicisme, le judaïsme), et tout à fait inexistants avec d'autres forces politiques : le monde communiste, mais aussi le mouvement ouvrier examiné par *C. Heimberg*. On comprend d'ailleurs à lire ce dernier que les projets de spiritualisation de la société propres aux réseaux étudiés par *J. Goodman* ne pouvaient guère trouver d'alliés dans un milieu qui avait dès le 19ᵉ siècle radicalement rejeté les modèles scolaires bourgeois ou chrétiens comme autant d'outils de perpétuation des dominations sociales.

On perçoit ainsi qu'au sein de ce nouveau système des relations internationales instauré sous l'égide de la SDN, tout, justement, ne fait pas système. Certes le but est commun : il s'agit bien de promouvoir la collaboration pour œuvrer à une pacification des rapports entre les peuples par une (ré)éducation de ceux-ci. Une diversité d'organes (le BIE par exemple) et de mouvements (à l'image de certaines internationales religieuses et associations professionnelles) semblent s'y reconnaître, et jusqu'à un certain point se soutenir mutuellement dans cette tâche. Ces formes d'engagement sont d'autant plus aisément observables qu'elles s'institutionnalisent ou se manifestent autour de la SDN, organe central des efforts de réorganisation des relations internationales. Mais elles n'en épuisent pas pour autant la variété : *R. Hofstetter* et *B. Schneuwly* donnent en effet à voir la coprésence, dans la même temporalité, d'autres internationales éducatives, dans les contrées anglo-saxonnes (telle la WFEA), mais dont les propensions universalistes gagneraient à être étudiées pour elles-mêmes (comme le fait Smaller, 2015). Il en est de même des systèmes de relations existant au niveau des États latino-américains, qui s'organisent de façon croissante autour des organes panaméricains (Compagnon, 2013 ; Dumont, 2018). D'autres encore existent assurément, insoupçonnés de l'historiographie dans le champ éducatif, et se rapportant à d'autres aires culturelles. Les apports de *J. Goodman* sur le positionnement internationaliste des personnalités Bahá'ie confirment en tout cas les observations déjà faites au sujet du domaine voisin de l'humanitaire : l'internationalisme occidentalo-centré de la Genève internationale s'est aussi nourri de traditions culturelles autres (Clavin, 2010 ; Pedersen, 2015 ; Rosenberg, 2012). Il faut souhaiter que ce type de connexions souterraines, examinant les impacts réciproques des périphéries vers les centres névralgiques soient davantage mis au jour, comme nous y invite *A. Nóvoa* en conclusion de ce volume.

Des inter-nationalismes controversés

La deuxième partie de l'ouvrage place la focale sur les controverses et résistances sur lesquelles butent des collectifs internationalistes en cette période perturbée de l'entre-deux-guerres. La contribution de *Frédéric Mole* examine en effet la façon dont les enseignants se positionnent face à une série d'interrogations portant sur la mission de l'école dans le processus global de désarmement moral qui s'opère autour de la SDN. Renouant avec le fil des débats et revendications d'avant-guerre, les questions qui les agitent tournent toujours autour du rôle émancipateur de l'école. Mais deux phénomènes majeurs sont entretemps intervenus, qui ont contribué à modifier les modalités du débat, et sa portée. C'est d'abord la constitution de fédérations internationales qui ambitionnent de regrouper les professionnels de l'enseignement par-delà les frontières, impactées à leur tour par le tropisme internationaliste qui emporte alors une diversité de réseaux associatifs et professionnels. C'est ensuite la fracture de la révolution russe, qui fait éclater ce corps enseignant en deux tendances politiques irrémédiablement opposées : l'une se rallie au projet révolutionnaire soviétique, l'Internationale des travailleurs de l'enseignement (ITE, 1922) ; l'autre réformiste, la Fédération internationale des associations d'instituteurs (FIAI, 1926), participe aux organes collaboratifs mis en place autour de l'Institut international de coopération intellectuelle (IICI, 1924), qui dépend de la SDN (IICI sur lequel le chapitre suivant, de *X. Riondet,* se penche).

À la différence des modes d'échanges entre mouvements ouvriers nationaux d'avant-guerre autour de l'enjeu scolaire, examinés par *C. Heimberg*, on a donc affaire désormais à une institutionnalisation de l'internationalisme éducatif par des associations professionnelles. S'observe ici la même logique qui avait déjà été à l'œuvre dans la constitution du BIE dépeinte par *R. Hofstetter* et *B. Schneuwly*[13] : pour se faire entendre au sein du nouveau système des relations internationales prévalant avec la SDN, il faut exister. Et pour exister, il faut se fédérer, avoir des porte-paroles, des bureaucrates et des experts pour être représentés au sein des arènes et organes internationaux, et pour espérer y peser. Cela n'empêche certainement pas des formes ponctuelles de dialogue de perdurer entre enseignants de tous les pays, telles qu'elles avaient pu s'opérer avant et pendant la guerre[14]. Il n'en demeure pas moins que ce sont désormais des fédérations et leurs organes dirigeants qui incarnent la parole des enseignants, et la portent au sein des arènes internationales traitant de questions éducatives et culturelles. Cette institutionnalisation s'accompagne de la constitution d'abondants corpus (rapports, congrès, enquêtes, correspondances) qui permettent à *F. Mole* de mettre à jour non plus les convergences, mais bien les divergences et les controverses opposant frontalement ces deux blocs fédératifs. Clavin (2005) a bien montré en effet l'importance de ne pas se représenter l'histoire des processus d'internationalisation comme un long fleuve tranquille : l'histoire des non-collaborations ou des répulsions réciproques entre réseaux voisins, telle qu'elle s'observe sur le terrain des internationalismes concurrents, donne en effet à voir un paysage plus contrasté et plus riche.

La première de ces controverses concerne la nature même de l'internationalisme éducatif dans lequel ces deux fédérations s'engagent. Pour les dirigeants de la FIAI, l'action internationale des enseignants se voit fixer comme priorité de collaborer à l'effort de réconciliation entre les nations initié par les organes dépendant de la SDN et en son sein de l'IICI : participer aux travaux des organes collaboratifs (tel le Comité d'entente des grandes associations internationales), discuter de projets communs, accoucher de dispositifs pacificateurs (échanges transfrontaliers de maîtres et d'élèves ; rédaction de manuels non bellicistes[15]), et les diffuser auprès des enseignants de terrain. Le but d'émancipation des

---

13 Le BIE et la FIAI se concertent d'ailleurs dans leurs stratégies, notamment au sein du Comité d'entente des grandes associations internationales.

14 Écritures et lectures croisées, correspondances, voyages, revues pédagogiques : Caspard & Caspard, 1996 ; Gerbod, 1989 ; Haenggeli-Jenni, Fontaine & Bühler, 2014 ; Mole, 2010 ; Siegel, 2004.

15 Voir à ce propos le chapitre 5, de X. Riondet.

élèves n'est pas oublié : il est conditionné à la réussite du processus de désarmement moral des peuples. *F. Mole* insiste en outre sur le fait que cette collaboration aux activités de la SDN n'empêche pas les leaders de la FIAI de conserver une distance critique à l'égard de cette organisation.

L'ITE ne l'entend cependant pas de cette oreille : radicalement opposés à une SDN perçue comme l'expression de l'impérialisme des grandes puissances (et pour cette raison même, critiques à l'encontre du BIE), les dirigeants de la centrale révolutionnaire appellent leurs adhérents à cultiver en eux-mêmes et chez leurs élèves la flamme de la lutte des classes, voie de l'émancipation ouvrière et de la pacification définitive des relations entre les peuples ; on se souvient que *C. Heimberg* (chapitre 1) avait souligné que les diverses tendances du mouvement ouvrier partageaient au moins ces positions à la jointure des 19e et 20e siècles. Mais désormais, montre *F. Mole*, l'unique internationalisme qui vaille aux yeux de l'ITE est celui qui réunit les travailleurs de l'enseignement à la sphère d'influence soviétique, seule porteuse de l'espoir de pacification : seul un enseignement de classe serait garant de l'émancipation revendiquée et rêvée. Toute forme de collusion avec l'internationalisme libéral de la SDN, et avec son « faux » pacifisme, est donc interprétée comme une trahison des travailleurs et de leurs espoirs d'émancipation. Il n'en demeure pas moins qu'en nourrissant cette controverse, l'ITE contribue aussi à ancrer l'internationalisme wilsonien dans le paysage. Qu'on soit pour ou qu'on soit contre, qu'on la loue ou qu'on la dénigre, c'est bien d'elle et de ses organes qu'on débat : la SDN, ses projets, ses organes, son système relationnel sont positionnés par ses alliés et par ses opposants comme le pôle désormais incontournable autour duquel s'organisent les relations internationales et culturelles entre les nations et les peuples.

À l'opposé de ce pôle, les internationalismes éducatifs représentant les associations d'enseignants sont-ils d'ailleurs aussi internationalisés et fédératifs qu'ils veulent bien le prétendre ? Le fil des controverses qui agitent les deux fédérations analysées par *F. Mole* a ceci de particulier qu'il s'incarne dans des figures, des personnalités ou des collectifs profondément marqués par leur ancrage national. Et si ces fédérations portent certes la voix des travailleurs de l'enseignement primaire, leurs conceptions de l'internationalisme éducatif témoignent aussi de la prégnance de traditions nationales bien spécifiques : telle la posture de dirigeants français de la FIAI, extrêmement soucieux des menaces d'endoctrinement des élèves, que ce soit dans la diffusion des idéaux pacifistes esdénien ou face à l'apologie du régime soviétique porté par l'ITE ; tel encore l'engagement enflammé de la section britannique de la FIAI en faveur de la SDN.

Bien des zones d'ombre demeurent encore quant aux positionnements des acteurs de cette histoire tourmentée, que de futures études pourraient s'atteler à éclairer : une « entrée par les personnels », « leurs origines nationales et sociales, leur formation, leur trajectoire dans l'organisation », telle que souhaitée de longue date par Saunier (2008) serait bienvenue pour comprendre comment se structurent ces organisations, et de quels poids pèsent ces affiliations nationales évoquées ci-dessus dans leurs prises de position. De fait, l'ensemble des sections nationales de deux fédérations, notamment, mériteraient d'être aussi finement étudiées dans leurs apports à ces controverses surplombantes. La temporalité de ces échanges serait elle aussi un fascinant objet d'études, les rapports tant aux nationalismes qu'aux internationalismes se modifiant durant les années trente selon des modalités qu'il conviendrait d'éclairer.

L'adhésion à une forme ou à une autre d'internationalisme éducatif, tant du point de vue des modalités d'association que des types d'activités poursuivies ou des finalités de celles-ci, résulte donc de motivations complexes et variables selon les acteurs impliqués. En tout état de cause, les appartenances nationales ne sont pas étrangères à ces choix stratégiques. C'est aussi ce que démontre *Xavier Riondet* dans le chapitre 5 consacré aux formes de coopération internationale organisées par l'IICI sur la question de la révision des manuels scolaires. Tôt dénoncés comme un des vecteurs du bellicisme ayant contribué à la Grande Guerre, les manuels scolaires, reflets et creusets des nationalismes et des impérialismes, suscitent dès l'Armistice d'importantes mobilisations d'intellectuels, parmi lesquels des pédagogues et historiens (voir, notamment, le IIIᵉ Congrès international d'éducation morale : Reverdin, 1922 ; Erdmann, 2005), ainsi que de grandes fondations philanthropiques à l'instar de l'enquête initiée par la Dotation Carnegie, dès 1921 (Nouvel-Kirschleger & Sammler, 2014). Aussi, les manuels vont-ils faire l'objet de multiples processus de réévaluation et de relectures durant l'entre-deux-guerres. C'est une de celles-ci, orchestrée par l'IICI et ses organes, sous la forme d'une disposition spécifiquement internationale, qu'étudie *X. Riondet* : la résolution Casarès, du nom du diplomate espagnol qui en fit adopter en 1925 les modalités par l'IICI, consiste en une « méthode de négociation à l'amiable » entre les commissions nationales de coopération intellectuelle, médiatisée et publicisée par l'organe

international. Il s'agit pour chaque commission nationale de signaler
à l'IICI des contenus « désobligeants ou déplacés » présents dans des
manuels scolaires nationaux donnés.

Or, le paradoxe de ce dispositif, élaboré au mitan de ces années
vingt durant lesquelles le désarmement moral avait particulièrement
le vent en poupe, est de n'avoir suscité d'emblée que très peu de signa-
lements. Au contraire, ce mécanisme éminemment collaboratif va être
nettement plus mobilisé au fil des années trente, qui pourtant enre-
gistrent un clair repli de l'internationalisme wilsonien. En braquant
le regard sur deux pays qui recourent avec plus d'insistance que les
autres à la résolution Casarès, l'Italie et la Pologne, *X. Riondet* démonte
les mécanismes purement nationaux, pour ne pas dire nationalistes,
qui inspirent l'actionnement de ce dispositif d'internationalisation des
relations culturelles. On y voit l'Italie fasciste s'approprier les débats
sur l'esprit européen[16] afin d'accroître son hégémonie culturelle et ses
ambitions expansionnistes. On y découvre la Pologne instrumentaliser cette ressource construite par la coopération intellectuelle, dans
le but de préserver son indépendance et de renforcer son identité
nationale, menacées par l'impérialisme russe : les nouveaux manuels,
prétend-on, cesseront d'aveugler les populations juvéniles, et leur
démontreront le choc de deux civilisations – la démocratie polonaise
face à l'autocratie russe – aux convictions chrétiennes ennemies. Les
manuels scolaires incriminés deviennent autant de prétextes pour
affirmer, par le biais de la plateforme internationale de diffusion qu'est
la résolution Casarès, la prééminence de frontières et de cultures
nationales. Et, au-delà, la légitimité de l'État-nation qui l'incarne, face
aux critiques extérieures ou aux forces centrifuges intérieures qui
pourraient la remettre en cause.

Toute forme de collaboration internationale n'est donc pas forcément à visée internationaliste. Comme le conclut *X. Riondet*, le poids des
États et des idéologies nationales reste prépondérant au sein même de
ces mécanismes d'internationalisation qui restent avant tout inter-na-
tionaux. Un « entre-nationalisme », pour reprendre les mots de l'auteur,
qui s'appliquerait de fait autant aux organisations fédératives explorées
par *F. Mole*, qu'au BIE deuxième mouture examiné par *R. Hofstetter* et

---

16 Ce que Taillibert (1999) a subtilement démontré en examinant le rôle de
     l'Institut international du cinématographe éducatif.

B. Schneuwly. Le BIE avait d'ailleurs lui aussi impulsé des travaux sur l'impact nuisible des manuels nationalistes, mandat dont il s'est démis au profit de l'IICI, sur proposition en 1929 du président du conseil exécutif du BIE, qui n'est alors autre que Julio Casarès…

Pour autant, il serait erroné de penser que tous les organes œuvrant d'une manière ou d'une autre à l'institutionnalisation de l'internationalisme éducatif fonctionnent selon les mêmes modalités. L'ensemble des contributions de ce volume présente à cet égard une grande variété de modes de fonctionnement ; or la place qui y est accordée aux représentants gouvernementaux, variable, implique une perméabilité différenciée au fait national. Très marquée au sein de l'IICI telle que la donne à voir le chapitre 5 de *X. Riondet*, elle est moins effective dans le cas du Comité de protection de l'enfance de la SDN étudié par *Joëlle Droux* (chapitre 6), à l'instar d'autres organes techniques (Pedersen, 2007). Son analyse de ce Comité dépeint en effet une structure tard venue (1925) dans l'organigramme de la SDN, dont la création a largement dépendu du lobbying croisé de plusieurs agences internationales non gouvernementales centrées sur le terrain de la protection et du secours aux enfants. Ce nouvel organe consultatif, tout comme avant lui l'IICI, ne dépend donc pas des dispositions dictées par le traité de Versailles : à l'instar d'autres organes dits techniques de la SDN, il a pu inventer ses modalités de fonctionnement de façon (relativement) autonome, en tout cas de façon moins cadenassée par les gouvernements étatiques que des structures directement centrées sur des questions diplomatiques ou de politique internationale. Tout en restant dépendant des organes directeurs de la SDN (Assemblée et Conseil), le Comité fait coexister en son sein des représentants nommés par les États, et d'autres désignés par les mouvements et réseaux internationaux actifs sur le terrain de la protection de l'enfance (qui siègent en tant qu'assesseurs).

L'analyse de *J. Droux* s'efforce de saisir quelle forme d'internationalisme éducatif se dégage de cette collaboration : en suivant l'activité de ce Comité, l'auteure tente de comprendre les mécanismes et les effets qui président à l'internationalisation d'une cause éducative ou sociale. Elle appuie sa démonstration sur l'étude d'une question sociale spécifique : celle du statut des enfants illégitimes victimes de diverses situations d'inégalité (d'accès à l'éducation, à l'instruction, à la formation, à la protection sociale, à l'assistance). Face à ce problème qui taraude l'ensemble des législations nationales européennes,

J. Droux évoque le rôle moteur joué par des réseaux d'acteurs non gouvernementaux (associations de juristes, organisations féminines et féministes, mouvement ouvrier) dans la mise à l'agenda de ce sujet tant aux niveaux nationaux (à la fin du 19e siècle) qu'au niveau international (durant l'entre-deux-guerres). De sorte que dès les années 1920, la question est un sujet d'intérêt pour une diversité d'acteurs aux motivations variées : nombre d'États viennent de légiférer sur la question et sont désireux de promouvoir leurs modes de régulation ; d'autres s'apprêtent à le faire, et souhaitent se munir d'informations ou de points de comparaison sur le sujet ; d'autres types d'acteurs encore, tels des associations ou mouvements privés, jouent le rôle de donneurs d'alerte sur les points aveugles des réformes nationales déjà adoptées. C'est toute la diversité de ces acteurs et de leurs besoins qui refluent dès lors vers le Comité de protection de l'enfance de la SDN, poussant celui-ci à se lancer dans la constitution d'une abondante documentation sur le sujet, et à dégager les pistes de réforme validées par l'expérience internationale. Non sans tensions et controverses, le Comité livre finalement aux États membres une sorte de catalogue de mesures susceptibles d'améliorer le sort des enfants illégitimes, dans lequel chaque État peut venir puiser l'inspiration d'une réforme… ou pas. En s'appuyant sur le cas de la Suisse, l'auteure montre en conclusion que ce type d'*internationalisme éducatif à bas bruit*, ou d'internationalisme *du consensus mou*, n'avait que peu de chance de révolutionner la condition des enfants illégitimes (ou de leurs mères, également impactées par les dispositifs inégalitaires d'éducation ou de protection créées à leurs enfants à la filiation illégitime). Cela ne signifie pas pour autant que tout ce travail d'internationalisation du problème, basé sur la collecte, la publicisation, et l'évaluation documentaire de données nationales n'ait servi à rien. Ces constats incitent au contraire, comme y appellent diverses études, à ne pas surestimer « l'efficacité » des phénomènes transnationaux (Haupt, 2011), mais à replacer la question de leur impact dans des contextes temporels ou spatiaux différenciés, variant les échelles d'analyses. Ainsi, au niveau national, la publicisation de pratiques alternatives établies par le Comité de protection de l'enfance a pu constituer un réservoir réformateur mobilisé à des niveaux régionaux plus micro (au niveau des collectivités locales par exemple, sans passer forcément par le filtre légal), ou dans d'autres temporalités.

LES ÉCHELLES DE L'APPROPRIATION

C'est justement autour de cette question des échelles de l'appropriation que les contributions de la troisième partie du présent ouvrage donnent à voir la diversité des effets induits par ces internationalismes éducatifs. Le chapitre 7 de *Renata Latała*, qui porte sur le terrain national polonais, ne traite qu'indirectement de la question des organes et institutions dans lesquelles s'incarnent ces causes. Son propos se situe à un autre niveau : il s'efforce de peser le poids des références et des interactions internationales dans le mouvement de reconstruction éducative que traverse le pays au lendemain de son indépendance retrouvée, en démontrant aussi le rôle névralgique des femmes, dont celui des intellectuelles internationalistes Józefa Joteyko, Helena Radlińska et Maria Sokal. La focale est donc bien posée sur un espace national. Mais *R. Latała* dessine un paysage paradoxal : celui d'un contexte d'appropriation et de réception des réformes éducatives qui fait coïncider d'une part l'affirmation d'une forte identité nationale, et d'autre part le besoin pour ce faire de s'appuyer sur les expériences et les contributions foraines. Une diversité de penseurs et scientifiques, philosophes, sociologues, psychologues et surtout pédagogues s'investissent donc dans la promotion du dialogue international au moment précis où l'État cherche à refonder un système d'éducation nationale pour contribuer à l'unification d'un pays constitué d'entités géographiques, culturelles, linguistiques et politiques jusque-là distinctes.

Mais le paradoxe n'est qu'apparent. Car en se liant aussi intimement au mouvement d'internationalisme éducatif qui transcende les frontières européennes, les intellectuels et savants polonais impliqués dans le processus contribuent à réaffirmer la prégnance d'une autre frontière politique et mentale : celle qui les sépare de leurs anciens occupants, et tout particulièrement de la Russie devenue entretemps soviétique. L'internationalisme éducatif, ici revendiqué et alimenté par ces penseurs et acteurs pédagogiques polonais, revêt une double fonction d'affirmation identitaire et idéologique.

Il n'est dès lors pas étonnant de constater que les plus farouches apologues de cet internationalisme éducatif assoiffés des réalisations étrangères soient aussi ceux qui s'ingénient à en « re-nationaliser » les enseignements, en les ancrant dans la filiation du patrimoine culturel polonais. Jean-Jacques Rousseau, Johann Pestalozzi, John Dewey, Maria Montessori, certes, sous la plume de Henryk Rowid ; mais aussi les penseurs polonais Jozefa Joteyko, Janusz Korczak, Bogdan Nawroczyński, Helena Radlińska, ainsi que Bronisław Trentowski et Józef Hoëné-Wronski convoqués eux pour légitimer ces propositions pédagogiques et renouer avec les Lumières occidentales aux temps glorieux d'avant les occupations. Pas étonnant non plus que les sources de controverses avec ces mêmes alliés occidentaux portent sur des sujets éminemment sensibles. Le pacifisme intégral et l'appel au sentiment de respect mutuel qui règnent en maîtres dans les discours des internationales de l'éducation libérale ne trouvent guère d'oreilles complaisantes du côté des pédagogues polonais (dont certains se souviennent encore des geôles russes dans lesquelles ils ont croupi pour s'être investis dans le mouvement d'émancipation culturelle du peuple polonais avant 1914). Pas étonnant, enfin, d'observer la frilosité de ces mêmes milieux à l'encontre de la reconfiguration des réseaux et organes de l'internationalisme éducatif au fil des années trente, et tout particulièrement du BIE (surtout de la part de Radlińska, membre de son noyau fondateur). Le BIE s'éloignant de ses bases militantes, pour se rapprocher d'un mode de fonctionnement inter-étatique et inter-ministériel, laisse dès lors moins de place à la liberté de choix et à l'autonomie de participation qui présidait aux échanges du monde pédagogique polonais avec leurs homologues étrangers dans les années vingt.

Ne faut-il pas aussi relier ces appétences différenciées aux phénomènes circulatoires, comme nous y invite Zuniga (2007, p. 63), à l'évolution politique de la Pologne, qui passe d'une période d'indépendance conquérante durant les années vingt, à l'entrée dans une ère de vulnérabilité accrue avec la montée des nationalismes voisins ? Des interrogations qui en tout cas laissent entrevoir les nombreuses perspectives de recherche suscitées par cette question des modes de collaboration et de réception ouverts sur les scènes nationales par la constitution de ces internationalismes éducatifs, tant il est vrai que seule une enquête comparative pourra « restituer les raisons différentielles d'investir ainsi les arènes internationales » (Vauchez, 2013, p. 14).

C'est aussi à détecter les contraintes et les difficultés de la collaboration internationale en temps de guerre que s'attellent *Cécile Boss* et *Émeline Brylinski* dans leur contribution dédiée à une page méconnue de l'évolution du BIE intergouvernemental : celle du Service d'aide aux prisonniers de guerre (SAIP) durant le second conflit mondial. La guerre bouleverse en effet les structures mêmes de cet internationalisme éducatif que le BIE avait contribué à concevoir et à faire évoluer. Du jour au lendemain, les modalités d'action[17] patiemment construites, ajustées, puis codifiées et rôdées durant l'entre-deux-guerres semblent rendues inopérantes. Sans parler de l'effondrement de l'idéal pacifiste qui avait motivé la création du BIE, chantre de la construction d'une société pacifiée par l'éducation et la compréhension mutuelle. Face à ce champ de ruines, le BIE aurait pu se saborder, et attendre des temps meilleurs en se réfugiant sur son petit coin de terre neutre au bout du Léman. Les dirigeants de l'organisation ne l'ont pas voulu. Entraînés dans le mouvement de restructuration qui frappe alors le milieu de l'internationalisme genevois, ils choisissent de mettre leur structure au service de leur idéal, ou de ce qui peut encore en subsister : une action visant à fournir aux prisonniers de guerre les moyens de continuer à se former en facilitant l'acheminement d'ouvrages centrés sur l'éducation. Près de 600 000 volumes, auront ainsi été diffusés jusqu'en 1945, précisent C. *Boss* et É. *Brylinski*, en concordance si possible avec l'idéal progressiste qui anime toujours les porte-bannières du BIE (pour autant que la censure allemande l'autorise).

La guerre force donc les dirigeants du BIE à reformuler les modalités de leur internationalisme éducatif, en le mâtinant de cette action humanitaire dont Herrmann (2018) a récemment problématisé les dilemmes. S'agissant du BIE, il ne s'agit en effet plus de faire dialoguer les systèmes éducatifs ou les ministères entre eux, mais bien de s'entendre avec les nations en guerre (l'Allemagne, la France, l'Italie, la Pologne, la Roumanie, notamment), pour pouvoir porter secours à des individus. Or ces individus, identifiés par leur appartenance à des forces militaires nationales, ne peuvent être secourus que par leurs structures d'assistance nationales (en l'occurrence grâce aux moyens et supports déployés par les Croix-Rouge nationales). C. *Boss* et É. *Brylinski* montrent subtilement le caractère paradoxal d'une action internationale qui, pour voir perdurer son agence et conserver vivant son idéal internationaliste, contribue à s'appuyer sur les identités nationales – opère même selon une logique de « ciblage national » –, allant jusqu'à ignorer ou marginaliser les autres. Et elle ne peut faire profiter les civils internés de son œuvre. Ce n'est donc plus un idéal universaliste de solidarité qui se déploie ici sous les auspices du SAIP (celui du premier BIE, qui s'ingéniait à penser

---

17 Enquêtes, productions éditoriales, réunions des conseils, Conférences internationales de l'instruction publique (CIIPs).

l'éducation d'une humanité future pacifiée et solidaire), mais bien l'architecture diplomatique qui rend possible (ou pas) l'assistance due par les États à leur nationaux en difficulté, en conformité des traités et usages internationaux d'avant 1914.

L'internationalisme éducatif aurait-il alors définitivement sombré face aux innombrables difficultés et impossibilités créées par la Seconde Guerre mondiale ? *C. Boss* et *É. Brylinski* répondent par la négative : car en changeant la focale de leur objectif, elles démontrent que demeurent vivaces durant le conflit, mais sous le manteau et dans les coulisses, des solidarités internationales cette fois bien insoumises. Les acteurs genevois du BIE deviennent ainsi, derrière la vitrine diplomatique du SAIP qui en quelque sorte les protège et légitime leur existence, un des éléments constitutifs d'un réseau souterrain d'entraide aux intellectuels et enseignants que de futures études seraient bien inspirées de documenter.

Prolongeant la réflexion sur les échelles de l'appropriation, *António Nóvoa* nous convie à modifier résolument notre regard, et lui-même, dans sa contribution, opte pour un audacieux changement de genre et de point de vue. En écho à sa propre trajectoire intellectuelle, *A. Nóvoa* convoque tour à tour philosophes, géographes, anthropologues, sociologues, historiens, comparatiste, pédagogues et poètes pour initier une approche historico-comparative des trajectoires intercontinentales de l'éducation émancipée des positions et connaissances convenues. Libérée des spatialités et temporalités traditionnelles, susceptibles de confiner le regard, cette approche permettrait d'adopter un point de vue « estrangeant » sur le monde (Ginzburg, 2001), dont les apports nous paraissent indéniables à l'examen des internationalismes éducatifs. En effet, en référence à Landi (2013) – comme le fait *A. Nóvoa* lui-même –, on peut considérer que les paradigmes de l'indice et de l'estrangement sont complémentaires : le premier, qui repose sur la valeur heuristique d'une variation des échelles d'observation, sur laquelle la micro-histoire s'ancrera, constitue de fait une « potentialité du second ». « La variation du point de vue […] bénéficie d'un privilège particulier : celui précisément qui vise à dénaturaliser les objets de connaissance, les arracher à l'automatisme de la perception ordinaire du sens commun historique, autrement dit, à les "estranger". » (Landi, 2013, p. 11). Cette distanciation critique, pour laquelle plaide *A. Nóvoa* dans sa contribution, constitue une perspective possible pour s'extraire de peintures qui refléteraient en miroir notre représentation ethno-centrée du monde ainsi que l'entre-soi disciplinaire, afin de repérer, au contraire, dans la pluralité et les perpétuelles métamorphoses des paysages du monde environnant, les résonances, divergences, interférences. Celles qu'impulsent passeurs et médiateurs, ces « intercesseurs », précise A. *Nóvoa*, qui font fi des frontières en tous genres pour s'instituer parfois porte-paroles de voix minorisées. Ainsi, ce chapitre questionne les approches qui braquent le projecteur sur les seuls supposés « épicentres » de l'éducation nouvelle, et surtout qui ne décèlent pas dans ces métropoles apparentes des dynamiques plus profondes et plus amples, initiées en moult autres contrées (dont des colonies), impactant en retour ces foyers.

L'exemple du Congrès de la Ligue internationale pour l'Éducation nouvelle (LIEN) de Locarno en 1927 permet de repérer les stratégies de légitimations des uns et des autres, dans cette grande messe internationaliste ; dont celles du porte-bannière francophone de la Ligue, son vice-président Adolphe Ferrière. A. *Nóvoa* dépeint en deux études de cas comment la périphérie agit sur le centre. Le premier – qui questionne la dimension élitaire de l'éducation nouvelle – a cela d'intéressant qu'il positionne l'Amérique du Nord comme périphérie de l'Europe, dont la minuscule Suisse est tenue pour le centre névralgique réformiste ; celle-ci, précisément à cette époque (au sein du BIE et de diverses agences techniques en charge d'éducation et d'enfance, comme le montrent plusieurs autres chapitres de cet ouvrage) se lamente de la surdité et de l'isolationnisme d'Américains du Nord, regardés comme *Leading Educators of the World*. Le geste comparatif, facilité par le regroupement des multiples études de cas examinées dans ce recueil collectif, permet aussi de repérer derrière cette commune quête d'une éducation rédemptrice l'âpreté des rivalités transocéaniques pour s'arroger une place prééminente. Cette inlassable quête de légitimité, bien mise en lumière par A. *Nóvoa*.

Le second cas examiné dans ce chapitre 9 démontre la variabilité des interprétations et réappropriations des internationalismes réformistes, pointés aussi par J. *Goodman*, F. *Mole* et R. *Latała* dans leurs contributions qui tour à tour nous conduisent de la Perse aux États-Unis, en passant par la Russie et l'Asie, pour s'arrêter plus longuement sur Genève, la France et la Pologne. A. *Nóvoa*, lui, nous convie en Amérique latine, mais en inversant précisément le regard sur cette contrée arpentée, on s'en souvient (chapitre 2), par un Ferrière dont l'internationalisme missionnaire n'est pas dépourvu d'une logique civilisatrice, et dont Hameline (1993, 1998/2002) a naguère démontré combien il s'ancre dans un naturalisme progressiste qui opère comme décalque d'une hiérarchie anthropologique et sociale. En prêtant quant à lui une oreille attentive aux porte-paroles latino-américains – et non plus européens – *A. Nóvoa* révèle comment la présidente de l'Association brésilienne de l'éducation, Laura Lacombe, s'approprie et reconfigure le contenu des conférences du Congrès de la Ligue de Locarno pour préconiser des méthodes réformistes plus efficaces sur sa terre natale, les rendant ainsi plus « adaptées à notre race » qui exige, préconise-t-elle, une liberté bien maîtrisée, faute de succomber à l'anarchie. Cette réinterprétation de l'éducation nouvelle va attiser les controverses sur ses modalités d'extension au Brésil, discordances dont Lacombe et d'autres de ses congénères brésiliens (à l'instar de Anísio Teixeira, Lourenço Filho et Fernando de Azevedo) parleront à leurs collègues genevois ; ces correspondances croisées examinées présentement par Loureiro (en préparation) s'offrent comme une précieuse opportunité pour répondre à l'invitation d'*A. Nóvoa* de repérer les échanges réciproques, les courants contrastés, les directions chahutées et les dynamiques multidirectionnelles des internationalismes éducatifs.

Placée en fin de volume, en guise d'« envoi », par les perspectives qu'elle entrouvre, cette contribution conclut elle aussi sur le dénominateur commun à ces internationalismes controversés : la paix, l'éducation à la paix, la paix à travers l'éducation.

* * *

Le concept de cet ouvrage a été élaboré lors du colloque « Genève, une plateforme de l'internationalisme éducatif » (septembre 2017) organisé par l'Équipe de recherche en histoire sociale de l'éducation (ERHISE) et les Archives Institut Jean-Jacques Rousseau (AIJJR). Cette manifestation inaugurait l'étape genevoise de l'Itinéraire culturel européen de la pédagogie mis en œuvre par l'Association Héloïse (http://pedagogues-heloise.eu/), membre de la Fédération Française des Itinéraires Culturels Européens (FFICE).

Les coordinatrices de ce volume remercient chaleureusement toutes les personnes qui ont permis que cette publication se concrétise, en particulier Elphège Gobet (AIJJR), Philippe Michel Matthey, Amanda Reymond, Diana Volonakis, Isabelle Descombes, ainsi que les deux lecteurs indépendants ayant minutieusement expertisé ce manuscrit.

Références

Avrich, P. (1980). *The Modern School Movement. Anarchism and Education in the United States.* Princeton : Princeton University Press.

Barthélemy, P. (2010). L'enseignement dans l'Empire colonial français : une vieille histoire ? *Histoire de l'éducation, 128,* 5–27.

Boli, J. & Thomas, G. (1999). *Constructing World Culture : International Nongovernmental Organizations since 1875.* Stanford : Stanford University Press.

Brehony, K.-J. (2004). A New Education for a New Era : The Contribution of the Conferences of the New education Fellowship to The Disciplinary Field of Education (1921–1938). *Paedagogica Historica, 40*(5–6), 733–755.

Caruso, M., Koinzer, T., Mayer, C. & Priem, K. (Éds.) (2013). *Zirkulation und Transformation : Pädagogische Grenzüberschreitungen in historischer Perspektive.* Köln : Böhlau.

Caspard, P. & Caspard-Karydis, P. (1996). Presse pédagogique et formation continue des instituteurs (1815–1940). *Recherche et Formation, 23,* 105–117.

Charle, C., Schriewer, J. & Wagner, P. (Éds.) (2004). *Transnational intellectual networks. Forms of Academic Knowledge and the Search for Cultural Identities.* Frankfurt : Campus.

Cicchini, M. (2004). Un bouillon de culture pour les sciences de l'éducation ? Le Congrès international d'éducation morale (1908–1934). *Paedagogica Historica 40*(5&6), 633–656.

Claparède, E. (1912). *Un Institut des sciences de l'éducation et les besoins auxquels il répond.* Genève : Kündig.

Clavin, P. (2005). Defining Transnationalism. *Contemporary European History, 14*(4), 421–439. doi :10.1017/S0960777305002705

Clavin, P. (2010). Time, manner, space : writing modern european history in global, transnational and international contexts. *European History Quarterly, 40,* 624–640.

Codello, F. (2005). *La buona educazione : esperienze libertarie e teorie anarchiche in Europa da Godwin a Neill.* Milano : Angeli.

Compagnon, O. (2013). *L'adieu à l'Europe. L'Amérique latine et la Grande Guerre.* Paris : Fayard.

Condette, J.-F. & Antoine Savoye, A. (2016). Une éducation pour une ère nouvelle : le Congrès international d'éducation de Calais (1921). *Les Études Sociales, 1* (163), 43–77. DOI 10.3917/etsoc.163.0043

Davies, T. (2014). *NGOs. A New History of Transnational Civil Society.* Oxford : Oxford University Press.

Depaepe, M. (1993). *Zum Wohl des Kindes ? Pädologie, pädagogische Psychologie und experimentelle Pädagogik in Europa und den USA, 1890–1940.* Weinheim : Deutscher Studien Verlag.

Drewek, P. & Lüth, C. (Éds.) (1998). *History of Educational Studies. Geschichte der Erziehungswissenschaft. Histoire des sciences de l'éducation.* Gent : CSHP.

Dulphy, A., Frank, R., Matard Bonucci, M.-A. & Ory, P. (2012). *Les relations culturelles internationales au XXᵉ siècle. De la diplomatie culturelle à l'acculturation.* Bruxelles : Lang.

Dumont, J. (2018). *Diplomaties culturelles et fabrique des identités. Argentine, Brésil, Chili (1919–1946).* Rennes : Presses universitaires de Rennes.

Dunkerley, M. E. (2009). *Education policies and the development of the colonial state in the Belgian Congo, 1916–1939* (Thesis – Philosophy in History). University of Exeter.

Dussel, I. (2011). Between exoticism and universalism : educational sections in Latin American participation at international exhibitions, 1860–1900. *Paedagogica Historica, 47*, 601–617.

Droux, J., Hofstetter, R. & Robert, A. D. (2020). Organisations internationales et chantiers éducatifs. *Relations internationales, N° 183.*

Engel, E. (2018). The ecumenical origins of pan-Africanism : Africa and the 'Southern Negro' in the International Missionary Council's global vision of Christian indigenization in the 1920s. *Journal of Global History, 13*, 209–229. doi :10.1017/S1740022818000050.

Engel, E., Kennedy, J. & Reynolds, J. (2018). Editorial – the theory and practice of ecumenism : Christian global governance and the search for world order, 1900–80. *Journal of Global History, 13*, 157–164.

Erdmann, K. D. (2005). *Toward a Global Community of Historians. The International Historical Congresses and the International Committee of Historical Sciences, 1898–2000.* New York & Oxford : Berghahn Books.

Fontaine, A. & Matasci, D. (2015). Centraliser, exposer, diffuser : les musées pédagogiques et la circulation des savoirs scolaires en Europe (1850–1900). *Revue germanique internationale, 21*(1), 65–78.

Gerbod, P. (1989). *L'Europe culturelle et religieuse de 1815 à nos jours.* Paris : Presses Universitaires de France.

Gillabert, M. (2020). Où est passé l'esprit de Genève ? Usages et reformulations de l'idéal internationaliste à la Cité internationale universitaire de Paris (1921–1950). In R. Hofstetter, M. Christian & J. Droux (Éds.), *Construire la paix par l'éducation : réseaux et mouvements internationaux au XXᵉ siècle* (pp. 307–326). Genève au cœur d'une utopie. Neuchâtel : Alphil.

Ginzburg, C. (2001). *À distance – Neuf essais sur le point de vue en histoire*. Paris : Gallimard.

Gorman, D. (2010). Ecumenical Internationalism: Willoughby Dickinson, the League of Nations and the World Alliance for Promoting International Friendship through the Churches. *Journal of Contemporary History, 45*(1), 51–73.

Grandjean, M. (2018). *Les réseaux de la coopération intellectuelle. La Société des Nations comme actrice des échanges scientifiques et culturels dans l'entre-deux-guerres* (Thèse de doctorat). Université de Lausanne.

Gutierrez, L. (2011). État de la recherche sur l'histoire du mouvement de l'Éducation nouvelle en France. *Carrefours de l'éducation, 31*(1), 105–136.

Haenggeli-Jenni, B. (2017). *L'Éducation nouvelle entre science et militance. Débats et combats à travers la revue Pour l'ère nouvelle (1920–1940)*. Berne : Peter Lang.

Haenggeli-Jenni, B., Fontaine, A. & Bühler, P. (Éds.) (2014). Une circulation des idées pédagogiques sur papier. Presse d'éducation, transferts et trajectoires transnationales des savoirs (1850–2000). *Revue suisse des sciences de l'éducation, Schweizerischen Zeitschrift für Bildungswissenschaften, 36*(1), 5–15.

Hameline, D. (1993). Adolphe Ferrière (1979–1960). *Perspectives, 23*, 379–406.

Hameline, D. (1998/2002). Le cosmopolitisme de l'Éducation nouvelle à l'épreuve des nationalismes dans l'entre-deux-guerres. In D. Hameline, *L'éducation dans le miroir du temps* (pp. 157–216). Lausanne : LEP.

Haupt, H. G. (2011). Une nouvelle sensibilité : la perspective « transnationale ». Une note critique. *Cahiers Jaurès. 20*(2), 173–180.

Herrmann, I. (2018). *L'humanitaire en questions : réflexions autour de l'histoire du Comité international de la Croix-Rouge*. Paris : Les Éditions du Cerf.

Hofstetter, R. & Schneuwly, B. (Éds.) (2006). *Passion, fusion, tension. New Education and Educational Sciences. Éducation nouvelle et Sciences de l'éducation (End 19th-middle 20th century ; Fin du XIXe– milieu du XXe siècle)*. Berne : Peter Lang.

Hofstetter, R. (2010). *Genève, creuset des sciences de l'éducation (fin du XIXe − première moitié du XXe siècle*. Genève : Droz.

Hofstetter, R. & Criblez, L. (Éds.) (2018). Transfer und Transforma-tionen von pädagogischem Wissen. Transfert et transformations des savoirs pédagogiques. *Schweizerischen Zeitschrift für Bildungswis-senschaften, Revue Suisse des sciences de l'éducation, 40*(1).

Hofstetter, R., Droux, J. & Christian, M. (Éds.) (2020). *Construire la paix par l'éducation : réseaux et mouvements internationaux au XXe siècle. Genève au cœur d'une utopie.* Neuchâtel : Alphil.

Hunyadi, H.-E. (2019). *Promouvoir l'accès des femmes aux études et aux titres universitaires : un défi transnational ? L'engagement de la Fédération Inter-nationale des Femmes Diplômées des Universités (1919–1975)* (Thèse de doctorat en co-tutelle). Universités de Genève et de Paris-Descartes.

Iriye, A. (1997). *Cultural Internationalism and World Order.* Baltimore and London : John Hopkins University Press.

Jomini-Mazoni, R. (1999). *Écoles anarchistes au Brésil (1889–1920).* Lyon-Lausanne : Atelier de création libertaire.

Koslowski, S. (2013). *Die New Era der New Education Fellowship : ihr Bei-trag zur Internationalität der Reformpädagogik im 20. Jahrhundert.* Bad Heilbrunn : Julius Klinkhardt.

Landi, S. (2013). Avant-Propos. *Essais − Revue interdisciplinaire d'Humani-tés, numéro hors-série sur « L'estrangement »*, 9–17.

Laqua, D, van Acker, W. & Verbruggen, C. (Éds.) (2019). *International Organizations and Global Civil Society. Histories of the Union of Interna-tional Associations.* London : Bloomsbury Academic.

Laqua, D. (2015). *The age of internationalism and Belgium, 1880–1930. Peace, progress and prestige.* Manchester : Manchester University Press.

Laqua, D. (2019). Educating internationalists : The Contexte, Role and Legacies of the UIA's "International University". In D. Laqua, W. van Acker & C. Verbruggen (Éds.), International Organizations and Glo-bal Civil Society. Histories of the Union of International Associa-tions (pp. 53–72). London : Bloomsbury Academic.

Loureiro, C. M. B. (en préparation). *La coopération pédagogique promue par le Bureau international d'éducation (BIE) : les interconnexions avec l'Amé-rique Latine (1925–1952). Bourse CAPES (Brésil)* (Thèse de doctorat). Université de Genève.

Matasci, D. (2015a). *L'école républicaine et l'étranger : Une histoire interna-tionale des réformes scolaires en France. 1870–1914.* Paris : ENS édition.

Matasci, D. (2015b). International Congresses of Education and the Circulation of Pedagogical Ideas in Western Europe (1876–1910). In D. Rodogno, B. Struck, J. Vogel (Éds.), *Shaping the transnational Sphere. Experts, Networks, and Issues (1850–1930)* (pp. 218–238). New York : Berghahn Books.

Matasci, D. (2017). Les peuples à l'école. Expositions universelles et circulation des idées pédagogiques en Europe (1867–1878). *Revue d'histoire du XIXᵉ siècle, 55*(2), 125–136.

Maul, D. R. (2016). *American Quakers, the Emergence of International Humanitarianism and the foundation of the American Friends Service Committee 1890–1920.* Oxford : Oxford University Press.

Mazlish, B. (2006). *The new global history.* New-York : Routledge.

Mole, F. (2010). *L'école laïque pour une République sociale. Controverses pédagogiques et politiques (1900–1914).* Rennes : Presses Universitaires de Rennes / Lyon : INRP.

Nouvel-Kirschleger, M. & Sammler, S. (2014). *Les manuels scolaires, outils pour la construction d'une paix durable au sortir de la Grande Guerre ? La Grande Guerre des manuels scolaires.* Montpellier, France. hal-01243695.

Nóvoa, A. (2006). *La construction du « modèle scolaire » dans l'Europe du Sud-Ouest (Espagne, France, Portugal). Des années 1860 aux années 1920* (Thèse de doctorat d'histoire). Université Paris IV- Sorbonne.

Pedersen, S. (2007). Back to the League of Nations. *The American Historical Review, 112*(4), 1091–1117.

Pedersen, S. (2015). *The Guardians. The League of Nations and the Crisis of Empire.* Oxford : Oxford University Press.

Petersen, P. (1928) Vorwort. In A. Ferrière, *Die Schule der Selbsttätigkeit oder Tatschule.* Weimar : Herman Böhlaus.

Rasmussen, A. (1989). Les Congrès internationaux liés aux Expositions universelles de Paris (1867–1900). *Mil neuf cent. Revue d'histoire intellectuelle, 7*(1), 23–44.

Reis, J. I. (2010). Cultural internationalism at the Cité Universitaire : international education between the First and Second World Wars. *History of Education, 39*(2), 155-173.

Renoliet, J.-J. (1999). *L'Unesco oubliée. La Société des Nations et la coopération intellectuelle.* Paris : Publications de la Sorbonne.

Reverdin, H. (Éd.) (1922). *L'esprit international et l'enseignement de l'histoire. Troisième Congrès International d'Éducation morale.* Neuchâtel : Delachaux et Niestlé.

Rodogno, D., Struck, B. & Vogel, J. (Éds.) (2014). *Shaping the transnational sphere : experts, networks, and issues from the 1840s to the 1930s* (Contemporary European history 14). New York : Berghahn.

Rogers, R. (2013). *A Frenchwoman's Imperial Story : Madame Luce in Nineteenth-Century Algeria.* Stanford : Stanford University Press.

Röhrs, H. & Lenhart, V. (Éds.) (1994). *Die Reformpädagogik auf den Kontinenten. Ein Handbuch.* Frankfurt : Peter Lang.

Rosenberg, E.S. (2012). Transnationale Strömungen in einer Welt, die zusammenrückt. In A. Iriye & J. Osterhammel (Éds.), *Geschichte der Welt. 1870–1945* (pp. 815–999). München : Beck.

Saunier, P.-Y. (2008). Les régimes circulatoires du domaine social 1800–1940 : Projets et ingénierie de la convergence et de la différence. *Genèses*, 2(71), 4–25.

Schriewer, J. (Éd.) (2007). *Weltkultur und Kulturelle Bedeutungswelten. Zur Globalisierung von Bildungsdiskursen.* Frankfurt am Main: Campus Verlag.

Siegel, M. (2004). *The Moral Disarmament of France. Education, Pacifism, and Patriotism, 1914–1940.* Cambridge: University Press.

Sluga, G. (2013). *Internationalism in the Age of Nationalism.* Philadelphia: Pennsylvania University Press.

Smaller, (2015). An Elusive Search for Peace: The Rise and Fall of the World Federation of Education Associations (WFEA), 1923–1941. *Historical Studies in Education, 27*(2), 95–119.

Suissa, J. (2006). *Anarchism and Education : A philosophical perspective.* Oxon: Routledge.

Taillibert, C. (1999). *L'Institut international du cinématographe éducatif. Regards sur le rôle du cinéma éducatif dans la politique internationale du fascisme italien.* Paris : L'Harmattan.

Thébaud, F. (2017), *Une traversée du siècle. Marguerite Thibert, femme engagée et fonctionnaire internationale.* Paris : Belin.

Thomas, M. (2004). "No-one Telling us What to Do". Anarchist Schools in Britain, 1890–1916. *Historical Research, 77*(197), 405–436.

Tournès, L. (2016). *Les États-Unis et la Société des Nations (1914–1946). Le système international face à l'émergence d'une superpuissance.* Berne : Lang.

Vauchez, A. (2013). Le prisme circulatoire. Retour sur un leitmotiv académique. *Critique internationale, 59*(2), 9–16. doi :10.3917/crii.059.0009.

Wagnon, S. (2017). Les théosophes et l'organisation internationale de l'éducation nouvelle (1911–1921). *REHMLAC : Revista de Estudios*

Históricos de la Masonería Latinoamericana y Caribeña, 9(1). https://doi. org/10.15517/rehmlac.v9i1.28629.

Zuniga, J.-P. (2007). L'histoire impériale à l'heure de "l'histoire globale" : une perspective atlantique. *Revue d'histoire moderne et contemporaine. 54*(5), 54–68.

PARTIE 1

INTERNATIONALISMES ÉDUCATIFS : DES PROCESSUS CONSTRUITS ET SITUÉS

Chapitre 1
L'internationalisme ouvrier et les enjeux éducatifs au tournant des 19e et 20e siècles. Quels échos en Suisse romande ?

Charles Heimberg

Résumé L'histoire de l'internationalisme ouvrier est marquée par une certaine ambivalence dans la mesure où les horizons d'attente se situent clairement par-delà les frontières alors que les premières conquêtes sociales émergent dans le strict cadre des États-nations. Les manières dont le mouvement ouvrier a investi les questions de l'éducation s'inscrivent dans ce cadre, avec des idées communes et des expériences qui s'échangent et qui circulent, mais avec des réalisations et des enjeux concrets situés au plan national ou régional. Des propos significatifs et des figures marquantes ont caractérisé ces débats sur une éducation progressiste dans le contexte suisse-romand. L'expérience singulière de la petite École Ferrer de Lausanne, qui déclarait s'attacher à l'autonomie de pensée des élèves, est plus riche des réflexions qu'elle a suscitées que de ses réalisations pratiques effectives. En définitive, s'il existe bien un projet éducatif qui est propre au mouvement ouvrier, qui concerne aussi bien les adultes que les enfants, il prend plus d'importance dans les périodes de reflux des luttes sociales et politiques.

Mots-clés : Internationalisme ; mouvement ouvrier ; éducation ; culture populaire ; École Ferrer

Abstract The history of labour internationalism is marked by some ambivalence, to the extent that its expectations clearly extend beyond borders, whereas its first social victories emerged from the strict confines of nation-states. The ways in which the labour movement engaged with issues related to education are embedded within this context, with common ideas and experiences shared and circulated, albeit in relation to concrete implementation and stakes relevant to the national or regional level. Significant statements and prominent figures defined these debates on progressive education in the context of Western Switzerland. The singular experience of the small École Ferrer, in Lausanne, which declared itself to be dedicated to its pupils' thought autonomy, is richer from the perspective of the thinking it brought about than in regard to its effective practical realisations. Ultimately, while it is possible to establish the existence of an educational project specific to the labour movement, aimed at children and adults alike, the project takes on heightened importance during periods witnessing the ebb of social and political struggles.

Keywords : Internationalism, labour movement, education, popular culture, École Ferrer

« Prolétaires de tous les pays, unissez-vous ! », s'exclamaient Karl Marx et Friedrich Engels dans le *Manifeste du parti communiste* de 1848. L'histoire de l'internationalisme ouvrier, quelque peu négligée ces derniers temps, attire à nouveau l'attention dans un contexte de montée des crispations identitaires, avec notamment une belle publication de l'historien Nicolas Delalande qui souligne combien

> les longs débats, les savoir-faire et les échecs accumulés, de la fondation de la Première Internationale en 1864 à la mort de Jean Jaurès cinquante ans plus tard, ont constitué un réservoir d'expériences, d'arguments et de techniques qui ont nourri l'essor des solidarités internationales durant l'entre-deux-guerres. […] L'enjeu n'est pas seulement d'unir les ouvriers pour les aider dans leurs combats revendicatifs, mais de mettre la solidarité au service d'une cause et d'une lutte d'influence. (Delalande, 2019, p. 290).

L'internationalisme ouvrier émerge en effet au milieu du 19ᵉ siècle, son histoire étant dès lors largement déterminée par celle de la 1ᵉʳᵉ et de la 2ᵉ Internationale. À cette époque, le mouvement ouvrier s'organise progressivement autour d'une trilogie comprenant des organisations syndicales, politiques et coopératives. Il cherche par conséquent à défendre les droits des travailleurs dans leur rapport direct avec les patrons sur leur lieu de travail, par le biais de la conquête d'une législation protectrice contre les abus de l'exploitation et par des formes d'organisation autonome en matière de consommation ou même, parfois, de production. Toutefois, ses conquêtes initiales en matière de conditions de travail contractuelles ou de législation sociale émergent en tant que premiers droits sociaux dans des espaces strictement nationaux. Dès lors, cette dynamique ne manque pas de rendre ambiguë la dynamique internationaliste dans la mesure où, l'espace national étant nécessairement celui des luttes sociales effectives, elle fait se côtoyer, voire se contraster, la solidarité ouvrière à l'échelle internationale et la défense des droits des ouvriers de et dans chaque nation associée à une quête d'inclusion, parfois à une rage d'être inclus, qui a troublé les grands élans de solidarité (Heimberg, 2015b).

L'un des éléments porteurs de l'idée internationaliste concerne le droit de circulation des travailleurs et des travailleuses à travers les frontières, c'est-à-dire leur possibilité de trouver ailleurs de quoi assurer leur subsistance dans un système économique qui présentait d'emblée une dimension de globalisation produisant des effets migratoires et concurrentiels. Toutefois, la confrontation politique et économique entre États-nations a entraîné en même temps les sociétés industrielles vers une guerre que le mouvement ouvrier international affirmait vouloir combattre par tous les moyens, une guerre qu'il n'est malheureusement pas parvenu à empêcher en août 1914.

La Grande Guerre constitue une forte rupture dans l'histoire du mouvement ouvrier et de son internationalisme, marquée en particulier par l'émergence des organisations communistes désormais reliées à la 3e Internationale. L'espoir d'une partie de ces ouvriers se porte dès lors vers l'Union Soviétique, une terre de référence qui est perçue comme le lieu de la réalisation du projet socialiste, même si le phénomène demeure modeste en Suisse romande. L'émergence des fascismes créera ensuite d'autres formes de solidarité internationales. Le mouvement anarchiste se fait toutefois plus discret, à part dans les métiers du bâtiment alors qu'il était le plus intransigeant en matière de mise à distance de la dimension nationale.

L'ambivalence de cet internationalisme, qui impliquerait une pleine solidarité avec les migrant·es et un refus clair et net des discriminations à leur égard, demeure un phénomène de longue durée qui se prolonge aujourd'hui encore sous des formes renouvelées. En effet, la vigueur contemporaine des affirmations identitaires et des discours dominants de fermeture n'est pas sans conséquences pour les milieux sociaux les plus défavorisés dans un contexte de crise profonde des organisations politiques et syndicales qui sont héritières de l'internationalisme susmentionné. C'est toutefois la même question qui demeure posée encore

et toujours, avec sans doute plus d'intensité encore : celle de savoir comment défendre des droits sociaux dans un cadre seulement national
quand ces droits dépendent largement d'enjeux globaux que les organisations qui portent le mouvement social ne parviennent pas à affronter
efficacement faute d'être structurées en conséquence.

Un « internationalisme éducatif » au sein du mouvement ouvrier ?

Qu'en est-il alors pour l'enseignement et l'éducation ? Un « internationalisme éducatif » a-t-il existé au sein du mouvement ouvrier ? La
question est d'autant plus complexe que les affirmations et leurs traces
en la matière sont sans doute moins visibles alors que des circulations
discrètes existent indéniablement. Nous en avons quelques indices avec
des parcours comme celui de James Guillaume (Maitron & Enckell, 2010),
animateur de la Fédération jurassienne, mais aussi « petite main » de
Ferdinand Buisson (Brunet, 2009) pour la rédaction du *Dictionnaire de
pédagogie* (Buttier, 2016–2020). Cependant, c'est sans doute la figure de
Francisco Ferrer (Enckell, 2014a) qui marque le plus cette dimension
internationaliste, le martyre de ce pédagogue libertaire assassiné à
Barcelone à la suite de la Semaine tragique ayant connu un très large
écho avec des manifestations dans de nombreuses villes européennes
(Robert, 1989 ; Rebérioux, 1991/1999 ; Candar, 2014). Certes, ces manifestations ont porté d'abord sur le refus de la répression et de la guerre, la
dimension éducative du parcours de Ferrer, qui avait pourtant été l'objet
de circulations importantes par-delà les frontières (Wagnon, 2013), ne se
trouvant pas forcément au premier plan au moment de son assassinat.
Celle-ci a pourtant rapidement connu un écho en Suisse romande avec
la fondation dans les mois suivants d'une petite École Ferrer libertaire
à Lausanne (Heimberg, 2006 ; Wintsch, 2009), une expérience dont nous
verrons ci-après l'intérêt.
    L'idée d'un « internationalisme éducatif » au sein du mouvement
ouvrier nous ramène à davantage encore de limites et d'ambiguïtés que
pour l'internationalisme ouvrier tout court. Il ne s'agit pas dans ce cas de
mobilisations de masse, mais plutôt de circulations d'idées. Comme les
questions sociales, les questions éducatives sont alors gérées à l'échelle
nationale, le principe de l'instruction obligatoire accompagnant étroitement l'émergence de chacun des États-nations. Comme on l'observe

encore aujourd'hui, des spécificités nationales caractérisent les systèmes scolaires, leur organisation, mais aussi leur contexte de développement. Toutefois, des questions analogues surgissent déjà simultanément dans ces différents lieux autour d'enjeux d'émancipation portés par les organisations ouvrières. Ainsi par exemple, même si elles se présentaient apparemment dans des termes différents, les deux questions relatives à la préparation des enfants à leur insertion économique future et à l'exercice à venir de leurs droits de citoyen·nes étaient et demeurent au cœur des systèmes scolaires et de leurs légitimations. Mais l'histoire, qui s'attelle à mettre en évidence des changements et des différences, montre en même temps que les manières d'affronter ces questions ont évolué. Par exemple, l'une des préoccupations majeures du monde ouvrier de l'époque n'était pas tant que l'école soit un instrument de mobilité sociale ascendante, mais plutôt qu'elle soit vraiment destinée à tous les élèves, prenant ainsi notamment en compte l'importance des aptitudes manuelles aussi bien que les aptitudes intellectuelles dans ce que la formation scolaire devait développer. Ainsi, il ne fallait pas que l'école serve seulement à reproduire le monde des privilégiés et des universitaires bourgeois ; il importait qu'elle soit aussi destinée au monde ouvrier et que ses capacités spécifiques soient pleinement reconnues[1]. Cette posture, qui peut nous sembler résignée avec notre regard contemporain, relevait à l'époque de cette même rage d'être inclus dans la société qui mobilisait les milieux ouvriers sur un plan plus général (Heimberg, 1996 ; Dossier éducation et instruction, 2000).

Si les questions éducatives se sont d'abord posées et réglées au sein des États-nations, il nous faut insister sur un élément déjà évoqué : ce sont souvent *les mêmes questions* qui ont émergé de part et d'autre des frontières. À côté d'éventuelles circulations des idées, il y a donc eu une sorte de similarité de situations qui s'est croisée avec les particularités sociales et culturelles de chaque société de l'époque. En outre, le monde ouvrier organisé comprenait des enseignants parmi ses figures marquantes qui affrontaient ces enjeux sociaux et éducatifs chacun à leur manière tout en contribuant de fait à un discours général comprenant des éléments communs. James Guillaume avait enseigné à l'École industrielle du Locle avant son engagement dans la Fédération jurassienne ;

---

1   On retrouve des positions analogues dans la pédagogie sociale de Helena Radlińska ; voir à ce propos le chapitre 7, rédigé par R. Latała.

et son parcours ultérieur à Paris, auprès de Ferdinand Buisson, sera celui non pas d'un praticien, mais d'un penseur de l'éducation. Jean Sigg (Roth, 2010), l'un des premiers socialistes genevois, longtemps adjoint romand du Secrétariat ouvrier, était à l'origine instituteur. Et un autre instituteur, bressan celui-là, Marius Tortillet, alias M. T. Laurin (Mole, 2005), présent dans la presse socialiste suisse romande, peut également être mentionné pour ce tout premier 20ᵉ siècle. Cette présence de militants impliqués dans l'enseignement révèle à la fois des engagements exceptionnels, à l'image des nombreux articles de Guillaume dans la rubrique internationale de *La revue pédagogique* en France, et l'importance dans la culture ouvrière d'une thématique qui met en jeu le présent et l'avenir de la place du monde du travail dans la société bourgeoise.

Qu'en est-il en effet de la question de la formation et de l'éducation au sein du mouvement ouvrier ? D'une manière générale, il l'a investie aussi bien en ce qui concerne les ouvriers adultes que leurs enfants. Elle lui a en effet paru susceptible d'ouvrir à un potentiel d'émancipation sociale qui relevait surtout à l'époque de la conquête d'une inclusion sociale et sociétale. Soulignons toutefois que cette question ne s'est pas toujours posée au premier plan des préoccupations de ces milieux populaires et militants. Elle s'est plus volontiers affirmée, nous y reviendrons, lorsque leurs luttes sociales étaient en recul, au second plan, alors qu'elle a semblé s'éclipser au cœur des moments les plus intenses de la lutte sociale. En outre, il s'agit là d'un tout premier 20ᵉ siècle, voire du tournant des 19ᵉ et 20ᵉ siècles, dans lesquels se situent les parcours des quelques figures marquantes évoquées dans cette contribution. Ainsi, l'expérience de l'École Ferrer de Lausanne ne survit pas aux circonstances de la guerre et le recul de l'anarcho-syndicalisme rend les débats et actions autour d'une éducation alternative et libertaire beaucoup plus discrets à partir des années vingt. Il est vrai aussi, comme nous l'avons vu, que cette période est désormais très différente, y compris pour les débats éducatifs qui vont se développer dans le cadre législatif, dans les associations d'enseignant·es et dans les milieux pédagogiques.

Des propos et des figures marquantes

En décembre 1876, le *Bulletin de la Fédération jurassienne de l'Association internationale des Travailleurs* exprime déjà, par un communiqué de la section de Vevey qui interpellait toute l'organisation, les fondements d'une lutte possible des organisations ouvrières investissant l'éducation pour améliorer le sort des plus défavorisés :

> Compagnons, nous sommes bien loin de nous être assuré l'instruction qui nous est nécessaire pour lutter avec avantage contre les oppresseurs. Par une sanglante ironie du sort, c'est à eux qu'il nous faut même demander ce que nous apprenons. La plupart d'entre nous sont encore forcés d'envoyer leurs enfants dans des écoles où des hommes, aux gages de la bourgeoisie, travaillent à pervertir le bon sens en enseignant non les choses de la science, mais les fables impures du christianisme, non les vertus de l'homme libre, mais les pratiques de l'esclave. Et plus tard, que d'efforts souvent inutiles pour redresser l'esprit des enfants et les faire marcher à notre suite dans la voie de la lutte !
>
> Nous-mêmes, à-demi émancipés, que d'obstacles nous avons à vaincre pour faire notre propre éducation ! Nous lisons, nous étudions le plus souvent au hasard. Quels sont les livres d'étude les plus simples et les plus substantiels à la fois ? Nous ne savons. Quels sont ceux qui, après avoir été lus, ne laissent pas le devoir de les oublier, le chagrin d'avoir à les désapprendre ? Nul ne nous avertit. Dans quel ordre est-il bon de classer nos études afin d'utiliser chaque minute d'une vie qui doit être consacrée à la libération de nos frères ? Personne ne nous fait profiter de son expérience à cet égard. (*Bulletin de la Fédération jurassienne*, 10 décembre 1876).

Soulignons ici combien les questions posées portent à la fois sur l'éducation des enfants de la classe ouvrière, la future génération, mais aussi sur celle des militants adultes qui doivent prendre en charge leur propre éducation pour se distinguer de celle qui leur a été imposée. Ainsi, ce qui s'exprime dans ce texte, c'est une quête de moyens et de méthodes dont ces militants se disent dépourvus face à cette tâche immense de leur propre éducation et de celle de leurs enfants pour se démarquer d'une idéologie dominante, religieuse et patronale, qui les opprime et les confine dans une fade existence.

Dans ce texte, le plus important réside sans doute dans cette sorte de conscience sociale qui fait dire aux auteurs que leur émancipation passe en effet par du savoir, des lectures et des apprentissages, mais que ce n'est pas dans les écoles bourgeoises qu'ils trouveront les meilleurs et les plus adaptés d'entre eux. Au cœur de cette méfiance, il y a d'abord le christianisme, ressenti comme un parfait antonyme de la science et comme un vecteur de la perpétuation des dominations sociales. L'extrait exprime alors l'immense désarroi de ces milieux ouvriers qui perçoivent bien le mal qui leur est fait, mais sans toutefois parvenir à concevoir

l'instruction alternative qui pourrait les mener à un meilleur affran-
chissement.

Au cours de la même année, dans ses *Idées sur l'organisation sociale*,
Guillaume va encore plus loin et remet en cause les postures autoritaires
du pédagogue et suggère la nécessité de repenser la relation d'autorité
avec les élèves :

> Plus d'école arbitrairement gouvernée par un pédagogue, et dans laquelle
> les élèves tremblants soupirent après la liberté et les jeux du dehors. Dans
> leurs réunions, les enfants seront complètement libres […]. Ils s'habitueront
> ainsi à la vie publique, à la responsabilité, à la mutualité ; le professeur
> qu'ils auront librement choisi pour leur donner un enseignement, ne sera
> plus pour eux un tyran détesté, mais un ami qu'ils écouteront avec plaisir.
> (Guillaume, 1876, p. 42).

La pertinence de ces formules fondatrices est frappante. Ici, Guillaume
ne traite pas seulement du droit à l'instruction et des bienfaits de l'accès
aux savoirs, mais il pose d'emblée la question fondamentale des modalités de l'apprentissage. Il postule que seule la liberté laissée aux enfants,
seul le respect exercé à leur égard, leur permettront de vraiment bien
apprendre, de s'approprier des savoirs substantiels. Cette critique de
l'autoritarisme est d'autant plus intéressante que c'est une question qui
reste largement débattue aujourd'hui. En outre, en ces quelques phrases,
Guillaume pose aussi les bases de pratiques pédagogiques qui soient
responsabilisantes pour les élèves. En ce sens, il associe avec brio projets
d'émancipation sociale et projets pédagogiques.

Quelque temps plus tard, dans l'espace suisse romand, c'est à propos de la géographie que des réfugiés anarchistes comme Élisée Reclus
(Maitron 2009) ou Pierre Kropotkine (Paraire, Enckell & Bantman, 2014),
mais aussi le Genevois Charles Perron (Jud, 2009), expriment des idées
novatrices, en défendant par exemple le recours aux globes plutôt qu'aux
cartes dans la classe (Reclus & Kropotkine, 2018, pp. 77–86). En outre,
l'histoire et la géographie se mêlent aussi dans un texte de Reclus de 1894
qui appelle de ses vœux l'universalité de l'histoire enseignée :

> Maintenant l'histoire est bien celle du monde entier : elle se meut autour
> de Séoul et sur les bords du golfe de Petchili, dans les forêts profondes du
> Caucase et sur les plateaux abyssins, dans les îles de la Sonde et dans les
> Antilles aussi bien que dans tous les lieux fameux considérés jadis comme les
> « ombilics » du grand corps terrestre. Toutes les sources du fleuve, autrefois

distinctes et coulant souterrainement dans les cavernes, se sont unies en un seul lit, et les eaux se déroulent largement à la lumière du ciel. De nos jours seulement l'histoire peut se dire « universelle » et s'appliquer à toute la famille des hommes. Les petites patries locales perdent de leur importance relative en proportion inverse de la valeur que prend la grande patrie mondiale. Les frontières de convention, toujours incertaines et flottantes, s'effacent graduellement, et, sans le vouloir, le patriote le plus ardent devient citoyen du monde : malgré son aversion de l'étranger, malgré la douane qui le protège contre le commerce avec le dehors, malgré les canons affrontés des deux côtés de la ligne tabouée, il mange du pain qui lui vient de l'Inde, boit un café qu'ont récolté des nègres ou des Malais, s'habille d'étoffes dont l'Amérique envoie la fibre, utilise des inventions dues au travail combiné de mille inventeurs de tout temps et de toute race, vit des sentiments et des pensées que des millions d'hommes vivent avec lui d'un bout du monde à l'autre (Reclus, 2012, pp. 178–183).

Ces questions sont bien exprimées, mais elles ne sont encore guère portées, à cette époque, par une structure internationale dédiée aux enjeux de l'éducation d'un point de vue ouvrier. Et encore une fois, la modernité de ces propos qui jettent en quelque sorte les bases d'une histoire connectée qui mettra des décennies à émerger est tout à fait remarquable. Reclus a compris que le monde capitaliste développé dans des États-nations portait en lui une contradiction fondamentale, celle de faire venir le monde au village en confinant les droits sociaux dans le seul cadre de ces États-nations.

Évoquons maintenant l'un de ces textes de référence qui ont sans doute été connus par des militant·es de plusieurs pays. Publié en avril 1898 dans *Les Temps Nouveaux*, un Manifeste pour l'éducation intégrale intitulé *La liberté par l'enseignement (L'École libertaire)* a par exemple circulé en Europe, et aussi en Suisse romande. Il conclut aux principes suivants :

> Supprimant au point de vue éducatif : *discipline, programme, classement*, les trois iniquités de la règlementation scolaire actuelle, desquelles découlent toutes les iniquités sociales :
>
> la *Discipline*, génératrice de dissimulation, de sournoiserie, de mensonge ;
> les *Programmes*, niveleurs d'originalité, d'initiative, de responsabilité ;
> le *Classement*, générateur de rivalités, de jalousies et de haines ;
> notre enseignement sera <u>intégral</u>, <u>rationnel</u>, <u>mixte</u> *et* libertaire. (Reclus, É., Michel, L., Grave, J., Ardouin, J., Malato, C., Janvion, E., Matha, L., Degalvès, J., Tolstoï, L., Girard, A., Kropotkin, P., Ferrière J. & Malquin, L., 1898 ; souligné dans l'original).

Les auteurs précités, en effet, sont tous d'orientation libertaire. Leur acte déclaratif fustige la discipline comme processus autoritaire d'asservissement, les programmes comme des injonctions normatives contrôlées par le pouvoir bourgeois et contrariant l'inventivité des enseignant·es, et le classement des élèves en fonction de leurs résultats comme favorisant des privilèges et humiliant des élèves parmi les plus modestes. Il revendique par ailleurs un enseignement intégral, rationnel[2], mixte et libertaire ; ce qui est tout un programme ; mais ce qui correspond largement aux préoccupations de l'époque : un enseignement intégral, et non pas seulement intellectuel, doit être destiné aussi aux enfants du peuple ; un enseignement rationnel est indispensable face aux religions ; la mixité, ou coéducation des sexes, s'impose dans la perspective d'une éducation intégrale ; de même que la dimension antiautoritaire des pratiques pédagogiques.

Ces idées sont-elles propres aux seuls milieux libertaires ? Ne sont-elles pas présentes, par exemple, dans le mouvement socialiste ? Prenons rapidement l'exemple de Jean Jaurès (Rebérioux, 2008), qui a été beaucoup lu, et parfois entendu, en Suisse romande. Ainsi, cet extrait de sa première intervention parlementaire sur le thème de l'éducation le 21 octobre 1886 n'est pas sans écho avec ce que nous venons de lire :

> Je développe simplement cette pensée, que le jour où les programmes seraient contrôlés par l'expérience même des enfants du peuple, que le jour où les travailleurs pourraient dire ce qui les a le plus soutenus dans les combats de la vie, ce jour-là, nous aurions des programmes plus adaptés aux exigences, aux nécessités de la vie quotidienne. Ainsi, vous inspirerez à l'éducation populaire non pas la pensée captive et refroidie de quelques fonctionnaires enclins au repos, mais l'âme ardente et libre du travail humain (Jaurès, 1886/2012, p. 68).

Les mots ne sont pas les mêmes, mais il y a quelque chose dans ces formules qui reprend un peu ce qui a été vu précédemment. Le thème de l'inadaptation des contenus d'enseignement aux besoins des milieux populaires est ainsi communément avancé par les diverses tendances du mouvement ouvrier. Ce qui les distingue davantage porte d'une part sur

---

2   La contribution de F. Mole (chapitre 4) montre que l'Internationale des travailleurs de l'enseignement (ITE) se revendiquera elle aussi dans les années vingt d'un tel enseignement rationnel et intégral.

les modalités des apprentissages, dont nous verrons qu'elles font l'objet de réflexions avancées dans les milieux libertaires, et d'autre part sur la reconnaissance, ou non, de l'État comme vecteur de ce droit de tous les enfants à l'éducation.

Les idées socialistes sur l'éducation sont par ailleurs davantage portées vers la perspective de l'intégration. Dans un texte qui peut être attribué au député socialiste genevois Adrien Wyss (Heimberg, 2015a), il est souligné que :

> L'histoire montre, sans qu'il soit besoin de la scruter bien longtemps, que les systèmes pédagogiques sont étroitement liés au mode de production économique, qu'à un régime féodal correspond un enseignement dont profitent seules les classes directrices alors que les foules asservies croupissent dans l'ignorance, et qu'un régime capitaliste et mercantile développe à l'envi les écoles professionnelles, industrielles et commerciales, pour préparer des chefs de travaux, des ingénieurs, des comptables, des commerçants, etc., etc.
>
> En régime socialiste, au contraire, l'enseignement devra consister en une harmonisation des connaissances inculquées à l'enfant, en le souci de son développement intégral, en la suppression impitoyable de toutes les notions qui pourraient rappeler de près ou de loin l'exploitation de l'homme par l'homme, caractéristique de l'ordre social contemporain. (*Le Peuple de Genève*, 3 novembre 1904).

Cet extrait est marqué par une contextualisation du système scolaire comme émanant de son temps. Il est finalement assez proche de la perspective libertaire quand il appelle de ses vœux un développement intégral en cherchant à faire proposer des contenus susceptibles de ne pas enfermer les élèves dans la seule perspective de l'exploitation. Il relève aussi, ou encore, d'un certain idéalisme propre à cette époque, tant il est vrai que les milieux socialistes, dans des contextes ultérieurs, ne rechigneront pas à développer des Écoles professionnelles.

Mais deux jours plus tard, c'est aussi un autre argument sur l'accès des enfants du monde ouvrier à la formation qui interpelle les lecteurs du journal socialiste.

> À l'heure actuelle, combien d'enfants d'ouvriers au cerveau largement ouvert, aux capacités de travail indiscutables, se voient obligés dès leur plus jeune âge, à peine sortis des bancs de l'école primaire, de se jeter à corps perdu dans la rude bataille de la vie, alors qu'ils auraient pu, si les moyens économiques leur avaient été largement distribués, atteindre aux

plus hauts sommets de la culture scientifique ou littéraire et rendre plus tard
en inventions ou en découvertes fécondes pour l'humanité et la civilisation
la modique avance qu'ils avaient reçu de la collectivité. (*Le Peuple de Genève*,
5 novembre 1904).

Cet appel à davantage de générosité sociale, qui entend donner la possibilité aux bons élèves de tous les milieux, même les plus défavorisés,
d'entreprendre des études, relève du principe de la méritocratie. Ce n'est
pas encore une perspective d'ascension sociale qui s'exprime ici, ou alors
seulement à un niveau individuel. Mais il accomplit un premier pas en
direction d'une politique plus émancipatrice, évitant de s'en tenir à une
simple reproduction sociale par l'éducation. Il entrouvre une porte pour
que l'enfant puisse éventuellement avoir une autre perspective que celle
d'être ouvrier à son tour.

L'EXPÉRIENCE DE L'ÉCOLE FERRER DE LAUSANNE

Parmi les acteurs de ce renouveau éducatif et progressiste d'avant la
Première Guerre mondiale, Francisco Ferrer était d'autant plus un pas-
seur qu'il était exilé en France et faisait circuler ses idées à une échelle
internationale, notamment à travers une revue, *L'École rénovée*, dont la
version en français a connu une existence éphémère, entre 1908 et 1909
(Mole, 2011). La pensée du pédagogue catalan, qui se lit pour l'essentiel
dans son texte *L'école moderne*, publié à titre posthume et récemment
traduit (Wagnon, 2013), est d'une grande richesse (Rodríguez, 2010) et
présente notamment deux idées aussi originales qu'essentielles. La première concerne les modalités d'apprentissage et affirme en substance
qu'il s'agit d'abord de permettre aux enfants de devenir des hommes
et qu'il leur revient ensuite de se situer dans la société et de devenir, le
cas échéant, des rebelles. L'école assume ainsi une fonction de conscientisation qui implique une prise d'autonomie de la part des élèves, un
principe largement repris, nous le verrons, par les disciples de Ferrer. La
seconde consiste à mélanger les classes sociales au sein des structures
d'enseignement, en développant une coéducation des pauvres et des
riches et en adaptant par conséquent les frais de scolarité aux capacités
financières de chacun.

Une petite École Ferrer voit le jour à Lausanne entre 1910 et 1919
dont l'histoire a été difficile, mais qui a laissé des traces fort intéressantes

sous la forme d'un *Bulletin de l'École Ferrer* qui nous en dit davantage sur les intentions de ses acteurs que sur leurs réalisations effectives (Heimberg, 2006 ; Wintsch, 2009). La déclaration d'intentions qui la lance est vraisemblablement due à un pédagogue qui était lui-même en contact avec le réseau de Ferrer, dans sa Ligue internationale pour l'éducation rationnelle de l'enfance, mais qui n'a pas directement travaillé dans cette école libertaire, Henri Roorda (Enckell, 2014b) :

> Les écoles officielles […] s'acquittent particulièrement mal de leurs tâches lorsqu'elles font l'éducation des enfants du peuple. Au lieu de voir en eux de futurs producteurs qui auront besoin de force physique, de volonté et de clairvoyance, elles leur font faire l'apprentissage de la docilité. Car c'est bien les habituer à toujours croire et à ne jamais rien savoir, comme le dit Rousseau, que de leur remettre trop tôt des manuels dont les formules définitives les dispensent de recourir au travail de leurs mains, de leurs yeux et de leur intelligence. (Déclaration de principes et buts de l'École Ferrer, Lausanne, 2 juillet 1910).

Toujours croire et ne jamais rien savoir. C'est pour sortir de ce piège que les animateurs de l'École Ferrer, en particulier le médecin anarchiste Wintsch (Grunder, 2015), déclarent chercher à favoriser l'autonomie de pensée de leurs élèves et fonder leurs pratiques pédagogiques sur des mises en pratique expérimentales. Le *Bulletin* fournit par ailleurs des traces d'interventions de parents ou d'ouvriers proposant des instruments et des méthodes de travail, donnant ainsi l'image d'une structure ouverte sur le monde du travail, ses valeurs et ses compétences. En outre, et cela a son importance en termes de circulation, une partie du matériel pédagogique élaboré par Paul Robin (Douyère-Demeulenaere, 2018) dans le cadre de l'expérience de l'Orphelinat de Cempuis, un lieu emblématique de la pédagogie libertaire de cette époque, a été mise à disposition de l'École Ferrer.

Mais quelle est en fin de compte l'importance réelle de cette expérience ? Il nous faut bien reconnaître que cette histoire a été tumultueuse, que plusieurs enseignants s'y sont succédé, qu'il y a eu une scission et que la présence dans cette classe d'élèves difficiles de l'agglomération lausannoise n'a pas favorisé le bon déroulement de cette expérience. Mais il arrive parfois, en histoire, qu'un personnage ou une structure collective révèlent plus de sens que la réalité de leurs pratiques effectives. De ce point de vue, le *Bulletin de l'École Ferrer*, qui a fonctionné

comme une sorte de vitrine face à des autorités méfiantes, constitue
une source de premier plan et d'une grande richesse. On y trouve des
descriptions d'activités, de matériaux fabriqués par des ouvriers et toutes
sortes d'articles sur l'éducation.

En outre, ce qui donne autant de sens à cette expérience, c'est le
caractère précoce et moderne de certains principes qui y étaient défen-
dus, mais aussi le fait que s'il est difficile de transposer dans le présent l'exigence d'une construction identitaire ouvrière qui s'exprimait
alors, d'autres questions comme l'autoritarisme scolaire ou la nécessaire
autonomisation des élèves au fil de leurs activités en classe demeurent
pleinement d'actualité.

Pour conclure

Du point de vue de la question sociale, les luttes engagées s'inscrivent
dans une tension entre des formes de protection lentement conquises
dans le cadre des espaces nationaux et une solidarité affirmée qui
dépasse ces frontières. Pour les questions d'éducation et de formation,
le cadre national, et parfois le cadre régional ou cantonal, constituent
également le lieu d'émergence de systèmes scolaires pour le niveau primaire, puis secondaire, qui présentent entre eux à la fois des points
communs et des différences. Au cours de l'histoire de leur mise en
place, et aussi dans le domaine de l'éducation populaire des adultes,
des débats et des revendications parcourent le monde ouvrier organisé
et s'expriment dans ses manifestations et, surtout, dans sa presse. Ces
idées pédagogiques, parfois reliées à des expériences concrètes, circulent
à travers les contextes et les frontières au sein de ces milieux ouvriers,
notamment parce que ce sont souvent les mêmes questions et les mêmes
problèmes qui se posent d'un contexte à l'autre à ces catégories sociales
dans leur vie concrète.

L'étude de l'histoire du mouvement ouvrier met également à jour
un enjeu de temporalités qui s'observe aussi bien pour l'éducation des
enfants que pour celles des adultes et des militant·es. Comme cela peut
s'observer par exemple à Genève avec la difficile émergence d'une structure stabilisée d'éducation ouvrière, il est intéressant de souligner que
des cours de formation du soir se développent, et se fréquentent, plus
volontiers en dehors des périodes de mobilisation sociale (Heimberg,
1996). Ainsi, la quête de formation, qui comprend alors une dimension

émancipatrice qui est de son temps, portée davantage à l'inclusion et au renforcement de sa condition qu'à une espérance de mobilité sociale ascendante, est sans doute toujours présente. Mais en réalité, elle se raffermit et trouve toute son évidence dans les moments de reflux de la lutte sociale.

Références

Sources

Guillaume, J. (1876). *Idées sur l'organisation sociale*. La Chaux-de-Fonds : Imprimerie Courvoisier.

Jaurès, J. (1886/2012). *De l'éducation* (édité par M. Rebérioux, G. Dreux & C. Laval). Paris : Points-Seuil.

Reclus, É., Michel, L., Grave, J., Ardouin, J., Malato, C., Janvion, E., Matha, L., Degalvès, J., Tolstoï, L., Girard, A., Kropotkin, P., Ferrière J. & Malquin, L. (1898). Manifeste de l'éducation intégrale (La liberté par l'enseignement – L'École libertaire). *Les Temps Nouveaux, 16–22 avril*. Repéré à https://www.panarchy.org/variousauthors/ecoleli-bertaire.html.

Reclus, É. (1894/2012). *Écrits sociaux* (édité par A. Chollier & F. Ferretti). Genève : Éditions Héros-Limite.

Reclus, É. & Koptkine, P. (2018). *La joie d'apprendre*. Édition établie par A. Chollier & F. Ferretti. Genève : Éditions Héros-Limite.

Bibliographie

Brunet, M. (2009). Notice Buisson Ferdinand, Édouard [Dictionnaire des anarchistes]. Repéré à http://maitron-en-ligne.univ-paris1.fr/spip.php?article24585.

Buttier, J.-C. (2016–2020). James Guillaume, un itinéraire [carnet de recherche Hypothèses]. Repéré à https://jguillaume.hypotheses.org/.

Candar, G. (2014). Paris, octobre 1909… Passages et traverses socia-listes. In L. Colantonio (Éd.), *Genre et utopie : Avec Michèle Riot-Sarcey* (pp. 293–308). Saint-Denis : Presses universitaires de Vincennes.

Delalande, N. (2019). *La lutte et l'entraide. L'âge des solidarités ouvrières*. Paris : Seuil.

Dossier éducation et instruction (2000). *Cahiers d'histoire du mouvement ouvrier, 16.* Repéré à https://www.e-periodica.ch/digbib/view?pid=cmo-001:2000:16 – 5.

Douyère-Demeulenaere, C. (2018). Notice Robin Paul, Charles, Louis, Jean, dit Bripon ou Vindex [Dictionnaire des anarchistes]. Repéré à https://maitron.fr/spip.php?article24875.

Enckell, M. (2014a). Notice Ferrer Francisco (Francisco Ferrer Guardia, dit) [Dictionnaire des anarchistes]. Repéré à http://maitron-en-ligne.univ-paris1.fr/spip.php?article154774.

Enckell, M. (2014b). Notice Roorda Henri (Roorda van Eysinga) [Dictionnaires des anarchistes]. Repéré à https://maitron.fr/spip.php?article154368.

Grunder, H.-U. (2015). Jean Wintsch [Notice du *Dictionnaire Historique de la Suisse*]. Repéré à https://hls-dhs-dss.ch/fr/articles/023123/2015-11-17/.

Heimberg, C. (1996). *L'œuvre des travailleurs eux-mêmes ? Valeurs et espoirs dans le mouvement ouvrier genevois au tournant du siècle (1885–1914).* Genève : Slatkine.

Heimberg, C. (2006). L'écho de l'Éducation nouvelle au sein de l'École Ferrer lausannoise (1910–1921). *Paedagogica Historica, 42*(1, 2), 49–61.

Heimberg, C., (2015a). Adrien Wyss [Notice du *Dictionnaire Historique de la Suisse*]. Repéré à https://hls-dhs-dss.ch/fr/articles/009659/2015-01-13/.

Heimberg, C. (2015b). Rage d'être inclus et internationalisme : l'urgence d'en enseigner l'histoire contrastée. *Cahiers Jaurès, 215–216*(1), 53–65. Repéré à https://www.cairn.info/revue-cahiers-jaures-2015-1-page-53.htm.

Jud, P. (2009). Charles-Eugène Perron (Notice du *Dictionnaire Historique de la Suisse*]. Repéré à https://hls-dhs-dss.ch/fr/articles/043194/2009-11-27/.

Maitron, J. (2009). Notice Reclus Élisée (Reclus, Jean, Jacques, Élisée) [Dictionnaire des anarchistes]. Repéré à https://maitron.fr/spip.php?article24356.

Maitron, J. & Enckell, M. (2010). Notice Guillaume James [Dictionnaire des anarchistes]. Repéré à http://maitron-en-ligne.univ-paris1.fr/spip.php?article81290.

Mole, F. (2005). Marius Tortillet (M.-T. Laurin 1876–1930), l'instituteur syndicaliste et la pédagogie du travail. *Le cartable de Clio, 5*, 313–321.

Mole, F. (2011). « L'École rénovée » : une revue d'éducation nouvelle entre anarchisme et syndicalisme (1908–1909). *Carrefours de l'éducation*, *31*(1), 9–22. Repéré à https://www.cairn.info/revue-carrefours-de-l-education-2011-1-page-9.htm

Paraire, P., Enckell, M. & Bantman, C. (2014). Notice Kropotkine Pierre [Dictionnaire des anarchistes]. Repéré à https://maitron.fr/spip.php?article153691.

Rebérioux, M. (1991/1999). Manifester pour Ferrer, octobre 1909. In M. Rebérioux (1999), *Parcours engagés dans la France contemporaine* (pp. 99–117). Paris : Belin.

Rebérioux, M. (2008). Notice Jaurès Jean (Jaurès Auguste, Marie, Joseph, Jean) [Dictionnaires des anarchistes]. Repéré à https://maitron.fr/spip.php?article23962.

Robert, V. (1989). La « protestation universelle » lors de l'exécution de Ferrer. Les manifestations d'octobre 1909. *Revue d'histoire moderne et contemporaine*, *36*(2), 245–265.

Rodríguez, M. C. (2010). Ferrer i Guardia : pédagogie et rébellion dans une Espagne en mutation. *Cahiers d'histoire du mouvement ouvrier*, *26*, 126–133.

Roth, H. (2010). Jean Sigg [Notice du *Dictionnaire Historique de la Suisse*]. Repéré à https://hls-dhs-dss.ch/fr/articles/003892/2010-10-22/.

Wagnon, S. (2013). *Francisco Ferrer, une éducation libertaire en héritage.* Lyon : Atelier de création libertaire.

Wintsch, J. (2009). *L'École Ferrer de Lausanne.* Lausanne : Les éditions Entremonde.

Chapitre 2
Orchestrer l'internationalisme éducatif depuis le Bureau international d'éducation
Conquêtes, confrontations, compromis (1927–1934)[1]

Rita Hofstetter et Bernard Schneuwly

Résumé Créé en 1925 pour promouvoir la paix par la science et l'éducation, le Bureau international d'éducation (BIE) éprouve plusieurs formes d'internationalismes, se concevant d'abord comme caisse de résonance des mouvements réformistes avant de se déployer comme organisation intergouvernementale, la première dans le champ éducatif. Trois moments critiques permettent de cerner comment les principaux concepteurs de l'agence négocient, transigent, se positionnent. En collaborant avec la *World Federation of Education Associations*, ils tentent non sans peine de conquérir l'Amérique et de s'instituer comme l'emblème d'un internationalisme éducatif progressiste. À travers le périple de son directeur-adjoint, Ferrière, le BIE s'attache à rallier les peuples d'Amérique latine, dans un élan réformiste à tendance civilisatrice. Sous l'égide Piaget, il s'instaure comme agence intergouvernementale, non sans courtiser des États au régime autoritaire, dont l'Italie fasciste. Le mode opératoire mis en place au sein de ses Conférences internationales aura besoin d'une double assise théorique, pour garantir des échanges basés sur la reconnaissance de points de vue

---

1   Cet article s'inscrit dans un projet de recherche d'ERHISE, subventionné par le FNS (Hofstetter & Droux, 2016, N° 100011_169747) Hofstetter & ERHISE, à paraître. Nous tirons parti, pour les volets 1 et 2, de l'analyse faite par Hofstetter (2017).

différents. Celle de l'éducation comparée, portée par Rosselló, postulant que seule la prise en compte des données locales et leur analyse objective permet d'élaborer des perspectives globales. Celle de la construction du jugement moral dont la réciprocité constitue la condition de l'intelligence, théorisée par Piaget. Compromis sans compromission : le prix à payer pour organiser l'internationalisme éducatif sur une base durable ?

Mots clé : Internationalisme éducatif, Bureau international d'éducation, Conférence internationale d'instruction publique, Piaget, Ferrière

Abstract Since its creation in 1925 for the promotion of peace through science and education, the International Bureau of Education (IBE) has sustained various forms of internationalisms, mainly understanding itself as a sounding board for reformist movements before deploying itself as an intergovernmental organisation, the very first of its kind within the educational field. Three critical moments serve to identify the way in which the agency's principal conceptors negotiate, compromise, and position themselves. Through their collaboration with the World Federation of Education Associations, they painstakingly attempt to capture America and establish themselves as the emblem of a kind of progressive educational internationalism. Through the journey of its adjunct-director, Ferrière, the IBE is committed to rallying the peoples of Latin America, driven by a reformist impetus, albeit exhibiting a civilizing tendency. Under the aegis of Piaget, is establishes itself as an intergovernmental agency, nevertheless courting authoritarian States, including fascist Italy. The operating mode implemented within its international Conferences require a dual theoretical basis, in order to guarantee exchanges based on the acknowledgment of different points of view. The perspective on comparative education advanced by Rosselló postulates that the elaboration of global perspectives can only be achieved through the inclusion of local data and their objective analysis ; and the perspective theorised by Piaget, whereby in the construction of moral judgement, reciprocity is the condition to intelligence. Compromise without self-compromise: is this the price to pay to organise sustainable educational internationalism ?

Keywords : Educational internationalism, International Bureau of Education, International conference for public schooling, Piaget, Ferrière

Comparaisons internationales, missions scientifiques, transferts culturels, caractérisent de longue date le champ éducatif et sont consubstantiels de la mise en place au 19ᵉ siècle des systèmes éducatifs nationaux (Caruso, 2008 ; Matasci, 2015). L'institutionnalisation de tels échanges se densifie au fil du siècle, comme en témoignent les multiples congrès, associations, réseaux, ligues problématisant les phénomènes éducatifs.

Ce qui se joue dans le champ éducatif, à l'instar d'autres, illustre ce que Sluga (2013) a nommé « the international turn » (pp. 11–44), dans sa théorisation des différentes phases de l'internationalisme (pp. 1–9) : la première, qualifiée d'« internationalisme objectif », est mue et portée avant tout par des infrastructures techniques et des associations émanant de la société civile dédiées à diverses « causes » (politiques, économiques, religieuses et humanitaires). Le contexte des années 1920 voit s'imposer la deuxième phase de l'internationalisme sous sa version libérale (laquelle s'oppose aussi à l'internationale communiste), sous-tendue par une logique intergouvernementale, sous les bannières de la justice sociale et solidarité mondiale (pp. 45–78) ; c'est dans ce contexte qu'est fondé, à Genève, le Bureau international d'éducation (BIE) en 1925, dont il est question dans ce chapitre.

Tirant parti de l'internationalisme wilsonien, les répondants de l'Institut Rousseau mobilisent leurs réseaux de sociabilités locaux et internationaux pour tenter de profiler l'agence genevoise qu'ils créent en 1925 comme plateforme mondiale de l'éducation[2]. Or, dans sa première configuration (1925–1929), le BIE se réfère non pas au modèle intergouvernemental de la Société des Nations (SDN) et des agences qui l'incarnent et convergent dès le début des années vingt à Genève (Marbeau, 2017 ; Mazower, 2012 ; Sluga & Clavin, 2017). Il privilégie les formes de la première phase d'internationalisme, non gouvernementales, lesquelles trouvent alors en effet une nouvelle tribune pour faire entendre leurs voix (Davies, 2014 ; McCarthy, 2011[3]) : corporations enseignantes et scientifiques (Siegel, 2004), associations de soutien à la SDN (Guieu, 2010 ; Laqua, 2011, 2013 ; Marbeau, 2017), ligues pacifistes et féministes (Rietzler, 2011 ; Sluga, 2017)[4], sont les interlocutrices privilégiées du BIE, qui se conçoit comme porte-parole des activiste de la paix par l'éducation. La science à l'affiche de ce BIE de 1925–1929 lui conférerait la légitimité pour s'instituer comme agence fédératrice, institutionnalisant à l'échelle planétaire l'internationalisme éducatif. Enquêtes, conférences,

---

2 L'internationalisme est toujours aussi affaire de compétition et contestation mutuelle de territoire (Laqua, 2013, p. 12).

3 The League «created an institutional focus for the work of many existing voluntary associations, and encouraged new transnational endeavours» (McCarthy, 2011, p. 190). Voir Laqua (2011) pour une vue d'ensemble des internationalismes dans la période d'entre-deux guerre.

4 Mouvements anticolonialistes (Pedersen, 2015) et anti-esclavagistes (Ribi, 2011) aussi, avec lesquels certes le BIE n'interagit guère.

publications scientifiques constituent les outils de travail du BIE pour renouveler les pratiques pédagogiques afin de favoriser la coopération, la solidarité, la paix dans le monde. Ce sont à la fois les modes d'action et les visées du BIE qui se conçoivent comme internationalistes, dans un mixte de science et militance. Nous avons ainsi un *terminus a quo*.

Nous disposons aussi d'un *terminus ad quem* : dès 1934, le BIE adopte un mode opératoire qui semble réglé comme du papier à musique, reléguant dans l'ombre la visée internationaliste militante au profit de problématiques se rapportant à la définition des systèmes, méthodes et programmes scolaires, comme à la formation du personnel enseignant, systématisant surtout enquêtes, rapports, données et même modes de travail entre gouvernements, qu'il a pris dès 1929 comme premiers partenaires, au détriment des associations pédagogiques et militantes.

La présente contribution s'attache à comprendre ce qui se joue durant cette époque charnière de 1927 à 1934 qui voit le BIE s'arc-bouter à son modèle associatif inaugural puis y renoncer en se positionnant résolument comme organisation intergouvernementale, la première dans le champ éducatif. Ce passage de l'internationalisme de la première phase à la deuxième s'effectue progressivement, non sans tensions et contradictions. L'histoire de l'institution étant connue (cf. notamment Magnin, 2002 ; Hofstetter & Schneuwly, 2013) et traitée ailleurs[5], nous nous focalisons ici sur la manière dont ses premiers protagonistes, au cœur de l'agence, se positionnent dans des moments critiques[6]. Structurant notre contribution à cet ouvrage, trois de ces moments critiques ont été retenus, particulièrement significatifs pour notre démonstration. Ils nous

---

5   Voir en particulier les travaux menés par ERHISE (dont les deux co-auteurs de ce texte) et les trois thèses en cours dans le cadre de notre FNS, rédigées par Cécile Boss, Emeline Brylinski et Clarice Loureiro (au bénéfice elle d'une bourse du Capes). Hofstetter & ERHISE (à paraître).

6   Nous avons documenté ailleurs (Hofstetter, 2015) d'autres de ces moments critiques, dont en 1922, lors de la tentative de l'Institut Rousseau de faire reconnaître Genève comme siège légitime du BIE, à l'heure même où la SDN débat des questions d'enseignement de l'histoire (voir à ce propos, la contribution de X. Riondet, chapitre 5).
    C. Boss et É. Brylinski examinent dans le présent volume (chapitre 8) les réorientations du BIE durant cette période particulièrement troublée de la Seconde Guerre mondiale.

permettent de cerner comment, face aux difficultés – concurrences, résistances, défiances –, les principaux concepteurs de l'agence réfléchissent, négocient, transigent, se rétractent, voire se contredisent. Nous tentons de cerner les logiques à l'œuvre dans leurs prises de positions – propositionnelles, consensuelles, défensives, stratégiques – depuis leur table de travail, dans les coulisses de leur institution, dans leurs correspondances croisées, jusqu'aux discours publics et modes opératoires de leur agence. Nous nous basons pour ce faire sur de volumineuses archives[7], rédigées dans la turbulence des événements, pour capter sur le vif la manière dont les contemporains s'en emparent pour circonscrire leurs activités et les missions internationalistes dont ils s'investissent[8]. Le point de vue privilégié fait écho à la définition qu'Iriye fournit de l'internationalisme, lequel insiste sur la conscience des contemporains (« people's awarness ») :

> The idea that there is a wider world over and above separate states and national societies, and that individuals and groups […] share certain interests and objectives across national boundaries and they could best solve their many problems by pooling their resources and effecting transnational cooperation. […] Such a view, such global consciousness, may be termed *internationalism*, the idea that nations and peoples should cooperate instead of preoccupying themselves with their respective national interest or pursuing uncoordinated approaches to promote them. (Iriye, 2002, pp. 8–10).

Cette micro-histoire s'enrichit d'une approche globale, les problèmes sur lesquels butent ces premiers bâtisseurs du BIE étant parfois le reflet ou la conséquence de mutations internationales, du fait même que leur agence se veut internationale et s'enracine dans la Genève internationale. Les convulsions de la scène internationale peuvent s'y réfracter, en particulier durant les années charnières ici retenues – les « hinge

---

7 Disponible aux Archives Institut J.-J. Rousseau (AIJJR) et aux Archives du BIE (A-BIE).

8 Notre point de vue correspond à celui de Rosenberg (2012) : « Eine Unteruchung globaler Strömungen lenkt die Aufmerksamkeit auf bestimmte Menschen, die den entsthenden Netzwerken und Zugehörigkeiten ihr Gesicht gaben, […] Die genaue Betrachtung von Menschen und ihren Beziehungen kann verdeutlichen, wie transnationale, nationale und lokale Bereiche sich überschneiden. » (p. 820).

years » (Steiner, 2004, p. 801, cité par Laqua, 2013, p. 7), entre la fin des années vingt, impactées par la Grande Dépression, et le déploiement des nationalismes fascistes et national-socialistes. Comment les répondants du BIE perçoivent-ils ces changements ? Comment les analysent-ils ? Comment y réagissent-ils ? Quelles solutions proposent-ils ?

LE MIRAGE ÉTATS-UNIEN : QUAND L'INTERNATIONALISME SE FAIT EXPANSIONNISTE. BIE ET *WORLD FEDERATION EDUCATION ASSOCIATIONS* FACE-À-FACE

Aucune ambition universaliste ne saurait se confiner en Europe, quand bien même le Vieux Continent se conçoit alors volontiers comme berceau de la culture civilisée. Dès 1926, les responsables du premier BIE multiplient les centres nationaux et les contacts avec des acteurs et agences d'autres contrées, sur d'autres continents aussi, susceptibles de contribuer à la fois à la récolte et la diffusion des données et au rayonnement de BIE.

À LA CONQUÊTE DES ÉTATS-UNIS

Les États-Unis figurent d'emblée dans l'horizon de référence convoitée[9]. Pour ce faire, le BIE tire d'abord parti des amples réseaux de l'Institut Rousseau et de la *New Education Fellowship* (NEF[10]), les trois instances (BIE, Institut Rousseau, NEF, tout du moins le réseau francophone de la ligue) étant alors liées. Nous avons choisi de documenter, dans le premier volet de notre triptyque, les rapports entretenus avec la *World Federation of Education Associations* (WFEA) et ses représentants, rapports emblématiques des espoirs entrevus et des problèmes rencontrés à l'heure où le petit groupe d'individus qui œuvre au sein du petit bureau du BIE de Genève se lance en quelque sorte à la conquête des États-Unis.

---

9 Pour une approche renouvelée des rapports entre les USA (et même l'Amérique entière) et l'Europe, voir notamment Dumont (2018), Irwin (2013), Rodgers (1998), Tournès (2015).

10 Dans le chapitre qui clôt cet ouvrage, A. Nóvoa analyse précisément les logiques de légitimation qui se jouent au sein de cette ligue lors de son Congrès de Locarno, en 1927.

Créée par la *National Education Association* des États-Unis à San Francisco en 1923, cette WFEA constitue une interlocutrice particulièrement choyée par le bureau du BIE. D'abord parce que la WFEA fédère des associations d'enseignants : or, l'Institut Rousseau et son BIE sont convaincus de la fécondité de l'alliance entre savants et praticiens. Ensuite parce que la WFEA regroupe des dizaines d'associations[11], et à travers elles potentiellement plusieurs centaines de milliers de membres ; les deux premières conférences de la Fédération (Edimbourg, 1925 ; Toronto, 1927) connaissent un clair succès. Et finalement, parce que la WFEA envisage elle aussi l'institutionnalisation durable d'un bureau international de l'éducation (Sylvester, 2002) et des mécènes soutiendraient ses initiatives. Le bureau du BIE de Genève craint que la puissante WFEA ne le refoule dans l'ombre en s'imposant seule sur la scène internationale. En collaborant avec la WFEA, ce qu'incarne le rêve états-unien – l'étendue de ses ramifications et de son emprise, la puissance de ses mécènes et de ses dollars – ne pourrait-il pas se voir transposé et concrétisé à Genève ? C'est ce que visent dès lors les responsables du BIE.

Aussi, le petit noyau qui travaille dans le bureau du BIE s'investit dès 1926 pour intensifier les échanges avec cette « géante ». C'est la raison pour laquelle il se déclare disposé à assurer, avec l'Institut Rousseau qui le finance, l'organisation la 3e Conférence mondiale de la WFEA à Genève en 1929. L'envergure du défi implique une densification des échanges, lesquels sont facilités par le bilinguisme de la secrétaire générale du BIE, Marie Butts, qui nuit et jour, lit, corrige et traduit textes et correspondances. Dans le même temps où le directeur du BIE, Pierre Bovet, s'envole aux USA pour y poser les jalons de cette collaboration, plusieurs Américains de renom convergent à Genève.

Le BIE comme une alternative à l'« hégémonie » des USA ?

La lecture des correspondances croisées[12] permet de cerner les tactiques déployées par le BIE pour tirer parti de cette collaboration avec la WFEA afin d'élargir son rayonnement et de fait contrer le leadership des USA.

---

11 50 en 1929, dont la moitié des USA, les autres de toutes les régions du globe, mais surtout de la Grande-Bretagne.

12 Voir en particulier B160, dossier 46, Archives du BIE [A-BIE], d'où sont extraites les lettres citées dans ce volet.

Le 23 septembre 1927, pour ne citer qu'un exemple parmi d'autres, Butts reçoit la visite de Laura Puffer Morgan, *associate secretary of National Council for Prevention of War,* de Washington[13]. La conversation porte sur les attributions respectives du BIE et de la WFEA, aussi pour juguler les ambitions – jugées hégémoniques – de son directeur Augustus Thomas. Les deux secrétaires échafaudent des stratégies pour éviter tout chevauchement en se répartissant les mandats. Ces discussions s'apparentent à un « partage du monde », comme en témoigne le résumé qu'en fait la secrétaire au directeur du BIE :

> Mrs Morgan m'a posé une foule de questions sur nos relations avec la World Federation. Il est urgent de les définir tout à fait nettement, dit-elle, le plus tôt possible, son organisation s'étant maintenant "incorporée" et commençant une "campagne" pour obtenir ses 10 millions de dollars. Mrs Morgan m'a dit, comme tous les Américains, que Thomas [alors président de la WFEA] a derrière lui un des plus gros financiers américains, qui est disposé à lui donner des sommes considérables, et même, au point de vue européen, énormes. Mrs Morgan pense comme nous que nous devrions devenir le bureau exécutif pour l'Europe, l'Amérique du Sud, l'Afrique française etc. de la World Federation en lui laissant, pour son futur bureau d'Amérique, les États-Unis et probablement l'Empire britannique, la Chine et le Japon. (Lettre à Bovet, le 24 septembre 1927).

Aussi ferme que vigilante, Butts précise toutefois aussitôt : « Naturellement […] nous n'abandonnerions notre travail dans ces pays que le jour où le Bureau de Thomas existerait ailleurs que sur du papier et marcherait réellement. » Et le surlendemain déjà, Butts, qui semble superviser tout ce qui s'écrit en la matière, s'insurge :

> Vous trouverez ci-inclus un article paru dans le dernier numéro du *School-master.* Vous y verrez que la World Federation of Education Associations va

---

13 Quand bien même les femmes n'assument pas les fonctions officielles en vue (notamment dans la WFEA, cf. Smaller, 2015), les archives consultées démontrent qu'elles jouent un rôle décisif dans les coulisses. Représentantes de mouvements pédagogiques, pacifistes, féministes, parfois aussi épouses de mécènes ou ministres en vue, elles se révèlent des ambassadrices particulièrement efficaces, à l'instar de Butts, au BIE. Les chapitres 3 et 7 du présent ouvrage sont aussi illustratif du rôle crucial des femmes dans l'internationalisme éducatif d'entre-deux-guerres.

exiger que tous les pays affiliés créent des centres nationaux. Décidément, nous sommes destinés à nous marcher sur les pieds ! (Lettre à Bovet, le 26 septembre 1927).

Aussi, la secrétaire presse le directeur d'écrire aux collègues d'outre-Atlantique pour se faire reconnaître et subventionner tout à la fois. Butts s'interroge sur la stratégie à adopter : faut-il diffuser le concept même du BIE ? ne risque-t-il pas d'être plagié ? Elle recommande finalement de « jouer carte sur table ». Les membres du bureau du BIE feront effectivement montre de fair-play durant les deux années qui suivent, pendant lesquelles ils se dédient corps et biens à l'organisation de cette *World Conference*. L'enjeu consiste à faire converger à Genève les éducateurs de tous les continents : en provenance des régions anglophones, grâce aux réseaux de la WFEA, qui représentent essentiellement ces aires culturelles ; en provenance des autres contrées, grâce aux relais déjà constitués par le BIE.

Soutenue par Bovet, Butts rivalise d'ingéniosité pour présenter le BIE de Genève comme l'hôte de la WFEA, mais en veillant à ce que la propagande pour la Conférence de la WFEA serve tout autant à positionner le BIE sur l'avant-scène mondiale :

J'ai beaucoup réfléchi à la question de la représentation des pays européens à Genève. Si nous nous bornons aux délégués d'associations appartenant à la World Federation, nous n'aurons que fort peu d'Européens. D'autre part, si nous faisons de la propagande pour que de nouvelles Associations entrent dans la World Federation afin d'être représentées ici, nous travaillerons pour elle et contre nous. Il y a là quelque chose qui sera fort délicat à régler [...] il faudrait évidemment que tout ce qui existe en fait de grandes associations et même d'organisations moyennes en Europe soit représenté à Genève, et d'autre part, il faudrait que cela serve au BIE. (Lettre à Bovet, le 17 septembre 1928).

Butts suggère encore que la WFEA considère désormais le BIE comme son représentant en Europe, puisque le réseau anglais de la Fédération a souhaité fixer à Genève son quartier général et que le Bureau international de la Paix avait décidé que le BIE constituerait son bureau d'éducation. Le BIE se concevrait-il ainsi comme une alternative à l'hégémonie des USA ?

Une assise mondiale : « l'éducation arrachera le monde à
la guerre »

En mars 1929, le BIE clame encore dans son *Bulletin* : « Tout nous permet d'augurer que cette troisième "World Conference" constituera de
véritables assises de l'éducation et établira des relations étroites et bien-
faisantes entre les éducateurs de l'Europe et ceux des autres continents,
notamment de l'Amérique ». En juin 1929, le *Bulletin* annonce l'édition
d'une « affiche frappante : "L'éducation arrachera le monde à la guerre" ».
Le programme du Congrès de la WFEA de 1929 se veut une illustration
de la grandeur de l'événement : il met en valeur les instances et personnalités patronnant et organisant l'entreprise ; il présente les multiples
sessions et meetings qui s'échelonnent sur les dix jours du Congrès ; la
moitié du programme est consacrée à l'Exposition accueillant la cin-
quantaine d'organismes œuvrant pour l'entente entre les peuples, à l'instar de la Société des Nations (SDN), du Bureau international du travail
(BIT), du Mundaneum et bien sûr le BIE et l'Institut Rousseau.

La Conférence aura bien lieu, mais le rêve états-unien, lui, ne se
concrétisera pas. Il s'est plutôt apparenté à un mirage. Au sein du bureau
du BIE, la déception est immense et la correspondance témoigne du
sentiment d'avoir été « dupé » par les Américains, dont on dit avoir
« soupé ». Le nombre de participants se situe bien en deçà des attentes,
regroupant à peine 1 400 participants. Seuls 435 Américains ont fait le
voyage alors que le quadruple était promis : les lettres mentionnent une
méfiance à l'encontre de Genève et de l'esprit trop pacifiste de la SDN ;
l'esprit très anglo-saxon de la WFEA peut l'expliquer aussi (ceux-ci mar-
quant peu d'intérêt pour l'Europe), ainsi que les dissensions internes à
la WFEA, qui, pour Smaller (2015), réduisent aussi sa force fédératrice,
voire sa crédibilité aux USA. À Genève, 54 pays sont représentés, mais ce
sont les réseaux que le BIE grâce à l'Institut Rousseau avait déjà constitués. Le bureau du BIE est alors confronté à des liasses non pas de dollars
mais de factures.

Les leçons mobilisatrices d'un rêve brisé

Bovet (1932) comme d'autres de ses contemporains ont surtout présenté
cette conférence comme un échec. Le rêve de bénéficier d'une large
audience en Amérique se brise assurément. Mais les archives montrent
aussi la richesse des travaux qui sont réalisés pour et pendant cette

conférence, contribuant à l'institutionnalisation du champ disciplinaire sciences de l'éducation en Europe ; elles témoignent aussi de l'empan des connexions consolidées ou nouvellement instituées, notamment entre délégués de sociétés savantes, d'associations professionnelles et d'organismes gouvernementaux. Et c'est justement fort de ces connexions que les instances du BIE peuvent assurer la reconfiguration de leur agence. Le jour même de l'ouverture de la Conférence, profitant que Genève accueille les *Leading Educators of the World*, de nouveaux statuts sont signés qui font du BIE une organisation intergouvernementale, sous l'égide désormais de Jean Piaget et du directeur-adjoint Pedro Rosselló[14]. Ce nouveau BIE bénéficie alors du soutien inconditionnel du Conseil d'État de Genève, qui prend l'agence comme fer de lance pour propulser la petite ville provinciale en cité mondiale de l'éducation et rallier d'autres gouvernements à cette idée. Il est intéressant de souligner qu'en se calquant sur le modèle de certaines Organisations internationales de Genève (en particulier le BIT), le BIE conserve alors sa fonction de relais d'agences militantes internationales. Un modèle composite, privilégiant nettement les gouvernements sans tourner pour autant le dos aux associations militantes dont celles regroupant les enseignants.

Autre changement : tout en s'efforçant toujours de consolider leur reconnaissance, les répondants du BIE ne présentent plus leur institution comme l'unique plateforme de ralliement de toutes les associations internationales visant la paix par l'éducation, mais plutôt comme l'interlocutrice privilégiée de celles-ci. Une autre leçon semble tirée : l'esprit internationaliste ne saurait s'accompagner d'un esprit expansionniste et se confondre avec une logique hégémoniste.

La déception à l'égard des États-Unis se traduit également en un engagement plus marqué encore à l'égard des pays du Sud. En témoigne notamment le resserrement des relations avec l'Amérique latine, privilégiant ici d'autres modes opératoires.

---

14 Adolphe Ferrière conserve ce titre encore une année.

L'exhortation à une solidarité entre peuples latins : quand l'internationalisme s'apparente à une mission civilisatrice de l'Amérique latine

C'est le directeur-adjoint du BIE, Adolphe Ferrière, que nous suivons ici dans ce deuxième volet de notre triptyque, en ce moment critique où ce dernier termine son mandat de répondant du BIE. Accompagné de sa femme[15], Ferrière parcourt sept mois durant l'Amérique latine comme représentant à la fois de la NEF et du BIE, qu'il a co-fondés et qu'il co-pilote (ce qui atteste leur consanguinité) deux agences qui toutes deux s'efforcent justement à cette époque d'étendre leurs ramifications en Amérique latine, laquelle réciproquement est aussi intéressée à faire entendre sa voix dans le concert des nations[16].

Mission accomplie ? « Le magnifique effort des peuples ibéro-américains en faveur de l'Éducation nouvelle »

Précisé dans les documents remis aux autorités suisses et d'Amérique latine, le mandat de Ferrière consiste à prononcer des conférences sur des problématiques relevant des missions du BIE et à rapporter une documentation sur des thèmes relevant de l'éducation nouvelle. Les archives fournissent des compléments éclairants pour préciser les autres buts du voyage et les tactiques mises en œuvre afin d'en garantir l'efficacité. Pour le BIE, il s'agit d'inciter l'Équateur à payer sa cotisation et d'obtenir l'adhésion d'autres pays d'Amérique latine[17]. Pour le BIE et la

---

15 Isabelle Ferrière constitue un appui d'autant plus précieux que Ferrière est alors atteint de surdité complète.

16 Pour plus de détail sur ce voyage, voir Haenggeli-Jenni (2016) et Hofstetter (2017) et pour les relations entre l'Amérique latine et le BIE voir Loureiro (en préparation).

17 L'Équateur est co-fondateur du BIE, avec Genève et la Pologne, lorsqu'il devient intergouvernemental en 1929. Pour les autres pays où passe Ferrière (Pérou, Chili, Argentine, Uruguay puis Brésil) des tâches et adresses spécifiques sont précisées, témoignant d'une fine diplomatie à l'œuvre, pour chaque État, afin d'optimiser les chances d'adhésion et de collaboration. (AIJJR, AdF/A83/3, p. 3). S'agissant de la diplomatie culturelle à l'œuvre à cette époque dans diverses contrées d'Amérique latine, voir Dumont, 2018.

NEF, il s'agit d'élargir les relais (personnalités en vue, organismes et cercles éducatifs) et de faire connaître les deux agences, les renforçant en retour. Pour Ferrière lui-même, il s'agit de surcroît d'en tirer parti afin d'accéder à la reconnaissance à laquelle il aspire.

C'est muni d'un riche carnet d'adresses que Ferrière parcourt ainsi l'Amérique latine, les yeux émerveillés, comme en témoigne les quelque 200 pages de son Journal. Il y rencontre les notabilités les plus influentes comme les praticiens les plus humbles. Il prononce 78 conférences en six mois, en particulier sur la psychologie génétique (énergétisme, loi du progrès, hérédité, types psychologiques), la pratique de l'École active, parfois aussi sur les institutions pédagogiques internationales de Genève. À en croire son Journal et sa correspondance, l'efficience de l'entreprise se mesure à l'aune de l'audience réservée à ses propos et aux orientations qu'il préconise, ainsi qu'aux contenus et nombre de publications analytiques qui en résultent, en Amérique latine ou dans les supports internationaux du BIE et de la NEF.

Consigné dans son Journal, ses notes et ses publications, le bilan de Ferrière vise à démontrer qu'un puissant « élan vital » conduit les peuples ibéro-américains à adopter l'École active, quels que soient leurs niveaux de civilisation : la « Vérité » y est donc est en marche. Son livre *L'Amérique latine adopte l'École active* (1931)[18] entend en témoigner, mais de fait tout autant y contribuer, en incitant en retour le Vieux Continent à s'inspirer de « cette terre élue des enfants » :

> On est loin, là-bas, de l'atmosphère surintellectualisée de l'Europe à l'école et hors de l'école ! [...] mon petit livre doit apporter un témoignage [...] qui suscitera – qui sait ? – l'émulation des pays du vieux continent, pays plus cultivés sans doute, mais peut-être trop cultivés et enclins à confondre la vraie culture des jardiniers ès pédagogie avec le dressage. Ce dressage y et réputé "indispensable". En fait, ne conduit-il pas trop souvent au surmenage, pis : au malmenage des jeunes générations ? (Ferrière, 1931, p. 6).

La rhétorique employée par Ferrière[19] s'apparente à celle des missionnaires : dans les régions où l'École active peine à s'ancrer, les promesses des renouveaux possibles sont présentées comme prodigieuses ; là où elle s'y déploie déjà, la fécondité de ses principes serait prouvée. Ferrière

---

18 Livre qui réunit les notices qu'il édite dans *Pour l'ère nouvelle* entre 1930–1931.
19 Sur laquelle se penche aussi A. Nóvoa dans le chapitre 9.

attribue la méconnaissance et les réserves à l'encontre des réformes pédagogiques aux turbulences sociopolitiques[20], à l'emprise de la tradition et à un certain conservatisme culturel, scientifique – par conséquent pédagogique –, mais aussi à la pauvreté et l'isolement dont souffrent certaines régions, voire à leur sous-développement. Visiblement, Ferrière est particulièrement marqué par ces rencontres, découvrant avec fascination des cultures et modes de vie et de pensée qui par réfraction transforment son regard sur le monde et l'éducation, un phénomène déjà perçu lors de ses contacts avec des éducateurs d'autres aires culturelles, à l'exemple de l'Inde, de la Chine et de l'Asie.

UN INTERNATIONALISME IMPRÉGNÉ DE NATURALISME BIOGÉNÉTIQUE S'ARC-BOUTANT SUR LA FIBRE NATIONALISTE DES PEUPLES LATINS

La lecture des archives à disposition dévoile une facette particulièrement intrigante de la manière dont Ferrière investit sa mission. C'est en pédagogue imprégné du paradigme biogénétique qu'il se positionne : il s'agit de propager la « doctrine de l'École active », « vérité scientifique » de portée « universelle » dont il se considère le porte-parole légitime. Ferrière présente cette doctrine comme ressort pour chaque nation d'accéder à son autonomie, pour autant que chacune saisisse bien ce qu'est l'école active et sache se la réapproprier pertinemment. Pour Ferrière, ce processus d'adaptation exige de prendre en compte les spécificités locales et culturelles, fondées sur des « types psychologiques et raciaux ». Dans ses notes de voyages et publications, on perçoit en effet l'importance que Ferrière attribue au caractère propre de chaque « race », caractère qui nécessite une réappropriation spécifique des modèles pédagogiques qui circulent.

Mais l'argumentaire de Ferrière se double d'autres enjeux, tout aussi nodaux pour lui : ses conférences incitent son auditoire latino-américain – qu'il présente relié par une commune souche ibérique – à s'émanciper de l'emprise anglo-saxonne, emprise qu'il perçoit dans les ligues, personnalités et méthodes pédagogiques prises comme modèles. En

---

20 Il s'y confronte d'ailleurs directement puisqu'il est en Argentine lors du coup d'état du 6 septembre et doit réembarquer précipitamment à Rio de Janeiro suite à la révolution d'octobre 1930.

témoigne sa conférence à l'Université de Montevideo, en Uruguay, le 29 août 1930 : « Pourquoi les Anglo-Saxons y jouent-ils encore les premiers rôles ? U.S.A., Angleterre, Ecosse, Australie, Cap. etc. L'esprit latin de l'Amérique du Sud se doit d'y apporter la clarté de sa pensée et son bon sens inné. »[21]. Ferrière s'exprime de même à propos d'autres pays, le Brésil par exemple :

> Le Brésilien n'est-il pas plus près, psychologiquement, des Latins d'Europe (Montessori, Decroly, etc.) que des Anglo-saxons ultra individualistes en un sens et par ailleurs ultra conformistes de l'Amérique du Nord ? Le nationalisme poussé jusqu'aux limites du continent est une bulle de savon. (*Pour l'ère nouvelle*, 1931, 67, p. 89).

L'emprise anglo-saxonne pourrait d'autant plus préoccuper Ferrière qu'il reste encore marqué des désillusions du congrès de la WFEA et ne se reconnaît pas vraiment dans la reconfiguration du BIE où lui-même ne joue plus le premier rôle. Cette notion de solidarité entre peuples latins au regard de l'hégémonie anglo-saxonne est aussi présente en filigrane dans l'internationalisme éducatif tel qu'il s'esquisse nouvellement dans le petit bureau du BIE de Genève ; on l'a vu, le BIE lui-même y est confronté, tout en étant toujours séduit par l'ouverture des horizons possibles avec les États-Unis. C'est ainsi sur la scène éducative également que semble se concrétiser ce qui sera théorisé comme l'« équidistance pragmatique », à savoir que le Brésil se profile comme passerelle entre l'Europe et les Amériques (ce que démontre Dumont, 2018, pour la coopération intellectuelle).

La mission internationaliste de Ferrière n'est pas dépourvue de velléités civilisatrices. La lecture biogénétique de la réalité qu'il observe s'ancre sur la conviction que chaque être a ses propres caractéristiques (dont il dresse la typologie), spécificités qui définissent la nature propre de chaque « race », même si les « métissages » rencontrés frappent et séduisent aussi Ferrière. Ce type de raisonnement, qui sous-tend l'eugénisme social tel que relayé par des grandes fondations – Carnegie, Rockefeller – et académies américaines (Becquemont, 2005 ; Pichot, 2000), est encore en vogue lorsque Ferrière sillonne l'Amérique latine et qu'il découvre des « niveaux de civilisation variés », des « primitifs »

---

21 AdF/A/83/3m p. 4, AIJJR.

« au degré le plus élémentaire de la civilisation » (Ferrière, 1931, pp. 6–7).
Dans son Journal, il décrit minutieusement visages et caractères typiques
des ethnies rencontrées, dont la « Figure ronde. Têtes genre Haut Valais
ou mongoloïde » des Incas des hauts plateaux (Journal, 5 mai 1930) et la
« gaîté des gens simples, peu gâtés » (13 mai 1930). C'est à ce titre aussi
que, non sans condescendance[22], Ferrière est sensible au nationalisme
des peuples ibériques[23], sur lequel il s'arc-boute dans ses conférences. En
Argentine, proclame-t-il, la réforme se fera « par amour-propre national » :

> Quand on verra les principaux pays d'Europe et d'Amérique adopter des
> méthodes et des programmes conformes à la science de l'Enfant, on ne vou-
> dra pas, par nationalisme bien entendu, continuer à copier les errements
> pédagogiques de l'Europe d'il y a cinquante ans ; on voudra une méthode
> nationale, fondée sur l'enfant argentin et les conditions sociales et écono-
> mique de l'Argentine, tout en s'appuyant sur les vérités universelles de la
> science. (1931, pp. 25–26).

Ferrière joue aussi sur l'émulation entre les nations d'Amérique latine,
hiérarchisant entre eux les pays décrits, au regard des « conquêtes de
l'esprit novateur » et des créations d'« écoles expérimentales modèles »,
des « chefs-d'œuvre pédagogiques », du « triomphe du travail manuel »,
du « trépied de École active ». Ferrière hisse par exemple le Chili – où
œuvre un ancien élève de l'Institut Rousseau, qui en traduit et diffuse les
travaux – en « tête des "laboratoires" de pédagogie de l'heure actuelle »,
malgré l'histoire « volcanique » du pays (*Pour l'ère nouvelle*, 1931, 64,
p. 4). Ceci s'explique certainement aussi parce qu'il y est particulièrement bien accueilli. Il écrit notamment que les « novateurs du Chili ont
bien voulu me considérer comme leur chef spirituel », « chef des révolutionnaires pédagogiques » (p. 7). Ceci permet à Ferrière de préciser
sa « doctrine » : « Seuls la science objective et le bien de l'Enfance sont
le fondement et la fin ultime de ma doctrine, si tant est qu'on puisse

---

22 Cf. son expression : Cet « orgueil national […] bien gentil » de l'Uruguay
    (1931, p. 90).
23 Dans son ouvrage visant aussi à attester la valeur heuristique de l'histoire
    comparée, Compagnon (2013) renouvelle le décryptage de ce nationalisme
    en même temps que celui du 20e siècle latino-américain.

appeler doctrine une science qui ne connaît aucune limite sinon le souci de la vérité. » (p. 7).

C'est fort de cette caution scientifique, qui, elle, n'aurait pas de frontière, que Ferrière peut articuler progressisme éducatif, naturalisme typologique et nationalisme raisonnable. On peut le voir dans les trois facteurs expliquant pour lui les difficultés rencontrées par les novateurs en Équateur, par exemple : 1. la puissance de la tradition, découlant aussi de la distance d'avec l'Europe ; 2. la faiblesse des ressources, reliée en partie à l'inféodation aux capitalistes anglo-saxons ; 3. le facteur racial, qui permet à Ferrière de décréter :

> Enfin un dernier obstacle, la présence des Indiens, les Quichouas, descendants des anciens Incas. Race sympathique, naïve, gaie, honnête et bonne, mais réfractaire à l'étude abstraite et aux innovations [...] Il vaut mieux imiter que croupir dans une tradition périmée ; demain, il vaudra mieux encore créer une pratique nationale que d'imiter. Quant à la science, elle ne connaît pas de nationalisme : elle est de partout et de toujours. (*Pour l'ère nouvelle*, 1930, 60, p. 171).

L'analyse du positionnement de Ferrière démontre combien l'esprit documentaliste et expérimentaliste d'une figure phare de l'internationalisme éducatif du BIE, son directeur-adjoint en l'occurrence, inclut une mission spiritualiste et civilisatrice[24]. Celle-ci se veut guidée par la flèche du progrès qui serait contenue dans le naturalisme biogénétique auquel croit Ferrière qui tient pour acquis que l'École active constitue la Vérité, prouvée par la Science (dont il s'enorgueillit d'être regardé comme le « chef spirituel »). La sémantique ici à l'œuvre est celle d'un internationalisme éducatif qui se conçoit comme résolument scientifique, ce qui justifierait son universalité ; elle reflète aussi ici sa supposée vocation à rallier les peuples latins, dans le respect certes de la diversité de leurs cultures propres et métissées, afin de leur conférer aussi la légitimité à laquelle ils auraient droit sur la scène internationale ; légitimité que le

---

24 Hameline (1993) en précisera avec sagacité les contours, estimant que « *progressisme* est la marque de la pensée de Ferrière [...]. C'est que sa pensée [...] demeure fondamentalement un *naturalisme* », qui porte un regard différencié sur les types, défendant en cela même une "hiérarchie anthropologique et sociale" ». (1993, p. 17).

BIE, dans sa nouvelle configuration intergouvernementale et ses conférences internationales, pourrait leur offrir.

Défini simultanément par le BIE et la NEF (en particulier sa branche
francophone), le mandat conféré à Ferrière en 1930 et la manière dont il
l'interprète en Amérique latine est emblématique de la phase de transition au cap des années trente. Cet « ambassadeur de l'Europe » et
de la science de l'enfant qui s'y construit, s'insère simultanément dans
les associations professionnelles, militantes et scientifiques et les hémi-
cycles politico-administratifs. Au cœur du sous-continent américain, il
combine un internationalisme éducatif visant l'universel et prenant en
compte les aspirations indépendantistes et nationalistes de certaines
contrées, tout en se revendiquant d'une stricte neutralité, politique également, sans se départir d'une mission civilisatrice qui rappelle par
certains côtés l'ambition du premier BIE d'être *la* plateforme de l'internationalisme éducatif. Ferrière amalgame de surcroît science et militance, prétendant que ce sont les vérités scientifiques qui attesteraient la
plus-value de l'éducation nouvelle. Les contradictions exacerbées par le
contexte socio-politique tendu ne le permettront désormais plus : elles
forceront à Genève de clarifier les ambiguïtés, aux dépens des idéaux.

TUTOYER LE FASCISME POUR SAUVER LE BIE
UN NÉCESSAIRE RÉAMÉNAGEMENT DES CONCEPTIONS
INTERNATIONALISTES

Tandis que Ferrière sillonne l'Amérique latine et rencontre de son côté
moult personnalités pour élargir l'assise du BIE, Piaget – épaulé par
sa secrétaire Butts et son nouveau directeur-adjoint Rosselló – rédige
depuis Genève d'innombrables lettres en vue d'obtenir l'affiliation et
la collaboration de nouveaux États[25]. Les tractations avec chaque nation
et ses représentants[26] prennent en compte des situations particulières

---

25 En 1930, le BIE compte 6 États-gouvernements membres (en plus de l'Insti-
    tut universitaire des sciences de l'éducation (Institut Rousseau) : Équateur,
    Genève, Pologne, Égypte, Espagne, Tchécoslovaquie, considérés comme
    membres fondateurs. Dans le chapitre 7 du présent volume, R. Latała four-
    nit des précisions sur le positionnement réservé de la Pologne – et plus
    particulièrement de Radlińska – devant la reconfiguration du BIE.
26 Voir à ce propos les travaux en cours de Brylinski (en préparation).

(culturelles, sociales, économiques) et font l'objet de moult compromis, mais se défendent de toute compromission (Magnin, 2002) ; si elles s'ajustent aux circonstances locales c'est bien, argue-t-on, pour relever le défi de l'international, fort de la conviction que celui-ci ne doit pas s'imposer en puissance surplombante mais répondre à des besoins de la base.

DES ÉTATS COURTISÉS

Les relations semblent assez simples avec nombre d'États et leurs délégués. Les pays répondant aux enquêtes puis participant aux conférences ne cessent d'augmenter : en 1935, le BIE a doublé ses États affiliés, plus de 60 participent à ses enquêtes et 41 sont représentés lors de ses Conférences à Genève. Les relations sont plus complexes dans certains contextes et avec certains gouvernements. Comment relever le défi de réunir à la même table de travail toutes les nations contactées, faisant fi de toute interférence alors même que sévit la Grande dépression et que s'exacerbent les nationalismes ? La situation est particulièrement critique au début 1932, lorsque la SDN annonce que l'Institut international de coopération intellectuelle (IICI) va faire de la collaboration internationale en matière d'enseignement une priorité[27]. Considérant que la SDN intervient « sur ses brisées », le bureau du BIE réagit en redoublant d'énergie pour obtenir l'adhésion de grandes puissances, ce qui implique certes d'affiner sa stratégie rhétorique.

Nous retenons dans ce troisième volet de notre triptyque l'exemple emblématique de l'Italie,[28] courtisée comme la Grande-Bretagne et l'Allemagne à cette même époque. Mais quelle posture adopter sans menacer l'indépendance, l'impartialité et donc la survie même du BIE : quels arguments mettre en valeur et compromis tolérer pour obtenir l'adhésion d'un pays qui se distingue par son autoritarisme, sa volonté d'hégémonie, son anti-parlementarisme et une éducation aux visées nationalistes, alors même que le BIE se targue de recourir à une logique *bottom up*, sur le modèle de parlements démocratiques ?

---

[27] Voir les activités conduites par l'IICI sur les manuels d'histoire, examinées par X. Riondet, dans le chapitre 5.

[28] Le cas de l'Allemagne, dont l'adhésion est obtenue en 1932, pose des problèmes analogues.

DÉMARCHAGES AUPRÈS DE L'ITALIE FASCISTE

L'argumentation de Piaget relève d'abord d'une diplomatie classique. Dans une lettre au Ministère dell'Educazione Nazionale Rome, Piaget préconise de contrecarrer des « ambitions d'hégémonie culturelle », celle de la France en l'occurrence qui pilote l'IICI, menaçant la liberté pédagogique des grandes puissances. L'Italie pourrait être sensible à cet argument d'équilibre géopolitique, Mussolini ayant de grandes ambitions pour son pays[29] :

> Or, on peut se demander si une question aussi délicate que celle de l'enseignement peut être traitée objectivement dans un organisme fatalement soumis à des influences politiques comme l'est l'IICI, si elles peuvent l'être dans un Institut dont le siège n'est pas situé dans un pays neutre, mais bien dans la capitale d'un grand pays où, par conséquent, des ambitions d'hégémonie culturelle risquent beaucoup d'exercer leur influence. […] nous pensons que les grandes puissances, […] auraient le plus grand intérêt à faire actuellement un effort pour soutenir notre Bureau. (Lettre à M.B. Vignola, du 7 mars 1932, B30, A-BIE).

Piaget avance ce même raisonnement à l'adresse d'autres gouvernements, affirmant qu'une unique solution s'impose : soutenir le BIE, qui a l'avantage d'être installé sur un sol neutre, dans un petit pays, et de fonctionner comme un organe technique, c'est-à-dire objectif et scientifique. Mais Piaget met en œuvre d'autres argumentations, plus idéologiques et politiques : il critique les visées uniformisantes de la SDN et de son IICI, institutions envers lesquelles l'Italie a une position ambivalente, voire franchement hostile, même si elle en est membre. La ligne argumentative contre l'uniformisation fait appel à la fibre patriotique[30] :

> Le BIE ne vise donc pas à uniformiser l'éducation par le moyen de conventions, mais au contraire à renforcer les caractéristiques des systèmes

---

29 Rappelons que l'Italie, membre fondateur de la SDN et bénéficiant d'un siège permanent dans son Conseil, déploie alors une intense activité dans cette institution pour asseoir sa reconnaissance internationale. En témoigne, entre autres, la constitution en 1928 de son Institut international du cinématographe éducatif, fermé en 1937, lorsqu'elle quitte la SDN (Taillibert, 1999).

30 Cette dialectique entre sentiment national et internationalisme est une caractéristique plus générale de la deuxième phase distinguée par Sluga (2013).

pédagogiques de chaque pays en les divulguant. C'est ce qui explique que le Bureau borne son activité à la recherche scientifique et à l'information pédagogique, domaines dans lesquels il est sûr de ne contrecarrer aucun des mouvements éducatifs nationaux. (Note sur le BIE et la SDN, p. 2. B30, A-BIE).

Le directeur du BIE réfère explicitement à la « pédagogie italienne » dans une lettre à Enrico Castelli, directeur de l'*Opera Montessori*. Mettant habilement en concurrence l'Italie et la Belgique, qui vient d'adhérer au BIE, Piaget écrit :

En ma qualité de président de la Société Montessori de Suisse, je me permets de souhaiter […] que le jour où un représentant du Gouvernement et de la pédagogie belges, dont les tendances sont surtout connues par le nom de Decroly, signera les Statuts du Bureau, un représentant officiel de la pédagogie italienne soit présent également pour représenter les tendances montessoriennes. (Lettre à Castelli, du 20 mai 1932, B30, A-BIE).[31]

Poursuivant sans répit ses démarchages pour obtenir l'adhésion de l'Italie, Piaget fait aussi référence à la fierté italienne : « Le Bureau International d'éducation serait extrêmement heureux de l'adhésion du Ministère de l'Éducation nationale d'Italie, étant donné la grande importance du mouvement éducatif italien aujourd'hui »[32]. De fait, la pédagogie italienne est alors déjà internationalement reconnue (cf. par exemple Fallace, 2017, pour les USA).

UNE TRIBUNE POUR LA « PÉDAGOGIE ITALIENNE » FASCISTE

Mais quelle est cette « pédagogie italienne » à laquelle Piaget s'efforce d'offrir une tribune ? Quels compromis accepter pour obtenir l'adhésion d'un pays fasciste à une agence aux visées éducatives explicitement

---

31 Piaget exclut explicitement, contre la proposition de Castelli, la possibilité d'adhésion d'une association, l'*Opera Montessori*, le BIE n'acceptant plus que l'affiliation représentants d'instances officielles (États et gouvernements).

32 Lettre de Piaget à Arrigo Solmi, sous-secrétaire d'État à l'Éducation nationale, 6 avril 1934. B30, A-BIE. Face à un autre de ses interlocuteurs, le chef de Division d'affaires étrangères de Suisse, Piaget écrira inversement « la pédagogie italienne est peu connue, et le Gouvernement italien semble chercher par tous les moyens de la faire mieux connaître » La fin justifie les moyens.

internationalistes ? Rappelons que l'une des plus importantes réformes entreprises immédiatement après la prise de pouvoir de Mussolini, en 1922, est celle de l'éducation. La « Riforma Gentile », réalisée par son ministre de l'éducation Giovanni Gentile, a, pour ainsi dire, deux versants (Alleman-Ghionda, 1999) : d'un côté, la référence constante à des valeurs nationales et conservatrices et un renforcement du statut élitiste des écoles supérieures sur la base d'un humanisme classique. De l'autre, une référence explicite à l'éducation nouvelle, comme en témoigne un long article de Lombardo-Radice, responsable des écoles primaires dans l'équipe de Gentile, publié dans *Pour l'ère nouvelle* :

> La réforme Gentile de 1923 renverse littéralement la tradition didactique, transportant le centre de l'intérêt du maître à l'élève, convertissant la didactique d'un « art d'enseigner » en un « art d'observer l'enfant et d'encourager les manifestations spontanées et son activité créatrice ». Elle a répandu un peu dans toutes les écoles l'esprit des « écoles nouvelles » (*Pour l'ère nouvelle*, 1926, 23, p. 176)[33].

Certes, Lombardo-Radice se distanciera ensuite des nouvelles orientations de l'école mussolinienne (Todaro, 2019), mais l'esprit dont il s'était revendiqué perdure. L'examen minutieux des principes pédagogiques qu'il défend montre la manière dont se concilient des slogans comme « l'enfant au centre », l'« école sereine », « l'enseignant comme accompagnateur », avec des contenus conservateurs et sélectifs ainsi que des visées anti-démocratiques :

> from 1923–24, a series of elements emerged, such as : the importance conferred to the national ideal and to the «cult of the homeland», the exaltation of the Great War as a «complement to the process of national redemption», the belittlement of democratic principles (the «inferior democracy» often stigmatized) and finally the rigid social conservatism […] And these same elements, far from being reasons of discontinuity, compared to the successive

---

33 Ferrière et Lombardo-Radice entretiennent alors d'étroites connivences intellectuelles et pédagogiques et la revue *Pour l'ère nouvelle* sous la direction de Ferrière valorise régulièrement les expériences tentées en Italie à cette époque. En revanche, Ferrière signale clairement dans son Petit Journal que le BIE (dont il est alors directeur-adjoint avec Ensor) et qui participe à l'organisation de Congrès de la Ligue « menace […] de se retirer de Locarno s'il y a un représentant du gouvernement fasciste ». (27 mai, 1927).

results of the totalitarian pedagogy of Fascism, finished in fact in consti-
tuting the essential nucleus of the proposal of «Fascist education for the
youth». (Sani, 2008, p. 323).

Montessori, star internationale de l'éducation nouvelle, ralliée à Mussolini

La méthode Montessori fait partie intégrante de la réforme de l'école
italienne. Une enquête commanditée par Mussolini démontre sa renom-
mée internationale qui intéresse le *duce*, avide de redorer le blason de
l'Italie. L'auteur du rapport, le ministre de l'éducation Pietro, la reconnaît
comme étant spécifiquement italienne et compatible avec l'idéologie
fasciste :

> La méthode particulière de la méthode Montessori réside précisément dans
> l'utilisation de *l'activité* que l'enfant manifeste et veut exercer ; il en résulte
> une école […] qui constitue un joyeux atelier d'enfants actifs qui, dans l'ac-
> tion, trouvent la *discipline* et la joie du travail. […] de telle manière que se
> génère non pas un amour platonique pour notre Patrie et une obéissance
> forcée, mais une véritable *fierté* et donc une passion pour le sentiment d'être
> italien. Et que vise d'autre le fascisme, sinon ceci ?[34]

Ce sont précisément ces éléments qui fondent une alliance durable entre
pédagogie montessorienne et développement de l'école fasciste en Italie
(Marazzi, 2000, p. 184 ; Leenders, 2001). L'association *Opera Montessori* est
reconnue d'utilité publique dès sa création en 1924 et financée comme
telle. Mussolini en est le président d'honneur ; son Conseil d'administration est présidé par Gentile et comprend Giuseppe Lombardo Radice.
Poursuivant son rapprochement avec le fascisme, Maria Montessori
prend la carte du parti et en est nommée membre d'honneur en 1926.
La méthode montessorienne devient la référence pour nombre d'écoles
officielles. Grâce au soutien du régime, la *Regia scuola magistrale di metodo*

---

34 Citation tirée de Leenders (2001, p. 248), traduite de l'italien par nos soins.
Comme de nombreuses autres, elle démontre la compatibilité inhérente à
la théorie montessorienne avec le fascisme qui complète l'adhésion à l'idéologie. Voir aussi Leenders, 2018.

Montessori sera ouverte à Rome par décret du 5 février 1928[35] pour former les éducatrices, ainsi socialisées à la culture fasciste. Remerciant le *Duce,* Montessori se réjouit de voir ainsi « couronner son long travail en faveur d'un système éducatif exclusivement italien, qui a porté à l'honneur à travers le monde le nom de la Patrie. » (Lettre du 9 février 1928, citée par Marazzi, 2000, p. 181)[36].

C'est donc cette « pédagogie italienne » qui doit pouvoir se faire entendre à la tribune du BIE, notamment à travers l'*Opera Montessori* et les montessoriens italiens dont parle Piaget dans ses missives pour obtenir l'adhésion de l'Italie et qu'il connaît intimement : il est alors président de la Société suisse Montessori, créée précisément en 1932, suite à la conférence sur la paix donnée par Montessori au BIE. L'universalisme éducatif tel que Piaget le conçoit présuppose que toute position ait le droit d'être exprimée. Également cette « pédagogie italienne », pourtant au service d'un État nationaliste, autoritaire et anti-démocratique, telle qu'elle fut introduite par la réforme de Gentile, concrétisée par Lombardo Radice et Montessori. Les ministres Pietro Fedele (1925–1928) et Balbino Giuliano (1929–1933) – que Piaget tutoiera désormais – continueront à l'appliquer, en renforçant les éléments fascistes.

« Compréhension et de réciprocité », nouveau mode opératoire de l'internationalisme éducatif du BIE

Ces inlassables pourparlers sont couronnés de « succès », si tant est que l'on puisse recourir à ce terme pour décrire le rapprochement avec l'Italie de Mussolini : en janvier 1935, le gouvernement italien sollicite son adhésion que le Conseil du BIE acceptera lors de sa séance de juillet. Or c'est dans le même temps que s'affine le « mode opératoire » du BIE, dont le maître d'œuvre est Rosselló, qui y forge aussi les fondements de l'éducation comparée comme discipline et méthode de travail entre

---

35 https://www.tecnicadellascuola.it/la-scuola-magistrale-montessori-compie-90-anni consulté le 10 décembre 2019.
36 On trouve dans les textes de Marazzi (2000) et Leenders (2001) moult preuves de l'admiration de Montessori pour Mussolini et de sa volonté de servir sa patrie même après son départ à Barcelone en 1934 (lettre de Mario Mussolini de mars 1935 ; Leenders, 2001, p. 227).

États[37] : l'enjeu consiste à garantir techniquement la possibilité pour chaque État, quelle que soit sa puissance et son régime, de participer à parts égales à l'œuvre du BIE (Hofstetter & Schneuwly, 2013).

Les écrits de Piaget comme directeur du BIE conceptualiseront les fondements théoriques psychologiques du nouveau mode opératoire du BIE. Emblématique est son texte *Une éducation à la paix est-elle possible ?* (1934), qui s'alarme d'emblée du « nationalisme » ambiant, pour démontrer aussitôt la possibilité d'œuvrer à une coopération mondiale, pour autant que certaines conditions soient respectées :

> Il ne s'agit que de créer en chacun une méthode de compréhension et de réciprocité. [...] Ce qu'il nous faut [...] c'est une attitude intellectuelle et morale nouvelle, faite de compréhension et de coopération, qui, sans sortir du relatif, atteigne l'objectivité par la mise en relation des points de vue particuliers eux-mêmes. (Piaget, 1934/1997, p. 127).

Cette assertion revêt un sens particulier dans le contexte de la présence, à la même table de travail, de l'Allemagne nazie et de celle, imminente, de l'Italie fasciste avec d'autres États de tradition républicaine, libérale et démocratique. Il s'agit de « comprendre » et de « coopérer » avec des États qui contredisent les intentions originelles du BIE, imprégnées d'un internationalisme résolument pacifiste et de fait démocratique. Tout à son aspiration à obtenir l'affiliation au BIE de toutes les nations du monde, Piaget – que l'on ne saurait pour autant soupçonner de complaisance avec le fascisme, vu les valeurs démocratiques qui le portent – va jusqu'à démontrer l'intérêt des régimes autoritaires à se rallier aux idéaux pacifistes du BIE et de la SDN :

> Aucune des idéologies contemporaines n'est en principe contradictoire avec l'idée de paix. [...] les régimes autoritaires, si hostiles qu'ils puissent paraître parfois à la notion de collaboration pacifique, présentent cependant deux caractères communs dont il convient de ne pas méconnaître l'importance. En premier lieu, ils ont besoin de la paix pour subsister : le danger est moins, pour eux, l'ennemi extérieur que la révolution [...] En second lieu, et par conséquent, il existe une certaine solidarité internationale des régimes autoritaires, fondée sur la logique des choses (tandis que, selon la

---

37 À ce propos, voir Hofstetter (2015) et Boss (en préparation).

logique formelle, les nationalismes devraient se combattre les uns les autres). (1934/1997, pp. 124–125).

Notons qu'en 1932, Piaget s'efforçait déjà de concilier de tels contraires, se faisant alors le défenseur du *self-government* :

> Qu'il s'agisse, en effet, des divers types de démocratie libérale ou des multiples variétés de régimes autoritaires, le self-government des écoliers demeure une préparation à la vie du citoyen [...il peut] aussi bien prendre la forme parlementaire démocratique [...] qu'insister sur le principe des chefs. [...] L'essentiel [...est] ce fait général que, dans les méthodes d'autonomie et de coopération, la jeunesse fait sa propre éducation. (1932/1997, pp. 121–122).

Ce qui réunit parfaitement, parce que la définition est purement formelle, des approches de pédagogie libertaire des communautés d'enfants de Hambourg – que le régime d'Hitler réprimera en 1933 –, et la pédagogie officielle du système fasciste sous sa forme montessorienne.

Tandis que la militance internationaliste du BIE est reléguée dans l'ombre[38], l'internationalisme comme démarche, lui, aura trouvé le mode opératoire qui permettra d'accueillir autour d'une même table de travail des nations aux régimes et conceptions pédagogiques les plus opposés.

CONCLUSION

Les trois volets de ce triptyque permettent de saisir comment des acteurs centraux du BIE se positionnent pour justifier en la reconfigurant la mission internationaliste qu'ils confèrent à leur agence, et par conséquent à eux-mêmes.

Ces trois moments critiques sont emblématiques : ils donnent à voir les négociations, stratégies, conciliations des protagonistes sous la loupe, exigeant d'eux de fait des arrangements et compromis pour que l'agence mise à l'épreuve puisse tant bien que mal s'imposer comme catalyseur de l'internationalisme éducatif. Ces trois moments critiques sont interdépendants. Les positions prises à la fin des années vingt par le bureau du BIE, dont les lettres de la secrétaire Butts et son directeur

---

38 Les précédentes citations sont aussi les dernières de ce type de Piaget, désormais désillusionné. Cf. Xypas, 1997.

Bovet se font l'écho, témoignent de la prise de conscience que l'agence ne peut fonctionner dans une logique surplombante, n'étant pas apte à fédérer sous sa seule égide des assises véritablement mondiales de l'éducation. Régulant ses ambitions expansionnistes, le BIE redéfinit simultanément ses premiers interlocuteurs. Ces prises de position impactent sur le mandat que l'agence désormais intergouvernementale donne à son directeur-adjoint, Ferrière, et sur la manière dont ce globe-trotter de l'éducation nouvelle l'investit en Amérique latine. C'est l'oscillation même de son action qui est emblématique : à la fois orientée vers les gouvernements et les associations ; se proclamant scientifique tout en demeurant clairement militante ; sous-tendue par une visée universelle en hiérarchisant néanmoins les cultures, peuples et races. Les flottements et contradictions de telles postures vont progressivement conduire les nouveaux répondants du BIE, à Genève, à reconfigurer plus substantiellement encore leur propre positionnement, récusant toute militance au nom de la science et la neutralité à l'affiche de l'agence qui traite désormais quasi exclusivement avec des instances gouvernementales. Or, l'analyse des négociations de Piaget avec l'Italie fasciste démontre qu'il se confronte lui aussi à des contradictions et résistances, qui le conduisent à composer avec des intérêts contredisant l'esprit démocratique de l'internationalisme originel du BIE et dans lequel il se reconnaît pourtant lui aussi[39].

Par devers ces contradictions et reconfigurations, les répondants du premier comme du deuxième BIE n'ont cessé de proclamer que la science constitue leur première référence. Elle justifie la mission documentaliste de l'agence et le mode opératoire de leur action, présupposant que tout problème soit examiné en toute objectivité, notamment sur la base d'enquêtes, permettant à tout participant de faire entendre sa voix. Cette continuité contient la possibilité même d'une rupture : la disparition de l'internationalisme comme visée militante conquérante ; et, ce qui va de pair, la réorientation des partenaires, reléguant les associations dans l'ombre des gouvernements, en consolidant la scientificité de son mode opératoire. Là réside selon nous ce qui peut avoir permis au BIE

---

39 C. Boss et É. Brylinski démontrent, dans le chapitre 8, combien ces contradictions se renforceront sous la Seconde Guerre mondiale, bien que perdure l'ambition de neutralité et impartialité, qui ne saurait cautionner l'exacerbation des nationalismes.

de surmonter certains écueils et perdurer aux côtés de l'Unesco dans
l'Après-Guerre.

Pour ce faire, l'internationalisme dont il se revendique aura besoin
d'une double assise théorique, basée sur la reconnaissance de points
de vue différents. Celle de l'éducation comparée, portée par Rosselló,
postulant que seule la prise en compte des données locales et leur analyse objective permet d'élaborer des perspectives globales. Celle de la
construction du jugement moral dont la réciprocité constitue la condition
de l'intelligence, théorisée par Piaget. Ce théoricien du développement
humain n'hésite pas à transposer sa théorie de la naissance de l'intelligence de l'enfant sur le fonctionnement des adultes, par exemple des
ministres réunis dans une conférence, qu'il exhorte à fonctionner au
niveau le plus haut possible du développement.[40] Le mode opératoire
du BIE, fondé sur des principes qui reproduisent de fait les démarches
scientifiques, constitue l'incarnation de cet internationalisme universaliste. Car c'est bien la science qui constitue le modèle de fonctionnement
du BIE, et qui pourrait et devrait pour ses répondants de l'époque être
celui de l'humanité tout entière.

RÉFÉRENCES

SOURCES

Archives Institut J.-J. Rousseau
En particulier, Fonds général : FG/BIE ; FG/WFEA I à XI ; Fonds Ado-
    lphe Ferrière : Ferrière: AdF/A/83/3 ; son Petit Journal (de mars à
    novembre 1930).
Pour l'ère nouvelle (de 1922 à 1935).
Bureau international d'éducation
En particulier les boîtes documentant les relations avec l'Italie, avec
    l'Amérique et chacun de ses États, ainsi qu'avec la WFEA. Parmi
    les dossiers personnels ceux de Marie Butts et de Jean Piaget, plus
    particulièrement.

---

40 Voir notre article (Hofstetter & Schneuwly, sous presse) où nous exposons
    l'analyse piagétienne des raisons du « chaos du monde ».

Bibliographie

Alleman-Ghionda, C. (1999). Bildungsreform und Reformpädagogik unter dem italienischen Faschismus : Antagonismus oder Synthese ? *Tertium comparationis, 5*, 163–174.

Becquemont, D. (2005). Darwinisme social et eugénisme anglo-saxons. *Revue d'Histoire de la Shoah, 183*, 143–158.

Boss, C. (en préparation). *Le Bureau international d'éducation, un laboratoire de connaissances et conceptions de l'enfance et de l'éducation à l'échelle internationale. Progrès et paradoxes.* (Canevas de thèse). Université de Genève.

Bovet, P. (1932). *Vingt ans de vie. L'Institut Rousseau de 1912 à 1932.* Neuchâtel et Paris : Delachaux et Niestlé.

Brylinski, E. (2017). *Sociogenèse de la coopération intergouvernementale en éducation : de la propagande pacifiste à l'éducation pour la paix (premier 20ᵉ siècle).* (Canevas de thèse). Université de Genève

Caruso, M. (2008). World Systems, World Society, World Polity : Theoretical Insights for a Global History of Education. *History of Education, 37*(6), 825–840.

Compagnon, O. (2013). *L'adieu à l'Europe. L'Amérique latine et la Grande Guerre.* Paris : Fayard.

Davies, T. (2014). *NGOs. A New History of Transnational Civil Society.* Oxford : Oxford University Press.

Dumont, J. (2018). *Diplomaties culturelles et fabrique des identités. Argentine, Brésil, Chili (1919–1946).* Rennes : Presses universitaires de Rennes.

Fallace, T. (2017). American Educators' Confrontation With Fascism. *Educational Researcher, 47*, 46–52.

Ferrière, A. (1931). *L'Amérique latine adopte l'École active.* Neuchâtel : et Paris : Delachaux et Niestlé.

Guieu, J.-M. (2010). Le militantisme européen, une approche générationnelle. *Histoire@Politique. Politique, culture, société, 10.* Repéré à www.histoire-politique.fr.

Haenggeli-Jenni, B. (2016, avril). *Adolphe Ferrière : el globe-trotter de la Educación Nueva. Viajé en América Latina (1930).* Communication présentée au XXXIV Encontro Anual Helena Antipoff, Minas Gerais.

Hameline, D. (1993). Adolphe Ferrière (1979–1960). *Perspectives : revue trimestrielle d'éducation comparée. vol. XXIII, n° 1–2*, 379–406. Repéré à http://www.ibe.unesco.org/sites/default/files/ferrierf.pdf

Hofstetter, R. (2015). Dans les coulisses du Bureau international d'éducation (1925–1946) : relier le particulier et l'universel pour édifier un
« Centre mondial d'éducation comparée ». In J. Droux & R. Hofstetter
(Éds.), *Globalisation des mondes de l'éducation : circulations, connexions,
réfractions : XIXe et XXe siècles* (pp. 145–168). Rennes : Presses universitaires de Rennes.

Hofstetter, R. (2017). Matrizes do internacionalismo educativo e sua
primeira institucionalização em uma escala global : O exemplo do
Bureau Internacional de Educação no Entreguerras. In J. Gondra
(Éd.), *História da Educação, Matrizes interpretativas e internacionalização*
(pp. 47–98). Brasil : EDUFES.

Hofstetter, R. & ERHISE (à paraître). *Le Bureau international d'éducation,
matrice de l'internationalisme éducatif (premier 20e siècle).* Bruxelles :
Peter Lang.

Hofstetter, R. & Droux, J. (2016). *Le Bureau international d'éducation
(BIE : un laboratoire de l'internationalisme éducatif (1919–1952).* Subside
FNS N° 100011_169747.

Hofstetter, R. & Schneuwly, B. (2013). The International Bureau of Education (1925–1968) : a platform for designing a 'chart of world aspirations for education'. *European Educational Research Journal, 12*(2),
215–230.

Hofstetter, R. & Schneuwly, B. (sous presse). Piaget, diplomata do internacionalismo educacional. Do Bureau Internacional de Educação
à Unesco (1929–1968). In R. Freitas (Éd.), Circulação e internacionalização de saberes e práticas científicas em Psicologia, Ciências
Humanas e Educação – questões históricas e contemporâneas. Belo
Horizonte : Centro de documentação e pesquisa Helena Antipoff
(CDPHA).

Iriye, A. (2002). *Global community : The role of international organizations in the
making of the contemporary world.* Berkeley : California University Press.

Irwin, J. (2013*). Making the World Safe. The American Red Cross and a
Nations' Humanitarian Awakening.* Oxford : University Press.

Laqua, D. (2011). *Internationalism reconfigured : transnational ideas and
movements between the world wars.* New York : I.B. Tauris.

Laqua, D. (2013). *The age of internationalism and Belgium, 1880–1930. Peace,
progress and prestige.* Manchester : Manchester University Press.

Leenders, H. (2001). *Der Fall Montessori : Die Geschichte einer reformpäda-
gogischen Erziehungskonzeption im italienischen Faschismus.* Bad Heil-
bronn : Klinkhardt.

Leenders, H. (2018). A special meaning of 'health'. Towards a theory-immanent explanation for the use of Montessori Pedagogy in fascist Italy (1926–1934). *Annal di Storia dell'Educazione, 25,* 197–207.

Loureiro, C. M. B. (2018). *La coopération pédagogique promue par le Bureau international d'éducation (BIE) : Les interconnexions avec l'Amérique Latine (1925–1952).* Document inédit.

Magnin, C. (2002). Les débats sur l'éducation à la paix tenus sous l'égide du BIE. *Cahier du SRED, 9,* 37–57.

Marazzi, G. (2000). Montessori et Mussolini : la collaborazione et la rottura. *Dimensioni et problemi di ricerca storica, 1,* 177–195.

Marbeau, M. (2017). *La Société des Nations. Vers un monde multilatéral. 1919–1946.* Tours : Presses Universitaires François-Rabelais.

Matasci, D. (2015). *L'école républicaine et l'étranger.* Paris : ENS éditions.

Mazower, M. (2009). *No Enchanted Palace. The End of Empire and the Ideological Origins of the United Nations.* Princeton : Princeton University Press.

Mazower, M. (2012). *Governing the World. The History of an Idea.* London : Penguin Books.

McCarthy, H. (2011). The Lifeblood of the League ? Voluntary Associations and League of Nations Activities in Britain. In D. Laqua (Éd.), *Internationalism reconfigured. Transnational Ideas and Movements between the World Wars* (pp. 209–238). New York : I.B. Tauris.

Pedersen, S. (2015). *The Guardians. The League of Nations and the Crisis of Empire.* Oxford : Oxford University Press.

Piaget, J. (1932/1997). *Comment faire connaître la Société des Nations et développer l'esprit de coopération internationale ?.* Genève : BIE (édité par C. Xypas ; pp. 123–129). Paris : Anthropos.

Piaget, J. (1934/1997). Une éducation à la paix est-elle possible ? In *L'éducation morale à l'école* (édité par C. Xypas ; pp. 123–129). Paris : Anthropos.

Pichot, A. (2000). *La société pure. De Darwin à Hitler.* Paris : Flammarion.

Rietzler, K. (2011). Experts for Peace : Structures and Motivations of Philanthropic Internationalism in the Interwar Years. In D. Laqua (Éd.), *Internationalism reconfigured. Transnational Ideas and Movements between the World Wars* (pp. 45–66). New York : I.B. Tauris.

Ribi, A. (2011). 'A Breath of a New Live'? Bristish Anti-Slavery Activism and the League of Nations. In D. Laqua (Éd.), *Internationalism reconfigured. Transnational Ideas and Movements between the World Wars* (pp. 93–114). New York : I.B. Tauris.

Rodgers, D. (1998). *Atlantic Crossings. Social politics in a Progressive Age.* Harvard : Harvard University Press.

Rosenberg, E.S. (2012). Transnationale Strömungen in einer Welt, die zusammenrückt. In A. Iriye & J. Osterhammel (Éds.), *Geschichte der Welt. 1870–1945* (pp. 815–999). München : Beck.

Sani, R. (2008). The «Fascist reclamation» of textbooks from the Gentile Reform to the School Charter of Bottai. *History of Education & Children's Literature, 3,* 305–335.

Siegel, M. (2004). *The Moral Disarmament of France. Education, Pacifism, and Patriotism, 1914–1940.* Cambridge University Press.

Sluga, G. (2013). *Internationalism in the age of nationalism.* Philadelphia : Pennsylvania University Press.

Sluga, G. (2017). Women, Feminisms and Twentieh-Century Internationalisms. In G. Sluga & P. Clavin (Éds.), *Internationalisms. A Twentieh-Century History* (pp. 61–84). Cambridge : Cambridge University Press.

Sluga, G. & Clavin, P. (2017). *Internationalisms. A Twentieth-Century History.* Cambridge : Cambridge UP.

Smaller, (2015). An Elusive Search for Peace : The Rise and Fall of the World Federation of Education Associations (WFEA), 1923–1941. *Historical Studies in Education, 27*(2), 95–119.

Steiner, Z. (2004). *The Lights that Failed : European International History, 1919–1933.* Oxford : Oxford University Press.

Sylvester, R. (2002). Mapping International Education : a Historical Survey 1893–1944. *Journal of Research in International Education, 1*(1), 90–125.

Taillibert, C. (1999). *L'Institut International du cinématographe éducatif. Regards sur le rôle du cinéma éducatif dans la politique internationale du fascisme italien.* Paris : L'Harmattan.

Todaro, L. (2019). Between New Education and Idealistic vision : Giuseppe Lombardo Radice and the Arduous Path of L'Educazione Nazionale in Italy (1927–1933). *Revue Suisse des Sciences de l'éducation, 41*(2), 355–369.

Tournès, L. (2015). *Les États-Unis et la Société des Nations (1914–1946). Le système international face à l'émergence d'une super-puissance.* Berne : Lang.

Xypas, C. (1997). *Piaget et l'éducation.* Paris : Presses universitaires de France.

CHAPITRE 3
INTERNATIONALISME RELIGIEUX ET ACTIVISME ÉDUCATIF : LES FEMMES DU BUREAU INTERNATIONAL BAHÁ'Í, À GENÈVE ET AILLEURS

Joyce Goodman

Résumé Cet article explore comment les activités éducatives de Laura Dreyfus-Barney en faveur de la paix au Conseil international des femmes, auprès d'institutions liées à la Société des Nations et à travers son association avec le Bureau bahá'í de Genève, étaient reliées à ses croyances bahá'íes. Il décrit la vision bahá'íe de création d'une paix universelle et d'une société mondiale, et souligne l'importance que les bahá'ís accordaient à l'éducation si individus et société devaient se transformer pour atteindre la paix mondiale. Il expose le point de vue bahá'í selon lequel la Société des Nations était un instrument progressif mais insuffisant pour instaurer la paix dans le monde. Il dresse des portraits de femmes associées au Bureau international bahá'í à Genève pour montrer la relation entre la mobilité géographique prônée par l'internationalisme et l'idée bahá'íe que la terre est un seul pays.

Mots clés : Bahá'í, Société des Nations, paix, femmes, mobilité

Abstract This article explores how the educational activities for peace promotion carried out by Laura Dreyfus-Barney at the International Council of Women, alongside institutions linked to the League of Nations and through her association to the Bahá'í Bureau in Geneva, were linked to her Bahá'í beliefs. It outlines the Bahá'í perspective on universal peace and global society creation, and underlines the importance that Bahá'ís assigned to education in the transformation of individuals and society towards the achievement of world peace. This article lays out the Bahá'í viewpoint, according to which the League of Nations was considered a progressive instrument, which nevertheless fell short of establishing world peace. It profiles women associated to the International Bahá'í Bureau in Geneva, in order to highlight the link between geographic mobility extolled by internationalism, and the Bahá'í belief that the earth is in fact a single country.

Keywords : Bahá'í, League of Nations, peace, women, mobility

Ce chapitre explore l'interaction entre la foi bahá'íe et le militantisme éducatif afin de promouvoir la paix. Il met l'accent sur les activités d'un certain nombre de femmes[1] associées au Bureau bahá'í de Genève depuis sa création en 1925 jusqu'à sa fermeture en 1957. La première partie de l'article situe la foi bahá'íe dans les internationalismes religieux et illustre l'interrelation entre internationalisme religieux et internationalisme éducatif à travers les activités de Laura Dreyfus-Barney à la Société des Nations (SDN) et au Conseil international des femmes (CIF). La deuxième partie décrit la vision bahá'íe de la paix et de la création d'une société mondiale. Elle souligne l'importance que les bahá'ís accordaient à l'éducation pour la transformation des individus et de la société afin de promouvoir la paix, et aborde le point de vue bahá'í selon lequel la SDN était un instrument progressif mais insuffisant pour pacifier le monde. La troisième partie illustre les activités du Bureau international bahá'í à Genève et dresse le portrait de femmes associées au Bureau. L'article conclut que la mobilité géographique prônée par l'internationalisme éducatif féminin est reliée aux croyances bahá'íes voyant la terre comme un seul pays, et qu'un examen comparé et transnational des relations entre internationalismes religieux et éducation constituerait une approche fructueuse pour les futures études historiques de l'internationalisme éducatif.

Cette contribution se fonde sur l'examen du journal bahá'í *Star of the West/The Bahá'í Magazine*, des archives nationales bahá'íes à Willmette, et de la collection CIF des archives de l'Amazone à Bruxelles. L'approche analytique du Bureau bahá'í, du CIF et de la SDN s'appuie sur la définition

---

1   Plusieurs autres chapitres de cet ouvrage évoquent le rôle pivot joué par des femmes dans cette dynamique internationaliste à la tête ou secrétaires d'associations prenant l'éducation comme outils pour bâtir la paix ; voir en particulier les chapitres 5, 7 et 8.

d'Herren (2014) qui voit les organisations internationales comme des « formes auto-déclarées d'interaction transfrontalière produisant des empreintes et des schémas caractéristiques de la période concernée » (p. 2). Cette définition présente les organisations comme des produits d'interrelations sociales et comme sphères de possibilités en devenir permanent (Massey, 2005, pp. 10–12) ; elle considère les lieux géographiques comme des « rendez-vous temporaires » (p. 141) où se « rencontrent des histoires personnelles » (p. 6), une notion qui s'applique à la mobilité géographique des femmes bahá'íes associées au Bureau international bahá'í, ainsi qu'à la diversité des internationalismes religieux (Green, 2016) exemplifiée par l'aspiration bahá'íe à une société mondiale.

INTERNATIONALISMES RELIGIEUX, INTERNATIONALISMES ÉDUCATIFS

La relation entre religion et éducation est un thème récurrent dans l'histoire de l'éducation. Les points d'intersection entre religion, impérialisme et éducation ont reçu plus d'attention que les interactions entre religion, internationalisme et éducation. Pourtant, comme l'énonce Green, la religion constitue un facteur essentiel dans l'émergence de l'internationalisme, puisque les réseaux et les structures trans-étatiques et interculturels des « religions du monde » du début de l'ère moderne ont été transformés en « communautés d'opinion plus modernes et ouvertement internationales » (2016, p. 17). Green considère l'émergence d'internationales religieuses au début du 19e siècle comme un « phénomène social et politique nouveau et distinctif » appuyé par le développement de la culture associative et la révolution des communications (pp. 17–18). Mais elle note également que des internationales religieuses sont apparues au sein des communautés confessionnelles des différentes parties du monde à différents moments. Elle considère que l'émergence du monde protestant transatlantique, avec des racines en Grande-Bretagne, en Allemagne et aux Pays-Bas, avait « une longueur d'avance » en raison du développement de l'imprimerie à la fin du 18e siècle, de l'expansion de l'activité missionnaire et de « l'impulsion transformatrice » du mouvement anti-esclavage (p. 18). Elle remarque que les internationales religieuses sont apparues un peu plus tard dans les autres communautés confessionnelles d'Europe occidentale, et que l'émergence d'internationales religieuses non occidentales dans des contextes extra-européens (musulmans et bouddhistes, par exemple) « fut propulsée par l'interaction complexe entre anciennes et nouvelles formes d'empire et les bouleversements de la Première Guerre mondiale » (p. 19).

La foi millénariste bahá'íe, considérée aujourd'hui comme une « religion mondiale » (Maneck, 1994, p. 212), fournit un contrepoint à l'analyse de Green. La foi bahá'íe est née en Perse (Iran) dans les années 1840 au sein de l'islam chiite (Mottahedeh, 2013 ; Stockman, 2013). L'emprisonnement et l'exécution de Siyyid 'Alí-Muhammad Shirzi (1819–1850) (le Báb), qui prophétisa qu'après lui un autre messager plus important viendrait, fut l'acte de naissance d'une nouvelle religion, la foi bahá'íe, fondée en 1863 par Mirza Husain 'Ali Nuri (1817–1892), connu sous le nom de Bahá'u'lláh. Ce dernier déclara publiquement être celui que le Báb avait promis et qu'il inaugurerait une nouvelle ère de l'histoire mondiale dont le thème principal serait l'établissement progressif d'une civilisation mondiale basée sur son enseignement (Cole, 1998, p. 57 ; Mottahedeh, 2013). À cause de ses croyances non orthodoxes, Bahá'u'lláh fut exilé d'Iran en 1853 et s'installa à Bagdad (alors sous l'Empire ottoman), à Edirne (anciennement Adrianople) près de la Bulgarie entre 1863 et 1868, puis à 'Akka (l'actuelle Acre), ville-prison ottomane située sur la côte syrienne. C'est à 'Akka, où les idées françaises sur les droits de l'homme circulaient dans des périodiques et parmi les prisonniers politiques, qu'il écrivit ses textes canoniques. Illustrant certains contre-courants Est-Ouest qui influencèrent les croyances bahá'ís et continueront à caractériser le militantisme religieux et éducatif bahá'í, ces textes appellent à la liberté de conscience et à la liberté religieuse, à la démocratie constitutionnelle, à l'égalité devant la loi et à l'égalité des femmes et des hommes (Cole, 1998 ; Maneck, 1994). À la mort de Bahá'u'lláh à 'Akka en 1892, la direction de la communauté bahá'íe passa à son fils aîné Abbas Effendi, surnommé 'Abdu'l-Bahá (1841–1921), et à la mort de 'Abdu'l-Bahá à son petit-fils, Shoghi Effendi (1897–1957) (Maneck, 1994). Tous deux vivaient à 'Akka dans la maison de Bahá'u'lláh jusqu'à ce que la révolution des « Jeunes-Turcs » de 1908 libère les prisonniers politiques et religieux ottomans (Mottahedeh, 2013 ; Smith 1996 ; Stockman, 1995).

Plusieurs femmes occidentales qui s'étaient converties à la religion bahá'íe lui rendirent visite à 'Akka avant la fin de son assignation à résidence en 1908. Parmi elles figurait l'Américaine Laura Dreyfus-Barney qui, au début des années 1900, rencontra des fidèles bahá'ís à Paris, un des centres européens de la foi bahá'íe. Dreyfus-Barney fit plusieurs visites prolongées à 'Akka à une époque où les conditions de vie y étaient austères et où il était dangereux d'être bahá'í. Elle séjournait dans la maison de 'Abdu'l-Bahá. Elle y enseigna l'anglais aux quatre filles d'Abdu'l- Bahá et à sa femme Munihri Nahri (1847–1938) (Smith, 1996), apprit le persan et rassembla des données pour ce qui allait deve-nir *Les Leçons De St-Jean-D'Acre* (Barney, 1908), une compilation des enseignements d'Abdu'l- Bahá publiée en anglais, français et persan. Au moment de son dernier grand déplacement en tant qu'émissaire bahá'í en 1922, Dreyfus-Barney avait visité la Palestine, la Perse, le Tur-kestan russe, l'Égypte, la Turquie, la Chine, l'Indochine, la Birmanie, la Corée, l'Inde et les États-Unis, voyages qu'elle entreprit avec son époux après son mariage en 1911 (Goodman, 2018a ; Miron, 2018). En 1922, les Dreyfus-Barney arrivèrent à Haïfa en venant d'Indochine, en passant par la Birmanie et Bombay, lorsque Shoghi Effendi succéda à la direction de la communauté bahá'íe et souhaita consulter des bahá'ís éminents sur l'avenir de la communauté (Weinberger, 2012). Dreyfus-Barney finança également les voyages en Occident qu'Abdu'l-Bahá effectua entre 1911 et 1913, à l'occasion desquels il exposa sa conception universelle de la paix et de l'unité de l'humanité au public occidental, en Amérique et en Europe (Mottahedeh, 2013). Dreyfus-Barney accueillit Abdu'l-Bahá à Paris et l'assista lors de sa visite aux États-Unis (Khademi, 2013).

Le militantisme éducatif et pacifiste, l'internationalisme et la foi bahá'íe de Dreyfus-Barney sont intimement liés au travail de celle-ci pour diverses organisations internationales dans les domaines de l'éducation, de l'aide humanitaire et des femmes, comme l'illustrent ses activités de liaison entre la SDN et le CIF. Elle fut parmi les membres fondateurs (et instigateurs) du Comité d'entente des grandes associa-tions internationales de la SDN (Goodman, 2018a) qui se réunissait sous les auspices de l'IICI et avait pour but de « fournir un point de contact pour les grandes associations internationales qui s'intéressent à l'édu-cation des enfants et des jeunes dans l'entente internationale et l'amitié mondiale » (League of Nations, 1929). Dreyfus-Barney était également un membre éminent du CIF, organisation qui se positionnait comme « mère de la SDN » ou comme contrepartie féminine de la SDN (Gubin & van Molle, 2005, p. 29 ; Rupp, 1997). Elle était chargée de liaison du CIF à la fois à l'IIIC et à l'Institut international du cinématographe éducatif créé à Rome en 1925 (Goodman, 2018b, 2018c).

Lors de la conférence du CIF à Genève en 1927, Dreyfus-Barney cita le travail du Comité d'entente lorsqu'elle proposa une résolution à la conférence qui visait à :

permettre à l'enfant de s'enraciner dans son cadre naturel familial et son pays d'origine car ceux-ci sont, aujourd'hui comme par le passé, les premiers principes de toute éducation solide […] Tant pour son propre équilibre que pour le bien-être général, l'enfant, qui est le citoyen de demain, doit être sensibilisé à l'idée du devoir et doit apprendre qu'il devra remplir activement toutes ses obligations envers sa famille, envers ses compagnons, envers son village ou sa ville, et envers son pays. En même temps, l'instruction donnée aux enfants ne doit pas s'arrêter là. Ils doivent apprendre que cette solidarité essentielle ne peut ni ne doit être confinée à l'intérieur des frontières nationales ; car il existe entre les peuples, entre les différents membres d'une même société, une communauté de droits et de devoirs ainsi qu'une interdépendance réelle et croissante […] Les enfants doivent surtout apprendre que la civilisation est un bien partagé par tous les peuples, y compris ceux qui au cours des siècles furent des ennemis féroces ; et que, malgré des différences inévitables, c'est de ce patrimoine commun et du désir de le préserver et de le développer que naquit la SDN (International Council of Women, 1927, pp. 14–15).

Pour réaliser ce programme, les enseignants utilisaient les matières scolaires officielles ainsi que des moyens informels pour enseigner aux enfants la courtoisie envers les étrangers et pour leur inspirer la curiosité de connaître leurs habitudes et de comprendre leur langue et leur pensée. La résolution notait que ces activités « auraient pour effet d'amener les jeunes à adopter des habitudes de coopération intellectuelle et, par conséquent, de soutenir la SDN » (p. 16). Elle concluait que l'éducation contribuerait à l'instauration de la paix par l'ouverture à la connaissance et à la compréhension mutuelle entre les peuples.

Comme le souligne la section suivante, les déclarations de la résolution sur l'interdépendance et la « civilisation » comme monde commun à tous les peuples faisaient écho aux croyances bahá'íes de Dreyfus-Barney. Les activités de celle-ci à la SDN et au CIF illustrent comment les bahá'ís œuvraient pour promouvoir la sécurité et la paix parmi les peuples du monde à travers des ONG (Cole, 1998). Bien que les bahá'ís ne participaient pas à la politique politicienne, ils voyaient la SDN, le CIF, le droit de vote des femmes et le désir d'instruction universelle comme des mouvements progressistes qui démontraient une énergie positive en faveur de la paix dans le monde (Harper, 1925). Mais les bahá'ís considéraient également la SDN comme un mécanisme insuffisant pour instaurer la paix universelle que Bahá'u'lláh appelait « La Plus Grande Paix », lequel était un motif central de la croyance bahá'íe.

La foi bahá'íe, la paix et la Société des Nations

Comme le soulignent Kluge (2012) et Nakhjavani (2008), le plan de Bahá'u'lláh comprenait deux phases majeures pour arriver à la paix mondiale : la « Moindre Paix » et « La Plus Grande Paix ». La Moindre Paix, qui était essentiellement de nature politique, fondée sur la volonté humaine et « établie grâce aux efforts des nations du monde » (Nakhjavani, 2008, p. 290), œuvrait pour l'égalité des droits pour tous. La Plus Grande Paix, « la paix ultime promise à tous les peuples et nations » (p. 295), représentait « l'unité basée sur des principes spirituels » (Kluge, 2012, p. 75) quand la terre deviendrait une seule nation et les peuples seraient unifiés. L'éradication complète des préjugés religieux et raciaux dans La Plus Grande Paix était une condition spirituelle et une question de conscience (Nakhjavani, 2008, p. 290). Bien que la Moindre Paix fût une étape nécessaire vers la Grande Paix, elle n'était pas suffisante pour le plein développement du potentiel humain, individuel ou collectif. Comme Dreyfus-Barney le rapporte dans les réponses d'Abdu'l-Bahá à ses questions à 'Akka, dans La Grande Paix, les différences de religion, de race, de classe et de nationalité seraient dépassées : « Tous les hommes adhéreront à une seule religion, auront une foi commune, seront unifiés en une seule race et deviendront un peuple unique. Tous habiteront une seule nation qui est la planète elle-même » (Barney, 1908, p. 65).

Shoghi Effendi (1974) décrivit la forme internationale de gouvernement dans la Plus Grande Paix comme « un système fédéral mondial » (p. 203) dans lequel « la limitation inévitable des souverainetés nationales débridées » constituait un préalable indispensable à la formation du « commonwealth de toutes les nations du monde » (p. 40). Kluge (2012) note que la vision bahá'íe du futur ordre mondial repose sur l'abandon du principe de base du système Westphalien de la politique internationale afin d'atteindre une véritable sécurité et un progrès dans l'élimination des causes fondamentales de la guerre. Un tribunal mondial devait statuer sur les différends entre les divers éléments constituant le système universel (Effendi, 1974, p. 202). Comme le soutient Kluge (2012), l'application d'un principe fédéraliste aux sphères internationales était propice au concept central d'unité dans la diversité bahá'íe, illustré par les métaphores bahá'íes des fruits d'un arbre et des feuilles d'une branche, et de la race humaine comme un jardin magnifique par la diversité de couleurs et de formes de ses fleurs (Cole, 1998).

'Abdu'l-Bahá approuvait la SDN car elle était en harmonie avec les enseignements de Bahá'u'llah. Il encouragea la création du Bureau international bahá'í à Genève pour assurer la liaison avec la SDN et d'autres organisations internationales (Hutchinson & Hollinger, 2006) et pour relier le Centre bahá'í de Haïfa avec les centres bahá'ís dans le monde. Mais, il considérait que la SDN était incapable d'établir une paix universelle parce qu'elle avait été créée par des États membres qui pouvaient s'en retirer à loisir, et n'existait que par le sentiment moral et l'opinion publique, ce qui la rendait impuissante et dépourvue d'autorité suprême face aux prétentions nationalistes (Balyuzi, 1934). Les bahá'ís comparaient une forte Alliance de Dieu avec une faible alliance des nations (Anonyme, 1920) et savaient qu'il était inutile de s'attendre à ce que les gouvernements acceptent les diktats d'une SDN à moins qu'une telle entité soit fondée fermement sur les Lois Divines (Carpenter, 1926). Ils estimaient impossible d'abolir la guerre par la politique humaine ou de réformer la condition sociale une fois pour toutes sans la spiritualisation[2] du monde et la fusion de ses peuples (Afn'an, 1924). En travaillant à l'unité dans le domaine politique, la SDN telle qu'elle était constituée ne réussissait pas à remplir les conditions de Bahá'u'llah pour La Plus Grande Paix (Kirkpatrick, 1932).

Comme l'a souligné Bahá'u'llah, la paix universelle et l'organisation d'un État mondial dépendaient d'une transformation du caractère humain : tous étaient appelés à une loyauté plus élevée que celle d'un groupe ethnique ou national, une loyauté pour la planète terre et pour le genre humain. Dans la vision sociale bahá'íe, la création d'une conscience où les êtres humains appartenaient tous à la même famille exigeait une auto-transformation et une éducation du plus haut niveau (Smith, 1996). Pour 'Abdu'l-Bahá, l'instruction des enfants était « l'acte le plus louable de l'humanité ». En tant que « fondement indispensable de toute excellence humaine », l'éducation fournissait « un chemin pour que l'homme [sic] se fraye un chemin vers les nuits de gloire éternelle » (Shahvar, 2009, p. 17). Bahá'u'llah soutenait que l'éducation était capable de former des citoyens du monde, quand « tous les hommes seront considérés

---

2   À l'inverse précisément des positions de certaines franges des mouvements ouvriers (C. Heimberg, chapitre 1) et de fédérations internationales d'instituteurs (F. Mole, chapitre 4), qui considèrent que la religion elle-même participe de l'endoctrinement des classes populaires.

comme une seule âme » (Cole, 1998, p. 131). Une éducation universelle pour les enfants de toutes les nations et un programme d'éducation uniforme pour renforcer la conscience de la poursuite de la paix universelle devaient inclure l'éducation technique et scientifique, et « inciter continuellement les enfants à voir les dangers de la guerre et les bienfaits de la paix ». « Vous devez semer les graines de la paix dans l'esprit malléable des enfants », déclarait Abdu'l-Bahá pour qui, « l'éducation dans l'unité de l'humanité » devait « utiliser tous les moyens pour faire germer dans le cœur des enfants la conscience d'une fraternité universelle ». Mais l'éducation des enfants ne devait pas commencer trop tôt. Abdu'l-Bahá considérait qu'étudier dans les premières années était néfaste et nuisait à la qualité de l'esprit des enfants et à leur développement mental par un « surentraînement à une période où le cerveau de l'enfant a besoin de soins délicats plutôt que d'un forçage » (Anonyme, 1925, p. 284). C'était par la joie que l'intelligence de l'enfant devait être éveillée et développée, affirmait 'Abdu'l-Bahá, contrairement aux systèmes éducatifs traditionnels caractérisés par la répétition et vécus comme une corvée : « Toute la race humaine sera plus heureuse, plus spontanée et artistique, plus intuitive et intelligente, quand cette nouvelle éducation sera universellement appliquée » (p. 284).

La grande importance que Bahá'u'lláh, 'Abdu'l-Bahá et plus tard aussi Shoghi Effendi attribuaient à l'éducation scolaire et non scolaire et aux éducateurs distingués faisait que les bahá'ís considéraient l'éducation comme un devoir religieux (Shahvar, 2009). La grande valeur que les enseignements bahá'ís attribuaient à l'éducation conduisirent à la création d'écoles bahá'íes dans diverses parties du monde, dont les plus connues furent les écoles Tarbíyat à Téhéran (Smith, 1996). Alors que l'école des garçons Tarbíyat ouvrit ses portes en 1898, l'école des filles Tarbíyat, qui devint l'une des plus fréquentées de Téhéran, ne fut ouverte officiellement qu'en 1910, en partie à cause des controverses entourant l'éducation des filles en Iran, et fut fermée en 1934 par décision de l'État iranien (Rostam-Kolayi, 2008). Le soutien financier pour les écoles Tarbíyat venait de la *Persian American Education Society* (PAES), que Dreyfus-Barney aidait financièrement, qui fit de l'aide aux écoles Tarbíyat sa première priorité (Stockman 1995). Illustrant les contre-courants Est-Ouest qui continuaient à caractériser les activités bahá'íes, la PAES répondait à la règle que Bahá'u'lláh avait décrétée sur la prise en charge de la scolarisation des enfants par la communauté si les parents étaient incapables de subvenir financièrement à celle-ci ('Abdu'l-Bahá,

1920). Avant la création de la PAES, Dreyfus-Barney avait également
financé l'éducation de quelques « jeunes gens » en Iran (Dreyfus-Barney
à Sohrab, 1910). Comme Dreyfus-Barney, Sara Louise, Lady Blomfield
(1859–1939), une bahá'íe anglaise qui séjournait régulièrement à Genève,
finança l'éducation d'enfants bahá'ís à Haïfa (Weinberger, 2012), bien
que son projet de création d'une école à Haïfa ne se soit pas concrétisé,
comme l'explique la section suivante.

Le Bureau international bahá'í à Genève

Blomfield était devenue une bahá'íe en 1907 à Paris et avait ensuite voyagé
avec les Dreyfus-Barney à Beyrouth, Damas et Haïfa (Weinberger, 2012).
En 1912 elle établit un centre bahá'í à Genève et organisa des réunions
régulières le mercredi soir à Villeneuve (Weinberger, 2012). Alors que
les Dreyfus-Barney avaient une résidence d'été au Mont Pélerin et que
Dreyfus-Barney voyageait régulièrement de Paris à Genève pour des
activités liées à la SDN, Blomfield venait de Londres à Genève la plupart
des étés pour la haute saison. Elle organisait des réunions l'après-midi,
auxquelles elle invitait des personnes appartenant aux cercles internationaux de Genève pour écouter des conférenciers célèbres présenter
des sujets variés, présentations suivies de séances questions/réponses
amenant à discuter de la foi bahá'íe. Blomfield collabora également à
Genève avec Eglantyne Jebb, de l'organisation *Save the Children* (Anonyme, 1924). En 1923, en plus d'organiser des réunions sur la foi bahá'íe
et de travailler sur une biographie de Bahá'u'lláh et 'Abdu'l-Bahá et les
femmes qui leur sont associées, Blomfield planifia une réunion à Genève
au sujet de la création d'une école bahá'íe au Mont Carmel (dans ce qui
est maintenant le nord d'Israël) ; les Dreyfus-Barney, Eglantyne Jebb et
l'éducateur progressiste américain Stanwood Cobb devaient y prendre
la parole. Cette initiative (qui ne s'est pas matérialisée) faisait suite à une
lettre de Rúhá, la fille d'Abdu'l-Bahá, qui avait écrit à Blomfield que la
pauvreté des familles bahá'íes à Haïfa empêchait leurs enfants de fré-
quenter l'école (Weinberg, 2012).
    Tandis que Dreyfus-Barney séjournait régulièrement à Genève et
que Blomfield faisait des visites saisonnières, d'autres femmes bahá'íes
furent actives au Bureau bahá'í de Genève, pour des durées variables. Le
Bureau fut créé en 1925 par l'Anglaise bahá'íe Jean Stannard (1865–1944)
sur les encouragements de Shoghi Effendi qui voulait que le centre serve

d'intermédiaire entre le centre bahá'í d'Haïfa et les différents centres bahá'ís, mais sans avoir d'autorité internationale dans le mouvement (Hoagg, s.d.). Stannard avait adopté la foi bahá'íe vers 1907. Elle était à l'origine une « psychométricienne » et une conférencière de talent, trésorière de la Société psychothérapeutique de Londres et membre de la Société pour la recherche psychique. Vers 1908, elle devint enseignante bahá'íe itinérante en Égypte et en Inde (Kuhn, 2017, pp. 55, 90). Elle prit la parole à Londres en 1911 sur « l'Éveil de l'Orient », lors d'une réunion que les bahá'ís avaient organisée à l'occasion du Congrès des Races Universelles de 1911 (Anonyme, 1911a), et sur « les Femmes d'Orient » (un message récurrent dans son travail) au rassemblement d'adieu à 'Abdu'l-Bahá à Londres (Anonyme, 1911b). Vers la fin 1911, de retour en Égypte, elle écrivit à la Gazette Égyptienne des lettres sur les voyages d'Abdu'l-Bahá en Europe (Stannard, 1911). En 1913, elle quitta l'Égypte pour l'Inde (Savi, 2013) où elle donna une série de conférences (Vakil, 1914). S'adressant à la société théiste de Karachi en 1913 sur la vie des femmes, leur éducation et l'égalité des sexes, elle affirma que les femmes persanes pouvaient démontrer qu'elles étaient égales à tous égards aux hommes, car « des actes d'héroïsme sans pareil avaient été accomplis par des épouses, des sœurs et des mères pour la cause bahá'íe » (Correspondent, 1914, p. 23). Elle exhorta également son auditoire à considérer le « problème de l'élévation du niveau d'éducation des femmes de façon pratique », notant que garder « les futures mères de la race dans l'ignorance, l'ineptie ou le sectarisme », c'était « entraver et voler l'homme de la moitié de ses forces pour le bien » et que « les filles devaient être éduquées autant que les garçons afin que ces futures mères puissent faciliter plutôt que restreindre le développement de l'esprit de leurs enfants » (p. 23). Stannard fit également des tournées de conférences extensives en Inde et en Birmanie en 1923 (Anonyme, 1923).

En 1925, Stannard loua des locaux pour le Bureau international bahá'í à Genève (Nourse, 1925). Il y avait une grande salle commune de 60 places et des portes s'ouvraient sur son bureau pour en accueillir 40 autres. Au moment de l'arrivée de Stannard à Genève, l'enseignante bahá'íe américaine Martha Root (1872–1939), qui voyagea presque sans interruption à partir de 1919 et s'autofinançait par le journalisme (Hutchinson & Hollinger, 2006), déménagea à Genève et au Bureau pour prendre contact avec les espérantistes ; une autre Américaine, Katherine Nourse, accompagnée de ses deux enfants, fit la même démarche (Weinberger, 2012). Le Bureau invitait des conférenciers extérieurs, organisait

des cours sur les enseignements bahá'ís ainsi que des rencontres amicales, des conférences et des réunions hebdomadaires (Nourse, 1925). En
1926, l'organe officiel du Bureau, *Le Messager Bahá'í de Genève*, soulignait
« à la lumière des enseignements bahá'ís certaines des grandes pensées
et des paroles remarquables parfois prononcées ici par des personnalités
éminentes » (Pinchon, 1927). Il y avait aussi une bibliothèque de prêt et
de circulation avec des publications bahá'íes et des livres sur la philosophie et la science, les affaires internationales et les mouvements sociaux.

En 1925 et 1926, le Bureau international bahá'í organisa des conférences sur l'espéranto, la langue artificielle créée par Ludwik Zamenhof (1859–1917). Cole (1998) soutient que les langues mondiales que
Bahá'u'lláh encourageait afin de pacifier le monde avaient peut-être des
racines dans l'ésotérisme islamique et le monde hellénistique tardif qui
influença les kabbalistes et caractérisa le shaykhisme dont la foi bahá'í
émergea. Bahá'u'lláh souligna la valeur d'un langage universel pour
les échanges scientifiques et pour contribuer à l'unité et à la paix dans
le monde, et suggérait que les enfants apprennent à la fois leur langue
vernaculaire et une langue universelle. Bien que l'espéranto n'ait pas été
officiellement considéré comme une langue bahá'íe, Smith (1996) note
qu'Abdu'l-Bahá faisait l'éloge de l'espéranto, qu'il encourageait les bahá'ís
à l'apprendre et qu'un livret d'espéranto sur la foi bahá'íe fut publié en
Londres en 1907. Le mouvement bahá'í comprenait d'éminents espérantistes, et les contacts bahá'í-espéranto furent particulièrement forts
dans les années 1920 et 1930. Un magazine mensuel bahá'í espéranto (*La
Nova Tago*, 1925–36) fut publié en Allemagne où était établi un réseau
de groupes bahá'ís espérantistes. Root utilisait des contacts espéranto
dans ses voyages internationaux, et à partir de 1925 une représentation
bahá'íe assistait aux congrès mondiaux d'espéranto. Lidia Zamenhof, la
fille cadette de Ludwik Zamenhof, créateur de l'espéranto, se convertit
au bahá'ísme et traduisit la littérature bahá'íe en espéranto.

Lors du congrès d'espéranto tenu à Genève en août 1925, deux
séances bahá'í-espéranto eurent lieu au Bureau, en présence d'Edouard
Combe, espérantiste et journaliste à *La Tribune de Genève* et Charles Baudouin, professeur à l'Université de Genève, qui prit la parole durant
une des séances bahá'íes (Root, 1926). Les séances bahá'íes du Congrès
d'espéranto de 1928 à Anvers furent présidées par Lidia Zamenhof et
réunirent des représentants de 25 pays. Root parla d'Éducation universelle pour la paix dans le monde ; des discours furent prononcés
par le Dr Ernst Kliemke, bahá'í et président de la Société allemande

d'espéranto, qui prononça une intervention (sous le pseudonyme de Heinrich Nienkamp) sur « Le mouvement bahá'í et la politique » ; H. S. Mohammed Ruhani de Resht, Perse, sur « Le mouvement bahá'í et l'espéranto en Perse » ; Vuk Echtner de Prague sur « L'esprit du nouveau jour » ; Mary Hanford Ford de New York sur « La succession des prophètes » (Root, 1928).

En 1927, le Bureau de Genève servait de lieu de rencontre pour les bahá'ís arrivant de France, d'Allemagne, d'Amérique, de Russie, d'Autriche, d'Inde, d'Égypte et de Palestine, et des réunions bahá'íes hebdomadaires se tenaient dans un hôtel de Lausanne-Ouchy (Pinchon, 1927). Blomfield, qui était favorable au Bureau international mais pas un visiteur fréquent (Lynch à Dreyfus-Barney, 1962), fit partie d'un groupe consulté en 1927 sur le travail du Bureau et sur la disponibilité de ressources pour le subventionner. Jusqu'en 1927, c'est Stannard qui finançait largement les dépenses du Bureau, mais lorsque l'Américaine Julia Culver (1861–1950) arriva en 1927 pour l'aider, c'est elle qui assuma la responsabilité financière et le Bureau resta ouvert mais avec une activité réduite. En 1928, l'Américaine bahá'íe Emogene Hoagg (1869–1945) (qui dirigera le Bureau jusqu'en 1935) vint aider Culver quand Stannard repartit en Égypte. L'ancien Bureau fut fermé et des locaux temporaires furent loués pour les mois d'été. Quand Root revint de sa tournée sur l'espéranto en 1928, les conférences reprirent, des rencontres amicales et spirituelles furent organisées, et de nouveaux locaux furent trouvés au cœur de Genève, rue du Général Dufour.

Le Bureau international bahá'í se lia au regroupement des associations internationales coordonnées par les Quakers et fut reconnu par la SDN en 1929 (Savi, 2013). Comme Dreyfus-Barney, Root participait activement aux activités internationales associées à la SDN. Toutes deux assistèrent à des séances publiques de la conférence de 1932 pour la réduction et la limitation des armements organisée par la SDN et, pendant trois mois, rencontrèrent des hommes d'État de plus de cinquante pays, leur parlèrent des principes bahá'ís et leur donnèrent de la documentation bahá'ie[3]. En tant que vice-présidente du Comité pour la paix et le désarmement créé par les organisations féminines internationales, qui représentait des organisations féminines disséminées dans 56 pays,

---

3   BIC, https://www.bic.org/statements/bahai-international-community-and-international-organizations.

Dreyfus-Barney fit son entrée à la Conférence sur le désarmement avec les autres officiels du Comité, à la tête de représentantes d'organisations féminines internationales ; celles-ci avaient apporté des milliers de pétitions en faveur de la paix à la conférence (Garner, 2016).

Le Bureau international bahá'í continua d'exister après que la SDN cessa de fonctionner à Genève[4]. Anne Lynch (1892–1966), qui travailla au Bureau avec l'Allemande bahá'í Margaret Lentz (1879–1965), sous la direction de Hoagg puis sous celle d'Helen Bishop, s'était installée en Angleterre à la fin de la Première Guerre mondiale et était devenue bahá'ie en Italie en 1926. Lynch parlait couramment le russe, le français, l'anglais, l'allemand, l'italien et l'espéranto. Durant son séjour au Bureau, elle produisit une série de traductions et de publications bahá'íes ainsi que de nouveaux bulletins en plusieurs langues, y compris à partir de 1945 la publication européenne en anglais *News Exchange* (BLO). Comme Culver et Lenz, qui partit travailler en Autriche, Lynch passa du temps à Haïfa après s'être convertie au bahá'isme. Pendant la Seconde Guerre mondiale, elle était la seule personne travaillant au Bureau. Après 1940, lorsque son revenu indépendant cessa, elle continua de s'occuper de la correspondance du Bureau tout en travaillant pour le YMCA (Young Men's Christian Association)[5]. En 1946, elle écrivit à Dreyfus-Barney que le Bureau avait besoin d'une ou plusieurs personnes parlant français et ayant une connaissance approfondie de l'allemand afin de communiquer avec l'Allemagne et la Suisse alémanique qui, écrivait-elle, était la seule partie de la Suisse où il y avait des bahá'ís ; ceux-ci avaient besoin d'aide pour « comprendre la mentalité européenne et ne pas offusquer par des procédures trop inhabituelles » (Lynch à Dreyfus-Barney, 1946).

Après avoir passé la Seconde Guerre mondiale aux États-Unis, Dreyfus-Barney revint à Paris. Elle poursuivit son activité internationale en tant que chargée de liaison du CIF avec les Nations Unies, en tant que membre du Conseil économique et social des Nations Unies, et en aidant à développer les relations entre l'Unicef et diverses ONG (Hutchinson & Hollinger, 2006). Des lettres entre Dreyfus-Barney à Paris et Edna True du Comité d'enseignement européen bahá'í aux États-Unis

---

4   BIC, https://www.bic.org/statements/bahai-international-community-and-international-organizations.

5   C. Boss et É. Brylinski (chapitre 8) montrent elles aussi la contribution humanitaire nodale de l'YMCA durant la Deuxième Guerre mondiale.

(Dreyfus-Barney, 1948) révèlent qu'en 1948 Dreyfus-Barney donna des conseils sur la réorganisation du Bureau international dont Lynch fut responsable jusqu'à sa fermeture en 1957.

CONCLUSION

Pour les femmes bahá'íes associées au Bureau international bahá'í, les activités éducatives en faveur de la paix, que ce soit au travers du CIF, des activités liées à la SDN, de la promotion de l'espéranto, ou d'initiatives bahá'íes telles que la PAES ou le Bureau international de Genève, allaient de pair avec l'impératif bahá'í de promouvoir la paix universelle et une société mondiale définie par Bahá'u'lláh en 1875. La transformation des consciences et de la société était au cœur de la notion bahá'íe de paix universelle ; elle explique l'importance que les bahá'ís accordaient à l'éducation universelle, aux éducateurs distingués et à l'enseignement d'une langue universelle aux enfants conjointement à leur langue maternelle. Bien que ne participant pas à la politique politicienne par principe, les bahá'ís comme Dreyfus-Barney et Root s'engagèrent dans l'internationalisme éducatif à travers des organisations comme la SDN et la CIF, les considérant comme des institutions favorisant la recherche de la paix comme présagé par Bahá'u'lláh. Mais pour les bahá'ís, la SDN était un instrument insuffisant pour assurer la Plus Grande Paix de Bahá'u'lláh.

Le Bureau bahá'í de Genève était une organisation internationale reliant le centre bahá'í d'Haïfa et les centres bahá'ís dans différentes parties du monde. Les femmes bahá'íes qui se sont « rencontrées » à Genève et au Bureau international bahá'í étaient des actrices transnationales qui apportaient des histoires personnelles influencées par une mobilité géographique généralement associée aux notions de liberté et de changement et financée par des fortunes personnelles comme en témoignent les exemples de Dreyfus-Barney, Blomfield et Culver. Pour les bahá'ís, les frontières nationales avaient été inventées par l'homme : c'étaient des distinctions imaginaires que Dieu n'avait pas créées, comme 'Abdu'l-Bahá (1920, p. 125) le dit au Comité de l'organisation centrale pour une paix durable en 1920. Pour les femmes que la foi bahá'íe emmena vers l'Orient puis à Genève au Bureau international bahá'í, la mobilité transnationale au cœur de leur internationalisme venait de l'idée bahá'íe que la terre est un seul pays et que « le globe terrestre est la patrie de tous »

(p. 125), idée qui caractérisait les contre-courants transnationaux influen-
çant leur activisme éducatif.

L'interaction entre croyances bahá'íes, internationalisme et activisme éducatif souligne l'importance de la contribution des réseaux
confessionnels à l'internationalisme éducatif en faveur de la paix. Les
recherches sur la théosophie et l'activisme éducatif des femmes dans
l'Éducation nouvelle (Brehony, 2004 ; Haenggeli-Jenni, 2017), le rôle
dirigeant des femmes catholiques dans l'éducation des filles (Raftery
& Smyth, 2015) et l'activisme éducatif des femmes quaker (Roberts,
2011) illustrent les possibilités, les contraintes et certaines ambiguïtés
du militantisme éducatif qui pourraient résulter des obstacles idéologiques et institutionnels envers les femmes dans les religions organisées
(Malmgreen, 1986). L'attention portée aux mouvements religieux originaires de pays non occidentaux met également en lumière certaines
ambiguïtés des courants transnationaux, comme par exemple des
femmes bahá'íes européennes et américaines jouant le rôle à Genève de
porte-paroles de croyances religieuses nées en Perse. L'analyse de Green
sur l'émergence d'internationalismes religieux au sein de communautés
confessionnelles de différentes parties du monde à différentes époques
suggère que de nouvelles études comparatives et transnationales sur
les relations entre internationalismes religieux et militantisme éducatif
seraient profitables à de futures études historiques portant sur l'internationalisme éducatif.

Traduction : Catherine Gouy.

Références

Sources

'Abdu'l-Bahá. (1920). To the Central Organization for a Durable Peace.
    Star of the West, 11(8), 123–134.
Afn'an, R. H. (1924). The Relation of the Bahá'í Cause to Modern Pro-
    gressive Movements. *Star of the West, 15*(3), 62–64.
Anonyme (1911a). News Items. *Star of the West, 11*(7 and 8), 14–15.
Anonyme (1911b). Farewell to Abdu'l-Bahá. (1911). *Star of the West,
    11*(13), 4–5.

Anonyme (1920). Twelfth Annual Mashrekol-Azkar Convention and Bahá'í Congress. (1920). *Star of the West*, 4(17), 59–75.

Anonyme (1923). Bahá'í News and Notes. *Star of the West*, 14(5), 152–156.

Anonyme (1924). Save the Children. *Star of the West*, 14(11), 342–343.

Anonyme (1925). Editorial. *Star of the West*, 15(10), 284–285.

BIC, https://www.bic.org/statements/bahai-international-community-and-international-organizations.

BLO *(Bahá'í Library)*. Repéré à http://bahai-library.com/docs/bw/uhj_bahai_world_14.txt

BIC *(Bahá'í International Community Representative Offices)*. Repéré à https://www.bic.org/statements/bahai-international-community-and-international-organizations

Balyuzi, H. M. (1934). The World Order of Bahá'u'lláh. *The Bahá'í Magazine*, 25(6), 166–169.

Barney, L. C. (1908). *Les Leçons de St-Jean-d'Acre* (H. Dreyfus, trad.). Paris : Leroux.

Correspondent, (1914). What the Bahá'i Says to the Theist. Mrs Stannard at the Karachi Conference – A Interesting Explosion. *Star of the West*, 5(1), 22–23.

Dreyfus-Barney, Laura to Sohrab, Ahmad. 5 February 1910. M955 Box 11, Laura Dreyfus Barney Correspondance, Bahá'í National Archive, Wilmette, USA.

Dreyfus-Barney, Laura to True, Edna, 23 August 1948. Willmette Bahá'í Archive Illinois, Correspondence Box 5 folder 40, M170.

Carpenter, H. L. (1926). The Essentials of Present Day Religion. *Star of the West*, 17(6), 196–199.

Harper, O. (1925). How Can Universal Peace be Established ? *Star of the West*, 16(8), 617–619.

Hoagg, E. (s.d.) Short History of the International Bahá Bureau at Geneva, Switzerland. *Bahá'í World*, 4(2), 257–261.

International Council of Women (1927). Final Programme for the Meetings of the Executive and Standing Committees of the International Council of Women to be held in the Athenee, Geneva, Switzerland from June 7th to 17th, 1927 (ICW Collection, Amazone Archive, Brussels).

Kirkpatrick, B. H. (1932). The Bahá'í Peace Programme – Disarmament. *The Bahá'í Magazine*, 22(11), 332–336.

League of Nations (1929). *Handbook of International Organisations*. Geneva : League of Nations.

Lynch, Anne to Dreyfus-Barney, Laura. 25 May 1946, 28 August 1962. Repéré à https://bahai-library.com/linard_lynch_dreyfus-barney_letters.

Nourse, E. B. (1925). Among Friends at Geneva. *Star of the West, 16*(6), 567.

Pinchon, F. E. (1927). On the Borders of Lake Leman. *Star of the West, 18*(1), 26–29.

Root, M. (1926). A Glimpse of the Bahá'í Movement and Esperanto. *Star of the West, 16*(10), 681–682.

Root, M. (1928). International Congresses Use Esperanto. *Star of the West, 19*(8), 240–243.

Stannard, J. (1911). The Bahá'í Movement. *Star of the West, 11*(15), 8–12.

Vakil, N. (1914). The Work in India. *Star of the West, 5*(1), 21–22.

BIBLIOGRAPHIE

Brehony, K. (2004). A New Education for a New Era : The Contribution of the Conferences of the New Education Fellowship to the Disciplinary Field of Education, 1921–1938. *Paedagogica Historica 40*(5&6), 733–55.

Cole, J. R. I. (1998). *Modernity and the Millennium : The Genesis of the Bahá'í Faith in the Nineteenth-century Middle East*. New York: Columbia University Press.

Effendi, S. (1974). *The World Order of Bahá'u'lláh*. Wilmette : Bahá'í Publishing Trust.

Garner, K. (2016). Global Visions : The Women's Disarmament Committee (1931–39) and the International Politics of Disarmament in the 1930s. In M. Everard & F. de Haan (Éds.), *Rosa Manus (1881–1942) : The International Life and Legacy of a Jewish Dutch Feminist* (pp. 128–159). Leiden : Brill.

Goodman, J. (2018a). Becoming, Being and Kaleidoscopic Configurations: Laura Dreyfus-Barney, the Bahá'í Faith and Educative Work for Peace. *International Journal of Historiography of Education 8*(1), 123–134.

Goodman, J. (2018b). The Buddhist Institute at Phnom Penh, the International Council of Women and the Rome International Institute for Educational Cinematography: Intersections of Internationalism and Imperialism, 1931–34. *History of Education 47*(3), 415–31.

Goodman, J. (2018c). "Shaping the Mentality of Races and Especially of Young People": The League of Nations and the Educational

Cinematography Congress, 1934. In J. Damousi & P. O'Brien (Éds.), *League of Nations : Histories, Legacies and Impact* (pp. 197–213). Melbourne : Melbourne University Press, 2018.

Green, A. (2016). Religious Internationalisms. In G. Sluga & P. Clavin (Éds.), *Internationalisms : A Twentieth-Century History* (pp. 17–37). Cambridge: Cambridge University Press.

Gubin, E. & van Molle, L. (2005). *Women Changing the World : A History of the International Council of Women, 1888–1988*. Brussels : Éditions Racine.

Haenggeli-Jenni, B. (2017). *L'éducation nouvelle entre science et militance : débats et combats à travers La Revue* Pour l'ère nouvelle *1920–1940*. Berne : Peter Lang.

Herren, M. (2014). Between Territoriality, Performance and Transcultural Entanglement (1920–1939) : A Typology of Transboundary Lives. In M. Herren & I. Lohr (Éds.), *Lives Beyond Borders : A Social History, 1880–1950* (pp. 100–124). Leipzig : Leipziger Universitätsverlag.

Hutchinson, S. & Hollinger, R. (2006). Women in the North American Bahá'í Community. In R. S. Keller, R. R. Ruether & M. Cantlon (Éds.), *Encyclopedia of Women and Religion in North America : Native American Creation Stories* (pp. 776–787). Bloomington : Indiana University Press.

Khademi, M. (2013). Laura Dreyfus-Barney and Abdu'l-Bahá's Visit to the West. In N. Mottahedeh (Éd.), *'Abdu'l-Bahá's Journey West : The Course of Human Solidarity* (pp. 15–38). New York : Palgrave Macmillan.

Kuhn, P. (2017). *Psychoanalysis in Britain, 1893–1913 : Histories and Historiography*. Lanham : Lexington Books.

Kluge, I. (2012). Kant's Universal Peace and the Bahá'í Vision of a Future World Order. *Lights of Irfan 13*, 71–134.

Malmgreen, G. (1986). *Religion in the Lives of English Women, 1760–1930*. London : Croom Helm.

Maneck, S.S. (1994). Women in the Bahá'í Faith. In A. Sharma (Éd.) *Religion and Women*, (pp. 211–28). Albany : State University of New York Press.

Massey, D. B. (2005). *For Space*. London : Sage.

Miron, L. M. (2018). Laura Barney's Discipleship to 'Abdu'l-Bahá : Tracing a Theological Flow from the Middle East to the United States, 1900–19161. *The Journal of Bahá'í Studies, 28*(1–2), 7–31.

Mottahedeh, N. (2013). I*ntroduction.* In N. Mottahedeh (Éd.), *'Abdu'l-Bahá's Journey West : The Course of Human Solidarity* (pp. 1–14). New York : Palgrave Macmillan.

Nakhjavani, A. (2009). The Lesser Peace and the Most Great Peace. *Lights of Irfan 9*, 287–98.

Raftery, D. & Smyth, E.M. (Éds.) (2015). *Education, Identity and Women Religious, 1800–1950 : Convents, Classrooms and Colleges.* London : Routledge.

Roberts, S. (2011). «I Promised Them That I Would Tell England About Them» : A Woman Teacher Activist's Life in Popular Humanitarian Education. *Paedagogica Historica 47*(1&2), 155–172.

Rostam-Kolayi, J. (2008). Origins of Iran's Modern Girls' Schools From Private/National to Public/State. *Journal of Middle East Women's Studies, 4*(3), 58–88.

Rupp, L. (1997). *Worlds of Women : The Making of an International Women's Movement.* Princeton : Princeton University Press.

Savi, J. (2013). Abdu'l-Bahá in Egypt : Early September 1910–5 December 1913. *Lights of Irfan Book 14.* Repéré à http://bahai-library.com/lights_irfan_14

Shahvar, S. (2009). *Forgotten Schools : The Bahá'Is and Modern Education in Iran, 1899–1934.* London : I.B.Tauris.

Smith, P. (1996). *The Bahá'í Faith : A Short History.* Oneworld (kindle).

Stockman, R. H. (1995). *The Bahá'i Faith in America : Early Expansion 1900–12.* Oxford : George Ronald.

Stockman, R.H. (2013). *The Bahá'i Faith : A Guide for the Perplexed.* London : Bloomsbury.

Weinberg, R. (2012). *Lady Blomfield : Her Life and Times.* Oxford : George Ronald.

Partie 2

Controverses et résistance : des internationalismes contestés

Chapitre 4
Paix ou révolution ? Dissensions politiques et pédagogiques entre les Fédérations internationales d'instituteurs (années 1920)

Frédéric Mole

Résumé Dans les années 1920, la question se pose de savoir comment l'enseignement primaire, soupçonné d'avoir nourri le bellicisme d'avant-guerre, pourrait contribuer à l'édification d'un monde pacifié. À l'initiative d'instituteurs syndicalistes français, deux fédérations internationales sont créées, obéissant à des stratégies rivales. L'Internationale des travailleurs de l'enseignement (ITE) n'envisage la paix que par l'extension mondiale de la révolution sociale initiée en Russie. Visant d'abord un désarmement moral, la Fédération internationale des associations d'instituteurs (FIAI) agit au sein de l'Institut international de coopération intellectuel (IICI) émanant de la SDN. Le texte examine les formes d'argumentations de chaque fédération, la façon dont elles s'accusent l'une l'autre de procéder à un enrôlement idéologique de la jeunesse, ainsi que les controverses internes auxquelles chacune est confrontée, concernant précisément la question de la liberté de conscience de l'enfant.

Mots clés : instituteurs syndicalistes, liberté de conscience, pacifisme, révolution sociale.

Abstract In the 1920s, the question arose as to how primary schooling, having been suspected of fostering pre-war bellicosity, could contribute to the edification of a pacified world. At the initiative of French unionised teachers, two international federations were created, exhibiting rivalling strategies. The Education Workers' International (EW) envisaged peace solely through the lens of a worldwide extension of the social revolution initiated in Russia. Focusing first and foremost on the issue of moral disarmament, the International Federation of Teachers Associations (IFTA) worked within the International Committee on Intellectual Cooperation (ICIC) which stemmed from the League of Nations. The chapter examines the lines of argumentations advanced by each federation, the manner in which they accused each other of resorting to ideology-based youth enrolment, as well as the internal controversies that confronted the federations, specifically pertaining to the issue of the child's freedom of conscience.

Keywords : Unionised teachers, freedom of conscience, pacifism, social revolution

Ce texte s'inscrit dans le cadre d'une problématique générale qui concerne la question de savoir comment l'idée d'un rôle émancipateur de l'enseignement scolaire est réinterprétée ou remaniée en fonction des contextes politiques, notamment dans les périodes de crise (guerres, révolutions) où renaît l'ambition de former un homme nouveau et de parier sur la jeunesse pour changer le cours du monde. Dans de telles périodes, nombre de penseurs et d'éducateurs sont portés par la conviction de la force déterminante de l'éducation, selon des modalités très disparates en fonction des options politiques des divers courants étudiés. Dans les années 1920 sur lesquelles porte cette étude, tous ceux qui, en dépit de leurs multiples divergences, se reconnaissent dans la perspective d'une profonde transformation du monde – qu'il s'agisse de pionniers de l'Éducation nouvelle, d'enseignants, de philosophes, de syndicalistes ou de dirigeants politiques réformateurs – sont confrontés à des questions complexes qui portent sur la façon de concevoir les conditions pédagogiques adaptées à une éducation qui parviendrait à prémunir les générations nouvelles (et les peuples qu'on imagine se dessiner à travers elles) contre toute tendance belliciste ou destructrice.

Centrées sur les enseignants du primaire, les analyses qui suivent confrontent deux grandes causes. L'une, ravivée par le traumatisme de la guerre, concerne la perspective d'une réconciliation des nations ; l'autre, nourrie par la Révolution russe, vise la généralisation d'un processus révolutionnaire qui aboutirait à surmonter les contradictions sociales au niveau mondial. Ces causes, sans être inédites[1], connaissent

---

1   La contribution de C. Heimberg, dans le chapitre 1 du présent ouvrage, en analyse précisément les enjeux au tournant des 19e et 20e siècles.

un essor nouveau et marquent fortement des enseignants convaincus de la nécessité de réinterpréter les finalités éducatives dans un contexte où s'exacerbe la tentation d'assigner à la jeunesse un nouveau rôle historique, tentation que connaissent tous ceux qui visent la fraternisation des peuples ou la transformation radicale des sociétés.

L'*internationalisme*, même entendu en des sens différents, est un trait commun de ces mouvements. Or, parmi les diverses organisations internationales qui, durant les années 1920, cherchent à repenser les systèmes d'enseignement et les pratiques éducatives dans une perspective internationaliste, celles dont se dotent les instituteurs présentent un intérêt particulier. Pour deux raisons. D'abord, ces organisations rassemblent ceux qui, en charge de l'éducation et de l'instruction de l'enfance et de la jeunesse, sont les principaux acteurs de la mise en œuvre des politiques scolaires. Ensuite, pour une partie d'entre eux, ces instituteurs entretenaient déjà un rapport critique avec leurs propres institutions d'État[2], interrogeant l'adéquation des dispositifs pédagogiques institutionnels à leur visée démocratique proclamée. Dès lors que les finalités de l'école prennent une dimension mondiale, la frange militante du monde primaire s'estime investie d'une nouvelle mission revendicative et critique, appelant des échanges et des collaborations entre des corps enseignants homologues de nations différentes.

Les analyses qui suivent se fondent sur les sources où se donnent à lire les stratégies développées par ces associations pour penser un internationalisme éducatif et chercher à le rendre opératoire au sein de l'enseignement. Elles partent de l'hypothèse que l'étude de ce corpus argumentatif peut nous permettre d'élucider la manière dont les individus et les groupes prennent en charge et résolvent les questions et les contradictions qu'ils rencontrent durant cette période. Au premier rang de ces questions, celle de savoir comment on peut vouloir œuvrer à l'émancipation des générations nouvelles, ouvrir pour elles un horizon de liberté, tout en cherchant à les enrôler dans des causes politiques, fussent-elles les plus généreuses ou les plus justes. Or il faut à ce sujet être attentif au fait que les militants à l'initiative de la création de ces deux internationales sont, dans les deux cas, des militants français ; et

---

2   Ce que démontre aussi A. Nóvoa, en examinant les échanges au sein de la LIEN lors du Congrès de Locarno de 1927, et plus particulièrement le positionnement de Ferrière, qui est alors le vice-président de la Ligue (chapitre 9).

on observe qu'ils déterminent leurs positions dans les débats à partir des perspectives critiques qui ont marqué depuis le début du siècle l'essor du syndicalisme chez les instituteurs, en particulier celles relatives à l'esprit laïque dans l'enseignement, et qui mettent en jeu la question de la liberté de penser des élèves.

Les transformations du débat au cours des années 1930, durant lesquelles les problématiques se déplacent nettement, ne sont pas abordées ici.

DES ASSOCIATIONS EN RIVALITÉ ET AUX PRISES À DES CONTROVERSES INTERNES

Deux grandes associations internationales d'instituteurs nous intéressent particulièrement. D'une part, l'Internationale des travailleurs de l'enseignement (ITE), créée par les instituteurs français appartenant à la Fédération unitaire de l'enseignement (FUE), et dont les statuts définitifs sont adoptés en 1922. Marquée par le syndicalisme révolutionnaire et le communisme, tournée vers la Russie soviétique, elle se rapproche de l'Internationale syndicale rouge (fondée à Moscou en 1921) mais n'y adhère pas, gardant ainsi son autonomie (Frajerman, 1992, pp. 5–6). D'autre part, la Fédération internationale des associations d'instituteurs (FIAI), créée quant à elle en 1926 à l'initiative du Syndicat national des instituteurs français (SNI), est réformiste ; ses deux secrétaires généraux sont français et jouent un grand rôle dans l'orientation de ses activités, qui s'inscrivent dans le cadre de l'Institut international de coopération intellectuelle (IICI) installé à Paris et lié à la Société des Nations.

Il s'agit ici de confronter ces deux organisations, d'examiner la manière dont elles s'emparent de la cause révolutionnaire et/ou de la cause pacifiste. En comparant les discours développés par ces deux organisations internationalistes, on peut mieux comprendre la façon dont se construisent les différentes postures de conviction dans un contexte où l'école recevait de toute part l'injonction de contribuer à construire un monde nouveau.

La première difficulté rencontrée par tous ces acteurs réside dans le fait qu'ils avaient souvent été parmi les premiers, avant la Première Guerre mondiale, à dénoncer les politiques éducatives menées par les États-nations pour leur manière de promouvoir des formes de républicanisme qu'ils jugeaient socialement conservatrices (Mole, 2010) et d'inculquer un patriotisme dont ils dénonçaient les périls (Loubes, 2001). L'enseignement scolaire, rétrospectivement incriminé dans le développement du bellicisme avant 1914, devait repenser sa visée émancipatrice dans une perspective internationaliste.

Nourrissant de nouvelles espérances et de nouveaux débats, les deux formes d'internationalisme – l'idéal révolutionnaire et l'idéal pacifiste – ne définissent pas des univers étanches. Les deux fédérations internationales, qui conduisent des analyses très divergentes, se trouvent être animées par des instituteurs partageant souvent des convictions sociales très proches. Mais pour les uns, le progrès vers la justice sociale est subordonné au développement de la lutte des classes par-delà les frontières ; tandis que pour les autres, ce progrès aura pour condition préalable le désarmement moral des peuples, c'est-à-dire la capacité à développer un climat favorable à la compréhension internationale. Ces options induisent un conflit à la fois idéologique et stratégique relatif aux formes d'émancipation que l'enseignement scolaire devrait contribuer à promouvoir.

Il faut remarquer qu'aux clivages entre l'ITE et la FIAI s'ajoutent des désaccords au sein même de chacune des deux fédérations. Ces tensions internes tiennent aux contradictions qui surgissent entre certains principes politiques fondateurs de l'institution scolaire auxquels les instituteurs sont attachés et les options pédagogiques que leur suggèrent leurs nouveaux engagements. Le principe laïque, par exemple, diversement interprété mais très prégnant dans le contexte français, porte certains instituteurs à faire du respect de la liberté de conscience des élèves une règle intangible, et à développer chez eux prioritairement l'exercice du libre examen et l'esprit critique. Ce principe était revendiqué avant-guerre par les instituteurs syndicalistes dans la perspective d'une émancipation politique et sociale des enfants de la « classe des producteurs » (syntagme désignant la classe ouvrière et paysanne) à partir d'une revendication d'indépendance de l'enseignement à l'égard des pouvoirs établis, inspirée de Condorcet. Les nouvelles causes pacifiste ou révolutionnaire des années 1920 mettent ce principe laïque à l'épreuve de nouvelles tensions.

Il s'agit donc d'étudier les conflits qui opposent entre elles ces deux fédérations internationales, et d'observer aussi ceux qui se produisent à l'intérieur de chacune d'elles à l'occasion de leurs débats relatifs aux choix pédagogiques et à l'adéquation de ces choix aux causes qu'elles portent.

Révolution, pacifisme : des causes convergentes ou antagonistes ?

Dans les statuts qu'elle adopte en 1922, l'ITE associe à la lutte des classes pour l'émancipation des travailleurs deux autres principes aux enjeux plus directement éducatifs : la « lutte contre l'impérialisme, la guerre et l'esprit de haine entre les peuples » et l'« établissement d'une École rationnelle et humaine pour tous les enfants du monde » (ITE, 1922a, p. 3). La recherche d'une école adaptée aux besoins de la classe ouvrière est posée comme la condition d'une préparation des générations nouvelles à une société socialiste. Certes cette ambition politique n'est pas nouvelle, elle se rencontrait déjà chez les instituteurs syndicalistes révolutionnaires d'avant-guerre[3], mais elle se prévaut désormais de la Révolution russe et de la perspective de son extension internationale.

La FIAI, quant à elle, entend « rapprocher la masse des instituteurs allemands de la masse des instituteurs français » (FIAI, 1927c, p. 11) et se situe dans une logique de réconciliation des nations. Elle privilégie la recherche des conditions d'une collaboration pédagogique internationale et participe, dans le cadre de l'Institut international de coopération intellectuelle (IICI), au Comité d'entente des grandes associations internationales au sein duquel s'implique également le Bureau international d'éducation (BIE), créé à Genève en 1925 (Hofstetter & Erhise, à paraître)[4].

Si la paix est bien une finalité revendiquée et proclamée par tous au début des années 1920, deux mondes s'opposent : la sphère d'influence de la Russie soviétique et celle de la SDN. Deux conceptions de la paix en résultent. Pour la FIAI, « Une éducation des enfants de tous les pays orientée vers la compréhension des peuples » (FIAI, 1927c, p. 11) peut se développer dans la zone d'influence de cette instance de régulation occidentale qu'est la SDN, même si celle-ci ne revendique aucune prérogative en matière d'éducation. Ce pacifisme repose donc sur une option universaliste visant l'union des hommes de toutes nations et revendique une relative indépendance vis-à-vis des enjeux proprement sociaux et politiques. La recherche d'un consensus réformiste apparaissait d'ailleurs impérative : comme l'explique le secrétaire général Louis Dumas, « Le

---

3   Comme l'a démontré C. Heimberg, dans le chapitre 1 de cet ouvrage.
4   Voir également les chapitres 2 et 8 qui documentent certaines facettes du travail du BIE de 1927 à 1946.

Deutscher Lehrerverein n'aurait pas accepté d'ouvrir des pourparlers en vue de constituer cette internationale s'il n'avait eu la conviction qu'elle ne serait neutre au point de vue politique » (Dumas, 1927, pp. 2–4). En outre, les associations adhérentes ne sont pas nécessairement de nature syndicale.

À l'inverse, l'analyse révolutionnaire part du présupposé selon lequel tout projet pédagogique et politique ne prenant pas en compte la primauté de la lutte des classes est condamné à faire le jeu des forces politiques qui entretiennent le mirage d'une pacification possible du monde capitaliste. Au premier rang de ces forces politiques, la SDN n'est vue que comme un instrument de l'impérialisme capitaliste, et toute éducation prétendument pacifiste qui se développe sous son influence présente un péril pour le progrès social et la paix dans le monde. Pour l'ITE, l'ambition éducative universaliste de la FIAI est donc prisonnière des illusions nourries par les partis politiques et les États ralliés aux orientations de la SDN. Le capitalisme portant en germe la guerre, il est vain d'imaginer que l'école puisse détenir un pouvoir sur le cours des choses : « Ce n'est ni l'enfant ni l'Instituteur qui donneront la paix au monde, mais le poing armé du Travailleur », déclare Léon Vernochet, secrétaire général de l'ITE (FIAI, décembre 1927, p. 14 ; Frajerman, 2001). Formulée en ces termes radicaux, l'analyse paraît reposer sur la conviction qu'on ne saurait œuvrer par l'éducation à la réconciliation des nations tant que la lutte des classes n'aura pas mondialement engagé le processus révolutionnaire devant aboutir à l'abolition des classes elles-mêmes, seule condition d'un monde pacifié. Les stratégies pédagogiques de l'ITE montrent cependant, comme on va le voir, une position plus complexe.

Un optimisme pédagogique illusoire ?

Les divergences entre réformistes et révolutionnaires portent donc en grande partie sur le rôle et la place que l'on peut raisonnablement accorder à l'éducation dans l'avènement d'un monde meilleur. Au sein de la FIAI, la croyance dans le pouvoir de l'éducation sur la construction de la paix s'exprime parfois avec ferveur : « Si les parlements et les lois ont le signe de la puissance, c'est l'instituteur qui fait la grandeur du pays et qui peut faire pour la paix plus que les gouvernements et plus que toutes les lois. L'instituteur doit être le prophète de la paix », déclare C. W. Cowen, président de la *National Union of teachers* (FIAI, 1930b, p. 43).

C'est précisément à dénoncer les illusions politiques dont cette foi éducatrice serait porteuse que s'emploient les instituteurs révolutionnaires. Toutes les tentatives de fonder la promotion de la paix principalement sur l'éducation sont *a priori* discréditées. Par son pari éducatif, la FIAI s'enfermerait dans une entreprise vouée à l'échec. Pire, elle se rendrait complice d'un projet de domination, l'engagement pacifiste sdéniste ne devant être considéré autrement que comme un avatar du bellicisme d'avant-guerre, un « faux pacifisme […] camouflage de l'impérialisme ». Parce qu'elle a été créée par les puissances victorieuses, la SDN n'est qu'« un organisme au service des grandes nations impérialistes destiné à couvrir et autoriser leurs exactions » (Boyer, 1928, p. 102). L'argument de l'*inanité* se redouble d'un argument de l'*effet pervers* – pour reprendre ici les concepts d'Hirschmann (1991) – selon lequel toute action politique vaine n'est pas seulement vaine mais aboutit inévitablement à une coupable compromission avec les forces dominantes avec lesquelles on consent à la conduire.

Nous retrouvons le même type d'argument à l'encontre du Bureau international d'éducation (BIE). À l'occasion de son congrès de 1928, l'ITE déplore que le BIE soit, en dépit de ses protestations d'indépendance, inféodé à la SDN, et qu'il promeuve une éducation pacifiste purement verbale puisqu'il est impuissant à dénoncer les manuels scolaires bellicistes encore largement répandus parmi les pays belligérants[5]. Le BIE, qui revendique la neutralité de son projet et de sa démarche, se voit donc accusé de complaisance et de faiblesse à l'égard des États qu'il déclare pourtant vouloir enrôler dans une éducation pacifiste. Même si les archives du BIE attestent un échange d'informations avec l'ITE, celle-ci refuse toute collaboration (Hofstetter & Mole, 2018). En revanche, la FIAI est en relation continue avec le BIE dès 1927 au sein du Comité d'entente des grandes associations internationales et coopère à diverses reprises avec lui. Au Congrès de Bellinzone, en 1929, Dumas salue le discours de son directeur Pierre Bovet et « souligne la valeur de son offre de documentation » (FIAI, 1929a, p. 10). Au congrès de Stockholm de 1931, notamment, la FIAI s'appuiera sur les enquêtes conduites par le

---

5   Nous renvoyons au chapitre suivant, de X. Riondet, pour une analyse approfondie des efforts d'entre-deux-guerres pour combattre le bellicisme des manuels scolaires et aux chapitres 2 et 8 pour le positionnement du BIE à l'égard des organismes internationaux, dont la SDN, l'IICI et le CICR.

BIE et le BIT sur la question de « la scolarité obligatoire de l'enseignement post-scolaire » (FIAI, 1931, pp. 20–22).

Un pacifisme propagandiste ?

Un examen détaillé des positions s'exprimant au sein de la FIAI montre cependant que leurs dirigeants cherchent à prendre en compte certaines des critiques révolutionnaires et à y répondre. Dans leur programme, formulé en 1927, ils se montrent soucieux de ne pas apparaître sous influence idéologique, quelle qu'elle soit. Ils déclarent ne pas avoir « l'intention de créer ou de reprendre un illusoire enseignement pacifiste », surtout si celui-ci devait consister à « endoctriner les âmes enfantines ». En énonçant un principe d'éducation politique selon lequel « la flèche de la vérité est infiniment plus redoutable à la guerre que toute tentative de catéchisation des esprits » (FIAI, 1927a, p. 4), ils cherchent à la fois à démentir toute allégeance à la SDN et à dénoncer le dogmatisme qu'ils voient dans les stratégies de l'ITE.

Mais cette orientation est celle de la direction de la Fédération. On remarque que les positions adoptées par les associations nationales sont variables sur ce plan et pas toujours en adéquation avec cette clause de principe. En Grande-Bretagne, en particulier, la *National Union of Teachers* avait voté, à partir de 1923, une motion en faveur de la Société des Nations à chacun de ses congrès annuels. Devenue membre de la FIAI, elle explique collaborer avec l'Union pour la Société des Nations en vue de faire connaître la SDN dans les écoles de la Grande Bretagne :

> L'Union pour la SDN, en accord avec les associations d'instituteurs et les Directions scolaires locales, fournit des orateurs dans plusieurs centaines de meetings d'instituteurs. Des conférences ont été également faites au personnel enseignant […]. La plupart de ces conférences ont été reproduites en brochures à l'usage des maîtres. L'Union pour la SDN a également encouragé les congrès annuels des associations d'instituteurs à discuter l'introduction de l'enseignement de la SDN dans les écoles. (FIAI, 1928a, pp. 23–24).

Sans attendre un changement des programmes scolaires, l'association britannique explique en outre soutenir une propagande massive en direction des élèves et de la jeunesse en général :

> L'Union pour la SDN a organisé plus de 1 500 réunions dans les écoles et plus de 200 000 enfants ont été touchés par sa propagande. La TSF, pendant des heures de classes, a été utilisée pour faire connaître la SDN. L'Union pour la SDN a fourni des conférenciers à toutes les organisations de jeunesses qui ont fait appel à son concours : boy-scouts, girl guides, et clubs de jeunes gens, boys life brigade, etc. Des compositions écrites ont été proposées aux élèves, avec l'agrément de l'administration locale, sur le thème de la SDN. Une brochure : *Les Instituteurs et la paix du monde*, a été éditée par les soins de l'Union pour la SDN et 20 000 exemplaires en ont été distribués […]. Pour les enfants, des tracts tels que *Les Nouvelles de la SDN* (trimestriel, tirage : 30 000), et la *Merveilleuse SDN*, font connaître l'esprit de la SDN et son activité. Des collections de plaques pour projections ont été réunies pour illustrer des conférences spécialement écrites pour les enfants. Deux films avec notice ont également été préparés. […] Plus de 200 000 enfants ont assisté à la projection de ces films. (FIAI, 1928a, pp. 23–24).

La *National Union of Teachers* assume pleinement ces actions scolaires en faveur de la paix et explique que celles-ci se déploient en Grande-Bretagne « conformément aux recommandations du Comité d'experts pour l'enseignement aux enfants et à la jeunesse de l'existence et des buts de la Société des Nations, exprimés dans le document A-26, 1927, XII, émanant de la Société des Nations » (FIAI, 1928a, pp. 23–24). L'effort de diffusion de la cause pacifiste au sein de la jeunesse s'inscrit donc dans le cadre d'une propagande revendiquée comme légitime en faveur de l'action de la SDN. Remarquons que l'activisme de ces enseignants est emblématique du contexte britannique, où la *League of Nations Union* (LNU) – capable d'organiser plusieurs milliers de meeting durant la seule année 1927 et comptant jusqu'à 400 000 membres au début des années 1930 – témoigne d'un engagement bien supérieur à celui de toutes les autres associations composant l'Union internationale des associations pour la Société des Nations (UIASDN) (McCarthy, 2011 ; Guieu, 2012, p. 14). Comme l'explique McCarthy, cet enthousiasme collectif s'inscrit dans un ample processus de démocratisation de la culture politique britannique dans l'entre-deux-guerres (McCarthy, 2011, pp. 1–2) et traverse de multiples réseaux d'acteurs (associations pacifiques, églises, écoles…), même si l'intrusion de la politique dans les écoles suscitent aussi parfois des craintes relatives à de possibles dérives propagandistes (pp. 109–117).

À rebours de cette ferveur sdéniste de l'association britannique, le secrétariat de la Fédération revient à plusieurs reprises sur la position très nuancée qui lui paraît devoir être celle de la FIAI au sujet de la SDN. Dumas, secrétaire général et surtout Georges Lapierre, secrétaire général adjoint, instituteurs syndicalistes français du Syndicat national des instituteurs (SNI), se montrent comme les garants de cette vigilance critique.

À l'occasion du congrès de Berlin, au printemps 1928, une des résolutions du congrès porte sur la rédaction d'un livre de lecture, ouvrage extrascolaire, à l'usage des adolescents. Cet ouvrage ayant pour vocation de « montrer l'interdépendance croissante des peuples et la nécessité de leur coopération », Dumas précise qu'il ne saurait être question d'un « livre de propagande philosophique », ce qui serait « absurde », ni d'une « étude sur l'organisation de la Société des Nations », mais d'un « ouvrage intéressant l'enfant au passé et à la vie des peuples voisins » (FIAI, 1928b, p. 10).

L'année suivante, au Congrès de Bellinzone, dans son long rapport sur « L'école au service de la réconciliation des peuples », Lapierre précise à quelle condition un « enseignement de la Société des Nations » lui paraît concevable. Après avoir rappelé les actions conduites par les diverses associations et précisé que « chaque pays résout le problème selon les méthodes qui traduisent sa conception générale de l'enseignement », le secrétaire général adjoint formule une ferme mise au point : « Une observation importante mérite d'être faite : je traduirai, j'espère, la pensée de tous, en indiquant que cet enseignement de la Société des Nations ne saurait être une apologie systématique de l'œuvre de la SDN. » Puis, reprenant une déclaration de la section bulgare relative au scepticisme que peuvent légitimement susciter « les contradictions qui existent entre les paroles et les actes des pays vainqueurs », Lapierre poursuit :

> Il n'est pas niable que la SDN n'a pas encore acquis le véritable esprit européen ou international, qu'elle est encore trop l'émanation des gouvernements au lieu d'être celle des peuples, et qu'il y a encore un long chemin à parcourir pour qu'elle soit vraiment l'expression démocratique internationale. Aux instituteurs, comme à toutes les Associations nationales et internationales de s'y employer. (Lapierre, 1929, pp. 47–48).

Dans cette possible évolution de la SDN, le rôle de l'enseignement primaire lui paraît primordial : « Entre toutes les forces qui peuvent contribuer à faire régner la paix sur la terre, celle des instituteurs est parmi les plus grandes » (Lapierre, 1929, p. 50).

Proposant une motion formulant une « réserve » à l'égard de la SDN, Lapierre explique que, « bien que partisans résolus d'une Société des Nations », les instituteurs « en perçoivent aussi les faiblesses » et doivent la présenter aux élèves « non comme une réalisation définitive et parfaite, mais comme une de ces œuvres humaines qui se perfectionnent par une suite d'efforts persévérants » (FIAI, 1929b, p. 20). Georges Oprescu, délégué au congrès par la Commission internationale de coopération intellectuelle, prend la parole pour défendre la SDN contre « la critique que paraît impliquer la réserve incluse dans la motion soumise au congrès » (FIAI, 1929b, p. 23). La motion, dont Lapierre explique qu'elle n'est pas une « critique à l'égard de la SDN » mais qu'elle « marque le sens d'une évolution nécessaire », est finalement adoptée à l'unanimité :

> Les associations d'instituteurs adhérentes à la Fédération internationale se déclarent résolues à donner, dans les écoles, un enseignement de la SDN ; celle-ci étant considérée comme susceptible de devenir l'émanation de plus en plus directe de la volonté des peuples. (FIAI, 1929b, p. 23).

La position de la FIAI au sujet de la SDN est donc délicate. Loin d'une approbation aveugle de la forme qui a été donnée à la SDN par les puissances victorieuses, la FIAI confirme cependant que la paix du monde se construira dans les perspectives que celle-ci aura ouvertes. Un important texte de cadrage intitulé « Les caractères de la Fédération » mobilise un argumentaire dont tout indique qu'il vise autant à dénoncer la subordination de l'ITE au bolchévisme qu'à démentir toute allégeance de la FIAI à la SDN :

> La Fédération, née librement, est soucieuse de poursuivre sa route en toute indépendance. Elle ne travaille ni pour un gouvernement, ni pour un groupe de gouvernements. Elle n'est ni l'émanation officieuse d'un parti politique, ni l'agent subreptice d'aucune propagande. (FIAI, 1927d, p. 15).

On peut remarquer que c'est durant cette période que le terme *propagande*, qui désigne en premier lieu les modes d'action nécessaires à la propagation d'une conviction, commence à être affecté d'une connotation péjorative. Il faut également préciser ici que Lapierre, qui joue un rôle clé dans les débats pédagogiques et syndicaux dans l'entre-deux-guerres (Mole, 2015a), apparaît clairement comme la véritable cheville ouvrière de la Fédération, au point que la FIAI est parfois désignée, par raccourci, *Fédération Lapierre* durant les échanges au sein du Comité d'entente des grandes organisations internationales.

Un dogmatisme révolutionnaire voué à la marginalité ?

Le pacifisme porté par la FIAI, à travers les positions officielles que ses secrétaires généraux font adopter au sein de son bureau exécutif, devrait donc être soustrait à toute tentation propagandiste partisane et, écartant ainsi toute querelle qui pourrait être jugée sectaire, tendre à prendre la forme d'un unanimisme.

C'est à partir de cette optique que la stratégie de l'ITE est récusée. « En raison du nombre extrêmement restreint des associations d'instituteurs qui subordonnent leur action corporative à une idéologie politique, interprétation très particulière de la conception marxiste de la société » (Dumas, 1927, p. 2), l'ITE serait incapable de constituer une internationale d'ampleur. Déclarant avoir notamment pour premiers membres « 150 000 instituteurs d'Allemagne, 121 000 instituteurs de Grande-Bretagne, 78 000 instituteurs de France, et 12 000 collègues hollandais » (Dumas, 1927, p. 4), la FIAI se targue d'être la seule organisation internationale capable de rassembler massivement des instituteurs par-delà les frontières à la fois étatiques et idéologiques[6]. En y ajoutant l'adhésion d'associations de Bulgarie, de Tchécoslovaquie, de Suède, de Suisse, des Pays Baltes, de Yougoslavie et de Pologne, la FIAI compte, en 1927, 412 000 adhésions ratifiées. En préambule à son rapport sur « l'école au service de la paix », au congrès de Bellinzone en 1929, Lapierre va jusqu'à désigner les quelques dizaines de délégués présents comme les représentants des « maîtres de quinze millions d'enfants du peuple »[7]. La fédération atteint alors 540 000 membres pour 16 nations représentées. Constituant l'axe de défense central de la FIAI, cet argument quantitatif ne consiste pas à réfuter directement le fondement théorique des

---

6   Comme le BIE (chapitre 2), la FIAI se confrontera à la *World Federation Education Association* dans leur réciproque quête de légitimité.

7   Georges Lapierre, « L'école au service de la paix », Archives de l'IICI (B-IV-30 : Fédération internationale des associations d'instituteurs, 1925–1939). Archives de l'Unesco.

analyses de l'ITE, notamment sa dimension marxiste, mais à en dénoncer le caractère dogmatique et à prédire à cette organisation – qualifiée de « concile doctrinaire » (FIAI, 1927d, p. 15) – une inéluctable marginalisation internationale. On ne peut manquer d'interroger au passage l'effectivité de l'engagement internationaliste d'adhérents d'associations nationales qui se voient automatiquement comptabilisés comme membres d'une internationale dès lors que leurs associations y adhèrent.

Outre la Fédération unitaire de l'enseignement (française), l'ITE rassemble dès 1922 des syndicats d'instituteurs révolutionnaires d'Allemagne, d'Espagne, d'Italie, du Luxembourg, de Tchécoslovaquie et de Bulgarie. Revendiquant de son côté 600 000 membres en 1924, après l'adhésion de la section russe (ITE, 1924, p. 1), l'ITE dénonce les compromissions auxquelles la fédération réformiste est conduite du fait de sa stratégie de large unité. Lorsque le SNI et la FIAI organisent au printemps 1928 un voyage de 47 instituteurs français en Europe jusqu'au congrès de Berlin de la FIAI, l'Internationale révolutionnaire déplore, par la voix de son secrétaire général Vernochet, cette « croisade pacifique organisée à travers l'Europe centrale » (cité par Frajerman, 1992, p. 157). Les « réceptions organisées dans de nombreuses villes avec la participation de personnages officiels, y compris des ambassadeurs français » lui paraissent la preuve d'une « absence totale de contenu anti-impérialiste » dans les activités de la fédération réformiste, comme l'explique Frajerman (1992, p. 157).

En France, certains des instituteurs du SNI – une « minorité combative », selon Péron (1928, p. 23) – n'étant pas insensibles à la critique révolutionnaire, le secrétariat de la FIAI procède à une méticuleuse mise au point stratégique. Il s'agit à la fois d'écarter la tentation d'un rapprochement avec l'ITE jugée sectaire et d'attester la stratégie d'ouverture de l'organisation réformiste. Le sectarisme que la FIAI entend dénoncer chez les militants révolutionnaires résiderait dans l'affirmation de la lutte des classes comme seul processus historique possible. Opposée à toute démarche susceptible de diviser les corps enseignants, l'organisation réformiste se refuse à s'inscrire dans une logique politique qui reviendrait à attaquer « les ligues internationales reliant des individualités et des groupements minuscules ». Face à une organisation révolutionnaire perçue comme monolithique, les représentants de la FIAI se plaisent à valoriser les « associations hybrides », les « formations disparates », les « poussières d'associations », et affirment de manière quelque peu œcuménique que « tout effort pour la coopération pédagogique, et tout effort de collaboration pour la paix doivent être encouragés » (FIAI, 1927d, p. 15). Cet engagement pacifiste de la FIAI se caractérise par un volontarisme et une foi pédagogiques susceptibles de se nourrir d'une pluralité de références et suppose de pouvoir fédérer des acteurs et des mouvements hétérogènes. Franck Goldstone, délégué de la *National Union of Teachers*, déclare même en 1929 : « Dans les grandes associations, il y a de la place pour tout le monde, à droite comme à gauche, et à l'extrême-gauche » (FIAI, 1930a, p. 43). Expliquant faire le choix d'une conception ouverte et « coopérative » de l'action internationale, la fédération réformiste se défend cependant de toute « illusion » :

> Le secrétariat n'ignore pas qu'il y a des causes profondes, tenant à la structure même de la société, qui gênent et parfois stérilisent l'effort vers le mieux […]. Il aborde les problèmes sans préjugé et sans optimisme. Il en reconnaît la complexité. (FIAI, 1927d, p. 15).

Et c'est précisément au nom de la prise en compte de cette complexité que le secrétariat de la FIAI refuse de « se soumettre à une idéologie dogmatique exclusive et intolérante » (FIAI, 1927d, p. 15), idéologie jugée caractéristique de l'ITE, et liée à la « prépondérance incontestable du Syndicat russe » en son sein, explique Lapierre (FIAI, 1927e, p. 14).

PÉDAGOGIES PACIFISTES ?

Les divergences entre réformistes et révolutionnaires doivent être interrogées également au plan pédagogique. Elles portent sur le rôle et la place qu'il faut ou non accorder à l'éducation dans l'avènement d'un monde nouveau.

La principale attaque formulée par les révolutionnaires à l'encontre de l'éducation pacifiste consiste, comme on l'a vu, à dénoncer les illusions politiques dont elle serait porteuse. Or les dirigeants de la FIAI estiment qu'en affrontant et en ébranlant la grande ambition éducative du moment, cette critique radicale ne peut que conduire les enseignants à une forme de pessimisme pédagogique. Selon les réformistes, l'instituteur mais aussi l'institution scolaire elle-même doivent assumer la conviction et l'engagement inhérents à leurs missions. Et dans le contexte de l'après-guerre, contrebalancer les logiques bellicistes qui déchirent le monde relève à la fois d'un devoir et d'une exigence de dignité professionnelle : « Voués à une tâche d'éducation, nous avons la probité de croire en son utilité ; nous avons la fierté de croire à sa grandeur », déclare Lapierre qui, s'il se défend de tout « optimisme béat », récuse surtout le « pessimisme paralysant » de l'ITE qui « nie la valeur de toute action éducative ». Affirmant ne céder à aucun aveuglement, il évoque un devoir dont le point d'aboutissement peut s'avérer incertain mais dont la vigueur de l'engagement doit être indéfectible : « Dussions-nous accomplir un travail vain, à la manière des Danaïdes, nous pensons que la valeur de l'enjeu mérite bien quelque persévérance. » (Lapierre, 1929, p. 43).

L'idéal pacifiste a-t-il pu, dans ces conditions, constituer un facteur de renouvellement éducatif ? Au premier abord, on a surtout affaire à la réaffirmation de principes ordinaires de l'éducation morale, mais auxquels la FIAI entend d'abord donner une extension nouvelle : « Les instituteurs s'appliqueront à faire comprendre à leurs élèves qu'ils ont des obligations à remplir, non seulement envers leur famille et leur patrie, mais aussi envers tous les peuples de l'univers » explique le syndicat français (Lapierre, 1928, p. 16). Du proche au lointain, il y aurait donc une continuité possible de l'obligation morale qui devrait permettre d'« élever les enfants à la compréhension de la solidarité universelle » (p. 17). Mais il faut remarquer que les devoirs envers l'humanité entière sont justifiés moins par des motifs affectifs ou moraux que par la prise en compte d'une « interdépendance de fait toujours croissante » entre les peuples. Il s'agirait surtout de faire entendre aux élèves que « la civilisation est l'œuvre commune de tous les peuples, y compris ceux que l'Histoire a le plus durement opposés », explique Lapierre (1928, p. 16), qui reprend ici une formule de la Déclaration du Comité d'entente des grandes associations internationales, dont la FIAI est membre[8].

C'est pourquoi, à partir et au-delà de la critique des manuels nationaux, le projet d'un manuel d'histoire international paraît le plus à même de contrer les logiques bellicistes :

---

8   Rapport annuel du Comité d'entente des grandes associations internationales. 2e année, 1926–1927. *Déclaration du Comité d'entente*, 145_C-5-1-124, Archives du BIE. Sous la houlette de l'IICI, ce Comité d'entente rassemble ainsi nombre des associations et ligues examinées dans cet ouvrage, à l'exemple du Bureau international d'éducation, du Conseil international des femmes et du Bureau international bahá'í.

> Si [la FIAI] borne son action à éliminer des écoles les livres imprégnés d'esprit belliciste, elle accomplit seulement une œuvre négative, elle ne crée pas, parmi les peuples un esprit de compréhension. Quelle peut être sa tâche constructive ? Esquisser largement, dans une histoire universelle, le chemin parcouru par l'humanité, à travers les âges, en mettant en relief les efforts accomplis par chaque peuple pour arriver à un degré de civilisation supérieur. (Dumas & Lapierre, 1927, p. 3).

L'éducation pacifiste ne saurait donc se résumer à une condamnation de la guerre. Elle affirme la possibilité d'un unanimisme moral fondé sur la reconnaissance du rôle joué par tous les peuples dans l'histoire et sur l'affirmation implicite de leur égale dignité. En découle une prescription pédagogique qui revient à exclure toute question controversée dans les classes : « Les instituteurs […] écarteront de leur enseignement toute parole susceptible de porter atteinte à cette compréhension internationale et à cette volonté de paix » (Lapierre, 1928, p. 16). Même si elle n'occulte pas les conflits, l'éducation pacifiste ainsi définie paraît devoir nécessairement consister à penser les conditions de possibilité d'un consensus politique dans le monde. Elle doit « instruire les enfants et les hommes de tous les faits par lesquels, dans le passé comme dans le présent, se sont traduits ou s'expriment les antagonismes comme les efforts associés ou convergents des peuples » (Lapierre, 1929, p. 46).

Cette compréhension des peuples entre eux sera rendue accessible aux enfants notamment par une éducation du sentiment. Lorsqu'il s'agit de préciser la condition d'élaboration d'un livre de lecture, que nous avons évoqué plus haut, la FIAI explique qu'il devra être « conçu en tenant compte du développement intellectuel de l'enfant et des données de la psychologie et de la pédagogie ». Ouvrage pour la paix, mais aussi ouvrage « vivant, attachant, émouvant », il devra « satisfaire aux besoins du cœur, donner un aliment aux aspirations sentimentales », et même « romantiser le monde », explique Lapierre (1929, p. 46). La formation de générations nouvelles pacifistes reposerait donc largement sur une culture de la sensibilité et sur l'ouverture de cette sensibilité à l'humanité tout entière. Les divers projets envisagés – une revue internationale pour les enfants, des voyages et échanges de maîtres et d'élèves, l'organisation de semaines pédagogiques, de camps internationaux de vacances, etc. – sont censés y contribuer (FIAI, 1927b, p. 9). Indiquons au passage que lorsqu'il reçoit le prix Nobel de la Paix en 1927, Ferdinand Buisson, qui apportait un soutien constant aux instituteurs syndicalistes depuis le début du siècle, estime que la FIAI est l'une des associations qui portent le mieux les espoirs de paix et la désigne parmi les bénéficiaires du montant du prix.

FORMER UN RÉVOLUTIONNAIRE OU ÉDUQUER UN ESPRIT LIBRE ?

Bien qu'elle dénonce les illusions réformistes quant au pouvoir d'une éducation pacifiste, l'ITE s'intéresse cependant au plus haut point aux questions pédagogiques. Elle déclare vouloir « unir par-delà les frontières les éducateurs du monde entier » afin de « dégager de l'incohérence des procédés de l'école de classe actuelle une méthode rationnelle et humaine d'éducation » (ITE, 1922a, p. 3). Elle adopte même des résolutions assumant des orientations pédagogiques visant à développer un esprit pacifiste chez les élèves. Dès 1923, avant que la FIAI ne l'envisage elle-même, elle se donne le projet de rédiger un « manuel international d'histoire » ayant vocation à évoquer le rôle joué par les classes dominantes dans le développement du bellicisme et la force des prolétaires face aux nationalismes : « On ne combattra les haines nationales, qui rendent possibles et fatales les guerres, que par cette œuvre patiente, à la fois critique et constructive » (ITE, 1922b, p. 7). L'éducation pacifiste, qui n'a de sens qu'articulée à la lutte des classes, peut cependant s'inscrire dans une perspective universaliste :

> Nous pourrons [...] montrer comment les ploutocrates et les monarques alimentent les haines entre les peuples, camouflent pour des 'nécessités de classes' notre élémentaire droit à la vie. Nous étalerons par contre les rapports étroits, nécessaires, incontestables qui unissent les producteurs ; nous dirons bien haut [...] que les guerres ne font que des victimes, et qu'il est temps de faire dans nos écoles, non seulement des Français, des Allemands, des Anglais ou des Russes mais des *hommes*. (ITE, 1922b, p. 7).

Quand la FIAI projettera, elle aussi, la rédaction d'une histoire internationale de la civilisation visant à valoriser la collaboration internationale, l'ITE dénoncera la naïveté d'une histoire qui « se tairait sur les conflits entre États impérialistes » (Frajerman, 1992, p. 177). Notons qu'aucun de ces deux projets ne sera mené à son terme.

Mais la question essentielle qui nous intéresse plus particulièrement ici concerne les désaccords qui s'expriment au sein même de l'ITE
sur la question de savoir en quoi peut consister une éducation révolutionnaire. Différentes sections nationales se divisent sur cette question
et l'ITE ne parviendra que difficilement à une position unifiée. La section
russe annonce vouloir donner pour but à l'ITE de « faire comprendre
aux élèves le sens du mouvement ouvrier révolutionnaire » et de « leur
enseigner la solidarité fraternelle avec les travailleurs de tous les pays ».
À cette fin, elle entend « purifier » les programmes scolaires de l'« idéologie bourgeoise », de l'« abstraction, de l'académisme et de la scolastique »
(ITE, 1923, p. 532). Les arguments politiques contre une école de classe
sont donc associés à des arguments qui mettent en cause un traditiona-
lisme pédagogique. La critique politique et la critique pédagogique sont
censées en outre se fonder mutuellement.

Du point de vue de la section russe, une éducation révolutionnaire
doit former des révolutionnaires. Ce serait par conséquent une faute de
dissimuler aux enfants du prolétariat qu'ils appartiennent à une classe,
celle des victimes, et le devoir de tout éducateur est de préparer la jeunesse à l'assimilation des idées communistes, faute de quoi elle resterait
sans ressources. Seul un enseignement de classe, en somme, permettrait
aux générations nouvelles de penser et d'agir en vue de leur émancipation. Cette volonté de faire des élèves de futurs révolutionnaires,
revendiquée également par la section allemande, suscite une très longue
controverse au sein de la section française. Elle trouve y des partisans
qui estiment qu'il faut

> s'adresser au cœur de l'enfant, lui faire sentir l'injustice du sort de ses parents,
> du sien, de celui de leurs semblables, lui donner l'horreur de l'exploitation
> des travailleurs et l'horreur des exploiteurs, lui enseigner à n'attendre sa
> libération que de la solidarité avec ses pareils, éveiller, en un mot, en lui, la
> conscience prolétarienne. (Orlianges & Clavel, 1924, p. 310).

Mais les partisans d'un enseignement respectueux de la liberté de l'enfant, François Bernard en tête, ne peuvent se rallier à l'inculcation de
cette sensibilité politique. La position de Bernard repose sur l'idée qu'on
ne peut préjuger des formes politiques auxquelles aboutira le processus
historique d'émancipation. Même si elle constitue un espoir de transformation sociale à l'échelle mondiale, la Révolution russe ne saurait être
imposée aux élèves comme un modèle. La conviction politique d'un

enseignant ne peut pas fonder la validité d'un savoir à enseigner. Sur toutes les questions que les seuls savoirs scolaires ne peuvent suffire à élucider rationnellement, l'enseignant, qu'il soit pacifiste ou révolutionnaire, doit s'interdire tout endoctrinement :

> Les opinions qui nous sont chères, que nous cherchons à répandre autour de nous, et qui nous semblent si vraies que nous éprouvons parfois une sorte de volupté à souffrir pour elles, ces opinions ne sont pas évidentes, elles n'ont pas le caractère scientifique de la vérité […]. Elles ne relèvent que du raisonnement, rigoureux peut-être mais basé sur des prémisses controversées. C'est notre cœur, c'est notre désir qui affirment, plus encore que notre raison. Bref, nous y entrevoyons, fut-elle infinitésimale, une possibilité d'erreur. Ce peu suffit à nous commander l'abstention. (Bernard, 1923, p. 226).

Une éducation rationnelle et humaine doit donc écarter tout enseignement dogmatique et reposer sur le principe du libre examen. Si un enseignement public peut légitimement comporter une visée révolutionnaire, celle-ci résidera dans les conditions de développement d'un esprit critique chez les élèves. Or cet esprit critique ne peut être développé chez eux par un enseignement fondé sur l'apologie d'une idéologie politique en voie de réalisation, celle-ci fut-elle considérée comme la plus progressiste socialement. Seule une pensée libre, s'exerçant dans l'horizon ouvert de savoirs réflexifs, pourrait amener les élèves, s'ils en décident ainsi, à s'engager contre un monde injuste.

Après d'âpres discussions internes, la section française adopte une conception de l'émancipation de l'enfant jugée conforme au principe d'une *éducation rationnelle et humaine* parce que fondée sur le respect de sa liberté de penser. Cette controverse, analysée en détail ailleurs (Frajerman, 1992 ; Le Bars, 2005 ; Mole, 2015b), rebondit et débouche par la suite sur une résolution de compromis au sein de l'ITE.

CONCLUSION

Le projet pacifiste et le projet révolutionnaire ont nourri dans les années 1920 de nouvelles interrogations pédagogiques. Mais, ils ont aussi ravivé les dilemmes auxquels se confrontaient les enseignants qui voulaient penser la fonction politique de l'école dans un contexte historique mondialisé. En raison de la prégnance des enjeux internationaux et de l'urgence d'agir, la tentation d'instrumentaliser la jeunesse par l'éducation s'est accentuée à proportion des responsabilités historiques qui devaient désormais, pensait-on, lui incomber. Après avoir contribué à assoir les démocraties des États-nations, l'enseignement scolaire se voyait investi de nouvelles finalités plus amples encore qu'avant la Première Guerre mondiale, celle de faire advenir un nouvel ordre international.

La cause de la paix et celle de la révolution sociale ont eu en commun d'être nourries par de puissants idéaux de liberté. Mais, fondées sur l'ambition de transformer le monde, elles ont aussi parfois suscité des entreprises éducatives moins scrupuleuses à l'égard de la liberté de l'enfant. C'est bien la vigueur des espérances internationalistes – pacifiste ou révolutionnaire – qui ont pu conduire certains acteurs, au sein des fédérations d'instituteurs, à concevoir et à promouvoir de nouvelles formes d'enrôlement de l'enfance et de la jeunesse. Mais, comme nous l'avons vu, une contradiction majeure est apparue : comment promouvoir ardemment une cause, posée comme juste, et vouloir œuvrer à la liberté en devenir des enfants ? Entre certaines formes de propagande qui tendent à destituer le sujet auquel elle s'adresse, et la pensée critique, qui se refuse à assigner un futur déterminé aux générations nouvelles, les instituteurs ont parfois hésité.

On remarquera qu'au sein de ces deux fédérations internationales, les controverses relatives aux tendances doctrinaires des causes pacifiste ou révolutionnaire sont principalement animées par des instituteurs français. Ils y jouent un rôle prépondérant, non seulement parce qu'ils sont fondateurs de ces fédérations, mais aussi et surtout parce que, chez eux, les interrogations relatives au droit des élèves à la liberté de penser étaient traditionnellement structurantes. D'abord élaborés par la IIIe République pour résister aux revendications cléricales sur l'enseignement public, les principes laïques étaient alors constitutifs de la professionnalité de l'instituteur républicain. Ces principes avaient ensuite été progressivement retournés par les instituteurs syndicalistes, à partir des années 1900, contre le conservatisme social et politique de la IIIe République et ses propres tendances propagandistes. Cette culture de la résistance, accentuée par leur formation syndicale et politique, aura été confrontée à de nouvelles tensions dans le contexte des grandes causes éducatives des années 1920.

Références

Sources

Les textes non signés sont attribués aux associations (FIAI ou ITE)

Bernard, F. (1923). Neutralité (II). *L'École émancipée*, 30 décembre, pp. 225–226.

Boyer, J. (1928). D'un bourrage de crâne à l'autre. *L'École émancipée*, 11 novembre, pp. 100–103.

Dumas, L. (1927). Comment a été fondée la Fédération internationale des associations d'instituteurs. *Bulletin de la FIAI*, 1 (juillet), pp. 1–4.

Dumas, L. & Lapierre, G. (les secrétaires généraux) (1927). Réunion du bureau exécutif. Paris, 26–27 septembre 1927. *Bulletin de la FIAI*, 2 (décembre), pp. 2–5.

FIAI (1927a). Programme. *Bulletin de la FIAI*, 1 (juillet), p. 4.

FIAI (1927b). La conférence tenue à Londres les 22–23 avril 1927. *Bulletin de la FIAI*, 1 (juillet), pp. 5–10.

FIAI (1927c). Les statuts de la Fédération internationale des associations d'instituteurs. *Bulletin de la FIAI*, 1 (juillet), p. 11–12.

FIAI (1927d). Les caractères de la Fédération. *Bulletin de la FIAI*, 1 (juillet), p. 15.

FIAI (1927e). En France, le congrès du Syndicat national des institutrices et des instituteurs, à Paris (août 1927). *Bulletin de la FIAI*, 2 (décembre), pp. 13–14.

FIAI (1928a). En Grande Bretagne : National Union of Teachers. *Bulletin de la FIAI*, 3 (mars), pp. 21–24.

FIAI (1928b). Programme d'action. Résolution n° 4 : Publication d'un ouvrage d'inspiration pacifiste. *Bulletin de la FIAI*, 4 (juillet), pp. 9–10.

FIAI (1929a). Congrès de Bellinzona. Première séance. IV. Rapport moral. *Bulletin de la FIAI*, 7 (juin), pp. 4–10.

FIAI (1929b). Congrès de Bellinzona. Quatrième séance. VII. L'école et la réconciliation des peuples. *Bulletin de la FIAI*, 7 (juin), pp. 19–23.

FIAI (1930a). Congrès annuel du syndicat des institutrices et des instituteurs de France. Paris, août 1929. *Bulletin de la FIAI*, 9–10 (avril), pp. 42–46.

FIAI (1930b). Manifestation internationale pacifiste du 26 avril à Prague. *Bulletin de la FIAI*, 11 (juillet), pp. 42–43.

FIAI (1931). Éducation postscolaire et éducation des adolescents. *Bulletin de la FIAI*, 15 (octobre), pp. 20–22.

ITE (1922a). Statut définitif de l'Internationale de l'enseignement. Déclaration. *L'internationale de l'enseignement. Bulletin périodique.* Supplément à *L'École émancipée*, 7 octobre, pp. 3–4.

ITE (1922b). I. Organisation. *L'Internationale de l'enseignement. Bulletin périodique.* Supplément à *L'École émancipée*, 4 novembre, pp. 6–8.

ITE (1923). L'internationale de l'enseignement. Thèses russes. *L'École émancipée*, 23 juin, pp. 531–532.

ITE (le Secrétariat général) (1924). Aux instituteurs du monde ! *L'Internationale de l'enseignement. Bulletin périodique*, Supplément à *L'École émancipée*, 16 octobre, pp. 1–2.

Lapierre, G. (1928). L'histoire, l'école française et la paix. *Bulletin de la FIAI, 3*, mars, pp. 13–17.

Lapierre, G. (1929). L'école au service de la réconciliation des peuples (rapport). *Bulletin de la FIAI, 6*, avril, pp. 42–50.

Orlianges, Y. & Clavel, L. (1924). Pour une éducation de classe. *L'École émancipée*, 10 février, pp. 309–310.

Péron, R. (1928). En France : le congrès du SNI, à Rennes – Août 1928. *Bulletin de la FIAI*, novembre, pp. 21–25.

Bibliographie

Frajerman, L. (1992). *L'Internationale des Travailleurs de l'Enseignement et son activité en France, 1919–1932* (Mémoire de maîtrise). Université Paris IV.

Frajerman, L. (2001). Le rôle de l'Internationale des Travailleurs de l'Enseignement dans l'émergence de l'identité communiste enseignante en France (1919–1932). *Cahiers d'histoire. Revue d'histoire critique, 85*, 111–126.

Guieu, J.-M. (2012). La SDN et ses organisations de soutien dans les années 1920. Entre promotion de l'esprit de Genève et volonté d'influence. *Relations internationales, 151*, 11–23.

Hirschman, A. (1991). *Deux siècles de rhétorique réactionnaire*. Paris : Fayard.

Hofstetter, R. & ERHISE (à paraître). *Le Bureau international d'éducation, matrice de l'internationalisme éducatif (premier 20e siècle)*. Bruxelles : Peter Lang.

Hofstetter, R. & Mole, F. (2018). La neutralité revendiquée du Bureau international d'éducation. Vers une éducation nouvelle généralisée par la science piagétienne (1921–1934). In X. Riondet, R. Hofstetter

& H.-L. Go (Éds.), *Les acteurs de l'éducation nouvelle au xxᵉ siècle. Itinéraires et connexions* (pp. 195–223). Grenoble : Presses universitaires de Grenoble.

Le Bars, L (2005). *La Fédération unitaire de l'enseignement (1919–1935)*. Paris : Syllepse.

Loubes, O. (2001). *L'école et la patrie. Histoire d'un désenchantement (1914–1940)*. Paris : Belin.

McCarthy, H. (2011). *The British people and the League of Nations. Democracy, citizenship and internationalism, c.1918–45*. Manchester : Manchester University Press.

Mole, F. (2010). *L'école laïque pour une République sociale. Controverses pédagogiques et politiques (1900–1914)*. Rennes : Presses Universitaires de Rennes / Lyon : INRP.

Mole, F. (2015a). Georges Lapierre, un instituteur dans le développement de l'internationalisme pédagogique (1923–1932). In J. Droux & R. Hofstetter (Éds.), *Globalisation des mondes de l'éducation. Circulations, connexions, réfractions (19ᵉ-20ᵉ siècles)* (pp. 53–74). Rennes : Presses universitaires de Rennes.

Mole, F. (2015b). Visées politiques des instituteurs et liberté de conscience des élèves. Autour d'une controverse syndicale des années 1920. In A. D. Robert & B. Garnier (Éds.), *La pensée critique des enseignants* (pp. 43–56). Rouen : Presses Universitaires de Rouen et du Havre.

Chapitre 5
La résolution Casarès, ou les premiers pas difficiles de la Coopération intellectuelle au sujet des manuels scolaires (1925–1939)

Xavier Riondet[1]

Résumé Cette contribution se concentre sur l'internationalisme éducatif de la Coopération intellectuelle qui est à l'œuvre dans plusieurs instances et dispositifs qui se sont développés en creux de la Société des Nations (SDN) pour coordonner l'action des intellectuels. Ce texte s'attache plus particulièrement à étudier la mise en place et le déploiement de la Résolution Casarès à partir de 1925 dans l'optique d'épurer les contenus des manuels scolaires jugées inadaptés à l'entente mutuelle entre les peuples. Dispositif concret tirant profit du fonctionnement spécifique de la Coopération intellectuelle, cette Résolution connaît dans un premier temps des résultats mitigés, avant de faire l'objet, dans un second temps, d'usages contradictoires à travers lesquels elle est détournée de ses enjeux initiaux par certains Etats pour consolider des indépendances ou des projets impérialistes.

Mots-clefs : Coopération intellectuelle, Résolution Casarès, internationalisme, nationalisme

---

1   Ce texte se situe dans prolongement d'un recueil de données effectué dans le cadre d'un post-doctorat à l'Université de Genève en 2013–2014 (Projet FNS Figures of knowledge production and the construction of new disciplinary the scenes of knowledge – Subside Sinergia CRSII1-147688, ERHISE, Université de Genève). Il complète différents travaux publiés (Riondet, 2015 ; Hofstetter & Riondet, 2018 ; Riondet, 2019a et 2019b), ou en cours de publication.

Abstract This contribution focuses on educational internationalism produced by International Cooperation and his various bodies, in parallel with League of Nations (LN) development, to coordinate the action of intellectuals. This chapter is about the establishment and deployment of the Casarès Resolution which tried to refine since 1925 the content of school textbooks deemed maladjusted to mutual understanding amongst the peoples of the world. As a practical mechanism anchored within the specific workings of the Intellectual Cooperation, this Resolution initially produced mixed results. Several years later, some contradictory usages were observed when certain States wanted to consolidate their statehood or imperialist projects.

Keywords : Intellectual Cooperation, Casarès Resolution, internationalism, nationalism

> Socialement, malgré leur caractère élémentaire caricatural ou dérisoire, les leçons apprises dans le livre de géographie, les résultats aidés par le maître, ces reproductions caricaturales et mutilantes ont une influence considérablement plus grande, car tout cela contribue à influencer durablement, dès leur jeunesse, des millions d'individus. (Lacoste, 1976/2014, p. 70).

L'entre-deux-guerres a vu le développement de différents types d'internationalismes éducatifs. Il est intéressant, non seulement d'observer leurs différences, mais également les obstacles rencontrés. Dans cette contribution, nous avons voulu nous concentrer sur l'internationalisme éducatif de la Coopération intellectuelle. Par cette formulation, nous faisons référence à un ensemble d'institutions et de dispositifs qui se sont développés en creux de la Société des Nations (SDN) en prenant le nom d'Organisation de la coopération intellectuelle (OCI) pour coordonner l'action des intellectuels des différents pays, à l'heure où, plus que jamais, la nation restait « la nouvelle religion laïque des États » et « le ciment qui unissait tous les citoyens à leur pays » (Hobsbawm, 1987/2012, p. 196). Si de nombreux travaux ont étudié ce qu'était la Coopération intellectuelle (Kolasa, 1962 ; Pham-Thi-Tu, 1962 ; Renoliet, 1999), plusieurs séries de recherches ont prolongé ces premières analyses pour travailler sur l'internationalisation des champs intellectuels (Sapiro, 2009) et la co-existence des dynamiques nationales et internationales dans les réseaux d'institutions en jeu (Laqua, 2011), sur la manière dont la diplomatie culturelle et les synergies intellectuelles ont influé sur l'évolution des identités nationales et la place des cultures nationales sur l'échiquier mondial (Dumont, 2018 ; Milet, 2015), et sur la manière dont ces processus se sont déroulés au sujet des questions éducatives et scolaires, par quels acteurs et réseaux (Droux & Hofstetter, 2015 ; Fuchs, 2007a ; Goodman, 2012), et en particulier en ce qui concerne la révision des manuels scolaires (Fuchs, 2007b ; Giuntella, 2003 ; Siegel, 2004). Nos travaux sur la question s'insèrent dans ce contexte de recherches, en cherchant à aborder la question de la réévaluation concrète des manuels scolaires au prisme des valeurs pacifistes (Riondet, 2019b), par l'action des réseaux (Hofstetter & Riondet, 2018), pour réfléchir à la manière dont les normes sociales et scolaires peuvent évoluer à court, moyen et long terme (Riondet, 2015). Même si les répercussions de certaines actions liées à la révision des manuels scolaires ont pu paraître limitées (Maurel, 2010), elles constituent à la fois une entrée privilégiée pour rendre compte matériellement de ce qui détermine les cultures scolaires (et des idéologies s'y affrontant) (Riondet, 2019a) et pour comprendre les contradictions à l'œuvre pendant l'entre-deux-guerres, une période tiraillée, d'une part, entre velléités internationalistes et rémanences nationalistes, et, d'autre part, entre diffusion du pacifisme et retour du bellicisme.

L'ÉMERGENCE DE LA SDN PUIS DE LA COOPÉRATION INTELLECTUELLE

La Première Guerre mondiale laisse une Europe ravagée et en ruine[2], plonge de nombreux territoires dans la désorganisation totale (réseaux de circulations, production agricole, etc.), et bouleverse également les précédents cadres politiques : les empires laissant la place à de nouveaux États. Un enjeu majeur est alors de créer un nouvel ordre international en envisageant une conception collective de la sécurité mondiale. Le Traité de Versailles est signé le 28 juin 1919 entre l'Allemagne et les Alliés. Il fixe les responsabilités de la guerre, les sanctions prises à l'égard de l'Allemagne, et annonce la création de la Société des Nations, dont le but est de maintenir la paix par la négociation et la résolution pacifiste des différends entre nations. Le Pacte adopté par la Conférence de la paix

---

2   Guieu évoquait récemment l'épuisement des Français sortant d'« une guerre ayant coûté 140 milliards de francs-or de 1913, soit six ou sept fois plus que ses dépenses habituelles » (Guieu, 2015, p. 178).

le 28 avril 1919, la SDN, « fille de la Grande Guerre » (Guieu, 2009, p. 23), est créée avec l'ambition de faire émerger un nouvel ordre international dans le cadre préexistant d'États gardant leur souveraineté. Comme le rappelle Guieu, c'est par une pratique nouvelle, « aux antipodes de la sécurité par l'équilibre des forces entre les États », que tout cela est envisagé. Jusqu'alors, ce qu'on appelait « le concert européen » reposait sur « un système informel de règles de conduites entre les grandes puissances » (p. 23). Les ravages de la Grande Guerre remettent en cause cette logique car ce système a favorisé l'affrontement des impérialismes qui causa les pertes évoquées ci-dessus. Le premier conflit mondial a été marqué par la croissance du rôle de l'État dans l'économie (Dard, 2016), mais aussi dans l'éducation. Une lecture macro-institutionnelle de la SDN conduit à croire que celle-ci n'a pu s'intéresser aux questions éducatives et scolaires des États-Nations. C'est minorer la création de la Coopération intellectuelle qui intervient, d'une manière singulière, sur les questions éducatives et scolaires bien avant la création de l'Unesco.

Pendant la Guerre, la vie intellectuelle a été directement bouleversée par la mobilisation des personnes et la détérioration des conditions d'exercice (pénuries, fermetures des espaces éditoriaux, etc.) (Goyet & Olivera, 2016). Même si le Pacte de la SDN n'a pas initialement prévu la création d'un organisme technique en charge de la coopération des intellectuels, la SDN crée en 1921 la Commission Internationale de Coopération intellectuelle (CICI), une commission consultative de douze intellectuels[3] dont l'enjeu est de développer la coopération intellectuelle pour renforcer l'action pour la paix et la circulation d'un esprit international[4]. Suite à une proposition émise par la France en 1924, l'Institut international de coopération intellectuelle (IICI), futur organe exécutif de la CI, est inauguré à Paris en 1926. L'IICI organise les relations entre les Commissions nationales de coopération intellectuelle (CN).

---

3   Comprenant notamment Henri Bergson, Marie Curie, Gonzague de Reynold, Robert Andrews Millikan, Gilbert Murray, Paul Valéry.

4   La première réunion a lieu à Genève en août 1922. S'y tient précisément le IIIe Comité international d'éducation morale, organisé par l'Institut Rousseau et le CIEM et qui porte sur « L'enseignement de l'histoire et l'esprit international, au service de l'humanité ». L'Institut Rousseau s'en saisit pour essayer d'asseoir sa légitimité dans le domaine et simultanément tenter, en vain, à ce moment, de faire reconnaître Genève comme siège du Bureau international d'éducation (voir chapitre 2).

Ces commissions sont créées dans les États favorables aux enjeux évoqués et sont composées de membres à titre individuel et de membres à titre représentatif. Ces individus peuvent être des personnalités emblématiques de la vie culturelle nationale issues de la société civile, mais également, et surtout, des personnalités en lien avec l'État et les gouvernements[5]. Même sans pouvoir coercitif, l'institutionnalisation de l'action des intellectuels (et leur coordination) va constituer progressivement le bras symbolique de l'action diplomatique de la SDN du point de vue culturel et éducatif, d'autant que la responsabilité des éducateurs et des scientifiques dans le déclenchement des conflits fut clairement évoquée.

Si les éducateurs et scientifiques ont une responsabilité certaine dans l'enthousiasme patriotique avec lequel les peuples européens se sont jetés dans le conflit (Hobsbawm, 1987/2012, pp. 416–417), il est néanmoins illusoire de ne pas aborder ces questions avec une lecture globale. Comme l'expliquait Hobsbawn : « le nationalisme comme idéologie d'État devenait d'autant plus nécessaire qu'à cette ère de progrès technique, l'économie, le secteur tertiaire et l'administration publique avaient besoin d'hommes et de femmes disposant d'un minimum d'instruction » (Hobsbawm, 1987/2012, p. 197). Il fallait « enseigner aux enfants à devenir de bons et loyaux sujets ou citoyens » (p. 197), tout en les intégrant dans une communauté linguistique et de destin en lien avec un mode de production donné (Balibar, 1974). De fait, les liens entre l'État, le nationalisme et l'École sont devenus particulièrement intenses entre le 19e et le 20e siècle, et les répercussions ont été parfaitement observables dans certains enseignements, comme l'Histoire et la Géographie scolaires, indéniablement devenues des affaires d'État. Bien que le monde éducatif n'ait été qu'un des rouages des processus de crises du début du 20e siècle, le sentiment de culpabilité des milieux scientifiques et éducatifs était bien réel. Suite aux conflits de la Première Guerre mondiale et aux traumatismes en jeu, il est indéniable que ces enseignements allaient être questionnés, et plus particulièrement, les manuels scolaires de ces disciplines, objet culturel majeur dans le contexte didactique de l'époque centré sur une transmission magistrale, l'apprentissage par cœur et une discipline ferme.

---

5   La description du fonctionnement réel de ce réseau d'institutions et la place effective de l'IICI sont l'objet d'un texte en cours.

La mise en place complexe de la résolution Casarès

En parallèle à la progressive incursion de la SDN dans les politiques scolaires nationales opérée à partir de ses « recommandations », la question
des manuels scolaires est actée très tôt par la Coopération intellectuelle.
Un dispositif, la résolution Casarès, est élaboré dès 1925 ; ce qui constitue
un geste symbolique fort car les questions éducatives, bien que centrales
dans les revendications et les chantiers de recherche de ces réseaux, ne
figurent pas officiellement dans les premiers thèmes développés.

Cette résolution fait suite à la proposition de Julio Casarès (1877–
1964)[6] sur la rectification dans les livres scolaires des passages pouvant
nuire à l'entente mutuelle entre les peuples. Soumise à la Commission
de Coopération intellectuelle lors de sa sixième session, du lundi 27 au
jeudi 30 juillet 1925, elle prolonge des réflexions envisageant de faire évoluer les méthodes de l'enseignement de l'histoire en l'orientant depuis
une version pacifiste et internationaliste. Au sein de la Commission,
plusieurs tendances se sont préalablement opposées. D'un côté, Robert
Millikan (1868–1953)[7] avait proposé dès 1922 d'encourager « la publication et l'emploi, dans tous les pays, de manuels scolaires qui exposeraient
les questions, particulièrement les questions historiques, du point de vue
international, plutôt que du point de vue national »[8]. D'un autre côté,
d'autres membres, comme Gonzague de Reynold (1880–1970)[9], avaient
défendu une vision plus neutre de la Coopération intellectuelle (Renoliet, 1999, p. 101). On retrouve ici les mêmes oppositions sur le rôle de la
Coopération intellectuelle qu'au sujet de la place de la SDN par rapport
aux nations.

À cette époque, la demande sociale est pourtant manifeste sur ces
sujets. L'Association « la Hollande à l'étranger » avait proposé la publication d'un traité international d'histoire, de géographie et de culture
pendant que dans d'autres pays, certains auteurs recommandaient « la
transformation de l'histoire narrative de chaque pays et des ensembles
continentaux en l'histoire de la civilisation »[10]. Les gouvernements

---

6   Lexicologue et philologue espagnol. Membre de la CICI.
7   Physicien américain. Prix Nobel de physique en 1923. Membre de la CICI.
8   Cité dans Proposition Casarès (1925). I.II.1, archives de l'IICI.
9   Historien suisse fribourgeois. Membre de la CICI.
10 Proposition Casarès (1925). I.II.1, archives de l'IICI.

eux-mêmes, comme en Autriche ou en Uruguay, avaient déjà lancé un processus de révision des manuels scolaires. La Coopération intellectuelle est même clairement interpellée pour s'emparer de ces questions précises, comme l'atteste un passage de l'enquête de la Dotation Carnegie sur les livres scolaires d'après-guerre dans lequel est exprimé explicitement le vœu que « la Société des Nations, en créant la coopération intellectuelle », parviendra à réconcilier « le patriotisme avec la vérité » (Dotation Carnegie, 1923, p. 123)[11].

Cependant, politiquement et diplomatiquement, la marge de manœuvre reste faible, les membres de la CICI en sont conscients, car il faut explicitement laisser la liberté aux gouvernements et aux États pour organiser leur enseignement national. Un consensus émerge pour « purger cet enseignement national des fausses appréciations, des erreurs qui s'y sont glissées, plutôt par ignorance que par malice, et qui masquent ou défigurent la vraie physionomie des autres peuples en lui imprimant des traits qui la rendent méconnaissable, voire même odieuse. » Néanmoins, une intervention directe de la CICI ne serait pas souhaitable ; il apparaît plus acceptable d'« inviter les commissions nationales à établir des rapports directs entre elles »[12], la CICI se contenterait dès lors à enregistrer les résultats obtenus pour les faire figurer dans son rapport annuel à l'Assemblée.

Le résolution Casarès est une méthode de négociation à l'amiable entre CN au sujet des contenus des manuels. Concrètement, lorsqu'une CN estime qu'un texte étranger concernant son pays et destiné à l'enseignement exigerait une mise au point, elle en adresse la demande à la CN du pays dans lequel le texte est enseigné, et soumet, éventuellement des propositions de modifications avec une argumentation. La CN recevant cette demande décide à la réception de la demande ce qu'il faut faire, et s'il faut faire les rectifications souhaitées. Les CN font remonter à la CICI le résultat de cette mise en relation. Ces demandes de rectification doivent porter sur « des questions de fait établies d'une façon

---

11 Le texte évoque explicitement le projet souhaitable d'un « véritable *Ministère international d'Éducation publique* » prenant en charge dans tous les pays « l'adaptation de l'enseignement à des fins proprement *humaines*, mais aussi le contrôle des nouvelles, de la presse, des livres, des spectacles et de tous les moyens avec lesquels on agit sur les mentalités encore rudimentaires des foules » (Dotation Carnegie, 1923, p. 130).

12 Proposition Casarès (1925). I.II.1, archives de l'IICI.

certaine »[13] concernant la géographie ou la civilisation d'un pays. Ainsi, ce qui pourrait avoir à trait à des appréciations subjectives d'ordre moral, politique ou religieux ne peut faire l'objet de la procédure évoquée[14]. Cette résolution apparaît comme une première méthode œuvrant depuis l'éducation pour le pacifisme et l'entente mutuelle entre les peuples dans une volonté d'internationalisme en lien avec la SDN. Quels résultats et quels effets a-t-elle eu ?

Des résultats mitigés

Dans les années qui suivent le texte de cadrage, la résolution Casarès est peu mobilisée et reste profondément confidentielle. Dans une lettre datant du 6 octobre 1928, Jules Destrée (1863–1936), président de la CN belge, joint Julien Luchaire (1876–1962), directeur de l'IICI, en s'étonnant que la revue *L'Esprit International* n'ait pas évoqué ladite résolution alors qu'étaient évoquées des thématiques proches de ces enjeux[15]. La réponse à cette interrogation émerge dans une autre lettre, lorsque Casarès, auteur de la proposition en question et président de la Commission Nationale Espagnole, concède que ne pas être en mesure « d'en signaler un seul cas d'application »[16]… Le premier exemple d'application date en fait de mai 1929, il est à l'initiative de la Commission nationale espagnole, dont le président est justement Casarès. La plainte adressée au Président de la Commission Nationale française porte sur un manuel intitulé « Géographie Générale et économique » (Paris : Dunot, 1926) dont l'auteur se nomme Maurice Grigaut et occupe la fonction de Professeur à l'École d'Arts et Métiers de Paris. Les Espagnols reprochent à cet auteur d'avoir rédigé le manuel « dans un esprit d'hostilité qui se plaît à présenter [leur] pays sous la lumière la plus défavorable, depuis le "climat alternativement glacial ou brûlant" (p. 138) jusqu'à la population »[17]. Après avoir

---

13 Proposition Casarès (1925). I.II.1, archives de l'IICI.
14 Proposition Casarès (1925). I.II.1, archives de l'IICI.
15 Lettre de Jules Destrée, président de la Commission Nationale Belge, à Julien Luchaire, directeur de l'IICI, datant du 6 octobre 1928. I.II.1, archives de l'IICI.
16 Lettre de Julio Casarès, auteur de la proposition Casarès et président de la Commission Nationale Espagnole, à l'IICI, datant d'avril 1929. I.II.1, archives de l'IICI.
17 Lettre du Président de la CN espagnole au président de la CN française du 13 mai 1929. I.II.1, archives de l'IICI.

mentionné plus particulièrement deux passages qui ont vivement ému la presse madrilène[18], les Espagnols demandent à ce que ces observations désobligeantes et déplacées dans ce texte d'enseignement puissent être rectifiées[19].

Margarete Rothbarth (1887–1951), spécialiste de la question des manuels à l'IICI, reconnaît que le « vote de cette résolution » ne s'est pas fait suivre de « résultats tangibles »[20] pendant les premières années. Doux euphémisme car, hormis l'exemple ci-dessus, on ne recense que quelques réactions de différentes Commissions nationales (australienne, danoise, roumaine) saluant le geste et annonçant la volonté de s'inscrire dans ce type de travail (IICI, 1932, p. 20) ainsi que deux autres plaintes, à l'initiative de la CN hongroise et de la CN allemande, respectivement à l'encontre d'un manuel de géographie et d'un manuel d'histoire de Belgique (pp. 22–23). Selon Rothbarth, le fait qu'il y ait peu de CN en place initialement, conjugué au fait que ces Commissions n'aient pas perçu « l'instrument que cette résolution mettait entre leurs mains »[21] constitue des éléments expliquant en partie ces faibles résultats. On peut compléter cette explication en avançant que l'éducation à la fin des années 1920 est encore fermement une chasse gardée des États et gouvernements[22], et que l'action de révision a lieu dans d'autres circuits, par les associations et les syndicats d'instituteurs.

---

18 « Les petites rivières du nord qui vont à l'Atlantique et, au sud, le Guadalquivir […] ont seuls de l'eau en tout temps ; des autres, on a pu dire qu'ils ressemblent à l'ancienne université de Salamanque : qu'ils ont quatre mois de cours et huit mois de vacances. Tels sont le Douro, le Tage, et l'Ebre » (p. 138), « Si des Espagnols sont laborieux, économes, une trop grande partie de la population manque de ces qualités, soit à cause du climat, soit par suite de préjugés séculaires contre le travail » (p. 138).

19 Lettre du Président de la CN espagnole au président de la CN française datant du 13 mai 1929. I.II.1, archives de l'IICI.

20 Texte intitulé "La révision des manuels scolaires", de Rothbarth, joint à une lettre adressée à Louise Weiss datant du 1er mars 1932. I.II.1, archives de l'IICI.

21 Rapport intitulé « Le travail de l'IICI dans le domaine de la révision des manuels scolaires », joint par Rothbarth à Lothian Small le 14 mai 1935. I.II.I, archives de l'IICI

22 Ce n'est qu'à partir des années 1930 que l'éducation devient une question centrale au sein de la Coopération intellectuelle.

De cette manière, on peut faire l'hypothèse d'un acte tacite de non-intervention : chacun se limitant à vouloir intervenir chez les autres, pour ne pas que la réciproque se produise. S'attaquant à un problème redoutable, tant politiquement qu'épistémologiquement (« Comment concilier la vérité historique et la bienveillance à l'égard des pays étrangers ? »[23]), la résolution Casarès constitue dans un premier temps un acte symbolique, qui inscrit la question des manuels dans les chantiers importants à s'intéresser. La réorganisation de l'Organisation de Coopération intellectuelle et le contexte international des années 1930 donnent un nouveau souffle au dispositif de révision (Hofstetter & Riondet, 2018 ; Riondet, sous presse). La priorité de la révision des manuels scolaires est réaffirmée dans la Coopération intellectuelle à partir de 1930. L'activité et l'organisation des CN s'accroit suite à la magistrale enquête de Rothbarth montrant l'inventaire des actions effectuées au sujet des manuels à travers le monde (IICI, 1932)[24], et suite à la réunion du comité d'experts en 1932, réaffirmant l'intérêt de la procédure Casarès. Plusieurs CN se dotent alors d'un véritable comité d'experts et envisagent de regrouper des collections de manuels scolaires pour les étudier. Suite à une réunion du Comité exécutif en 1933, une nouvelle tâche est attribuée à l'IICI : « recueillir, dans divers pays, par enquête auprès des Commissions nationales et éventuellement des Associations de professeurs, des passages de manuels employés dans les écoles et qui de l'avis de ces institutions, sont conçus de manière objective » (*CI*, 1934, p. 352). À partir de 1932, un mouvement important a lieu. Jusqu'alors, l'action possible était d'ordre négative : il fallait supprimer, éradiquer, les passages posant problème. Une autre action apparaît en constituant l'autre versant de la révision des manuels scolaires : dorénavant, il faut mettre en évidence les manuels dont la rédaction convient, et faire circuler ces listes de bons manuels. Les CN se rapprochent parfois de centres de documentation,

---

23 Texte intitulé « La révision des manuels scolaires », de Rothbarth, joint à une lettre adressée à Louise Weiss datant du 1er mars 1932. I.II.I, archives de l'IICI.
24 L'enquête, publiée en 1932 sous le titre de *La révisions des manuels scolaires*, avait pour objectif de permettre « une vue claire de tout ce qui avait été accompli jusqu'alors » pour observer les différentes situations en présence et les moyens d'action possibles. L'engagement et la persévérance de M. Rothbarth peuvent s'apparenter à ceux de la bourgeoise Américaine Laura Dreyfus-Barney, certes bien plus connue (voir chapitre 3, de J. Goodman).

sans que la CICI et l'IICI n'aient à financer ces entreprises, se munissent de comité d'experts spécifiques, pouvant travailler sur les manuels scolaires. Le mécanisme de la résolution Casarès en lui-même est assoupli, il n'est plus nécessaire de passer par l'arbitrage de l'IICI.

Néanmoins, nul doute que, plusieurs années plus tard, la résolution Casarès produit encore des effets indirects sur la révision des manuels scolaires en constituant une sorte d'épée de Damoclès symbolique au-dessus de la tête des rédacteurs et éditeurs de manuels scolaires. D'ailleurs, on trouve dans les archives des situations qui se gèrent à l'amiable avant de recourir à la résolution. C'est le cas, en 1935, lorsque l'association « Les Pays-Bas à l'étranger » présente une requête à la CN française, et que celle-ci transfère la maison d'édition concernée pour faire modifier certains passages d'un manuel sans lancer officiellement la procédure normale entre CN[25].

Pour autant, malgré l'évolution stratégique globale (valoriser les bons manuels, faire travailler les historiens entre eux) (Hofstetter & Riondet, 2018), Rothbarth parle d'un « succès à retardement de la résolution Casarès »[26] dans une correspondance avec un responsable de la CN suisse. En l'état de ce qui est consultable et ne pouvant évaluer le nombre précis de plaintes effectives, il est difficile de juger de la véracité de cette appréciation. Néanmoins, au vu du temps nécessaire à la collecte de manuels, à la lecture, l'étude et l'analyse de ces manuels, on peut estimer que l'activité a été réellement soutenue dans certaines commissions, d'autant que les plaintes officielles ne représentent pas l'ensemble des rapports et documents produits dans l'esprit de la procédure Casarès. En tout cas, plusieurs demandes ont lieu entre 1935 et 1939. Alors que la Coopération intellectuelle a été marquée par la France et la Grande-Bretagne, et que la résolution Casarès a été portée par un Espagnol, il est significatif de voir dans les dossiers conservés à l'Unesco que les CN mobilisées dans la résolution Casarès sont les commissions italiennes et polonaises :

---

25 Lettre de Gallié à Bonnet datant du 8 février 1935. I.II.1, archives de l'IICI.
26 Lettre de Rothbarth à Voirier (s. d.). I.II.1, archives de l'IICI.

Figure 1. Liste des dossiers « Casarès » les plus complets, entre 1934 et 1939, conservés dans les Archives de l'IICI.

Période	CN requérante	CN destinataire
Juillet 1935	Italie	France
Juillet 1935	Italie	Pays-Bas
Janvier 1936	Italie	Espagne
Juillet 1936	Italie	Pologne
Juillet 1936	Italie	Suisse
Septembre 1936	Pologne	Italie
Novembre 1936	Pologne	Grande-Bretagne
Décembre 1936	Pologne	Lettonie
Janvier 1937	Pologne	Tchécoslovaquie
Janvier 1939	Pologne	France

Formellement, les demandes officielles sont régulièrement énoncées de la même manière, avec beaucoup de formules de politesse, des compliments et de l'empathie. Néanmoins, il est intéressant de s'interroger sur ce qu'il y a derrière cette diplomatie de façade, tout en se questionnant sur l'engagement de ces deux CN en particulier, la commission italienne et son homologue polonaise.

DES USAGES CONCRETS CONTRADICTOIRES APRÈS 1932

Les rapports entre l'État italien et la Coopération intellectuelle ont souvent été complexes et ambigus. Initialement, certaines figures intellectuelles italiennes, dont l'historien Gioacchino Volpe (1876–1971)[27], méprise même ouvertement les actions menées par l'organisation, à l'instar de certaines de ses déclarations dans le *Corriere della Sera* suite au Congrès international des sciences historiques d'Oslo en 1928 et aux synergies collectives envisageant de dénationaliser les manuels scolaires (Verga, 2007, p. 511). Pour autant, l'Italie fait partie des États participant financièrement à l'organisation, elle fournit même du personnel à l'IICI

---

27 Grande figure académique et institutionnelle de l'histoire italienne.

et se distingue parfois en mettant en place des institutions sur des questions importantes de la Coopération intellectuelle, comme par exemple la création de l'Institut International du Cinématographe Éducatif (IICE) à Rome en 1928. Deux types d'enjeux déterminent la longévité de l'engagement italien : d'une part, cela permet un soutien général des pays de culture latine à l'IICI dans une stratégie de résistance à l'impérialisme culturel anglo-saxon (Renoliet, 1999, p. 330) mais l'opportunité pour les intellectuels fascistes d'occuper certains terrains pour diffuser leur idéologie (p. 321), notamment au niveau de l'enseignement de l'histoire, une question fondamentale pour les régimes politiques italiens de la première partie du 20e siècle (Genovesi, 2009). Ces relations complexes s'interrompent lorsque l'Italie quitte la SDN en 1937 et arrête le versement de ses subventions à l'IICI pour des raisons principalement politiques. Concernant l'usage de la résolution Casarès, la CN italienne est particulièrement offensive entre 1935 et 1936. Il s'agit d'un laps de temps relativement court qui correspond à un contexte très particulier.

L'enquête de l'IICI sur les manuels scolaires (1932) est élaborée, en partie, à partir de ce que les associations, institutions et commissions déclarent de leurs propres actions, ce qui n'exclut pas la mise en scène, ou en tout cas, une manière singulière de légitimer ses positions. Ce travail met en exergue un mouvement significatif à l'œuvre en Italie. Dans l'instruction élémentaire, le *Libro unico di Stato* (livre unique d'État), donnant lieu à plusieurs volumes destinés aux différentes matières d'enseignement, devient obligatoire par la loi du 7 janvier 1929. Par ailleurs, la part de liberté des professionnels pour choisir les manuels, régie initialement par plusieurs textes réglementaires[28], doit dorénavant s'accommoder de la nécessité de veiller à ce que les livres choisis soient conformes à l'esprit et à l'action fasciste pour tout ce qui concerne la nation ou soient guidés par le souci d'une interprétation de toute la matière relative à la nouvelle culture italienne[29] (IICI, 1932, p. 214). En réalité, le mouvement à l'œuvre est plus complexe. Si le fascisme arrive au pouvoir au début des années 1920, la « mise au pas » de l'école a lieu quelques années plus tard (Colin, 2010, 93). À la fin des années 1920, la « fascisation » de l'école marque profondément la manière de concevoir les manuels scolaires

---

28 Notamment l'article 3 du Décret Royal du 14 octobre 1923 n°2345 et l'article 52 du règlement du 30 avril 1924, n°965.

29 Circulaire ministérielle n°22 du 19 janvier 1929.

en exacerbant le sentiment national et en mettant en valeur la place de
l'Italie et sa civilisation dans le monde (pp. 65–66). Or, l'institution du
« livre unique d'État » constitue à la fois la détermination d'un récit
historique officiel dans lequel « la Nation parle à ses enfants »[30] mais
également la fin de l'initiative privée et de la concurrence (p. 70). Le
début des années 1930 se caractérise par la mise en évidence dans les
manuels d'une nation militarisée. L'histoire scolaire de l'Italie fasciste
est inévitablement en lien avec le regain académique pour les études
historiques qui s'observe en Italie à la même époque. Une lettre de la CN
adressée à Rothbarth le 17 novembre 1934 témoigne de l'évolution des
questions éducatives en Italie. Faisant référence à un « nouveau climat
spirituel de la nation », à savoir « l'accroissement quotidien et progressif
de l'intérêt que prend le peuple pour son histoire, et l'extension prise par
les études historiques supérieures, avec une tendance marquée à une
synthèse toujours plus complète et efficace », la CN italienne déploie tout
un argumentaire expliquant en quoi le régime s'occupe de l'activité des
intellectuels, de l'organisation des questions éducatives et du développement de la recherche historique[31]. Ce regain académique s'est traduit par
différentes décisions politiques et la création d'institutions scientifiques.
Ces évolutions traduisent explicitement la volonté du pouvoir fasciste de
se situer dans une grande tradition historique[32] et de se légitimer au vu

---

30 Selon l'expression de Giuseppe Bottai (1895–1959), homme politique italien
    (Colin, 2010, p. 72).
31 Lettre de la Commission Nationale italienne à Rothbarth datant du 17
    novembre 1934. I.II.6, archives de l'IICI.
32 La CN précise : « Le premier pas a été accompli en 1933, avec l'approbation
    du nouveau statut de la Société Nationale pour l'histoire de la Renaissance
    italienne ; en plaçant ses dispositions sous une forme plus adaptée à notre
    sensibilité, cette Société a pu se donner à elle-même la tâche de promouvoir
    la connaissance de l'histoire de la Renaissance, dont on peut dire seulement
    maintenant que l'idéal est réalisé. Si la société réalisait de cette manière
    une aspiration nationale profonde, elle ne devait cependant pas limiter là
    son travail, car en elle aussi existait cette exigence de synthèse qui devait
    la pousser à affronter les problèmes les plus élevés de notre Renaissance ».
    C'est dans ce contexte que la Commission justifie les efforts produits en vue
    de « coordonner les activités des grands instituts d'histoire nationaux ». Les
    indications que nous fournissons dans le texte au sujet de ces évolutions
    institutionnelles sont issues de ce document.

des différents épisodes de l'histoire italienne. Aussi, le pouvoir confie à l'Institut d'Histoire italien, adoptant le nom d'Institut Royal Italien pour l'histoire du Moyen Âge, la tâche de pourvoir à la publication des sources relatives à l'histoire italienne depuis l'an 500 jusqu'à l'an 1500. Le pouvoir crée également un Institut Royal Italien pour l'Histoire des Temps Modernes et contemporains, ainsi que deux écoles nationales pour développer la recherche et l'étude des documents relatifs à l'histoire italienne. Pour coordonner ces institutions, une Commission centrale d'études historiques est fondée[33] en mobilisant notamment Cesare Maria de Vechi (1884–1959)[34] ; Giovanni Gentile (1875–1944)[35] et Volpe (1876–1971). La volonté académique de promouvoir et développer l'hégémonie culturelle italienne est un processus s'étalant sur plusieurs années[36]. Ces pratiques sont précieuses pour le pouvoir fasciste pour légitimer ses prétentions, à la fois à l'intérieur de l'Italie, mais aussi dans ce qu'elle exhibe à l'extérieur[37]. Cette réorganisation nationale est concomitante de la manière particulière de s'approprier les débats sur l'esprit européen et d'accroître l'hégémonie culturelle italienne par l'action des

---

33 Décret-Loi Royal du 20 juillet 1934.

34 Représentant de l'aile monarchiste du fascisme, une des grandes figures de la Marche sur Rome, ancien gouverneur de Somalie, président de la commission centrale des études historiques et la société nationale pour l'histoire du *Risorgimento*, ministre de l'éducation.

35 Philosophe, théoricien du fascisme, directeur à partir de 1932 de l'École normale supérieure de Pise. Ancien ministre de l'éducation nationale. Membre de la CN depuis 1928. A.III.2, archives de l'IICI.

36 Dès 1924, Volpe avec l'accord de Gentile avait créé l'Association « Gli Amici della Corsica » pour faire l'apologie de l'italianité de la Corse (Busino, 2010, p. 83). En Italie, plusieurs historiens, comme le médiéviste Volpe ou le moderniste Francesco Satala, s'étaient engagés, au nom de l'Irrédentisme, doctrine politique revendiquant l'unification des territoires de langue italienne ou ayant fait partie d'anciens États italiens, dans la mise en évidence de l'italianité de certaines terres pour que l'État national italien les récupère dans le cadre de sa politique nationaliste et impérialiste (Busino, 2010, pp. 81–82).

37 Les exemples de collusion entre pouvoir politique fasciste, recherche scientifique et propagande, sont légions. La création de l'*Instito per gli studi di politica internationale* en 1934 dont les premiers collaborateurs sont souvent issus des Groupes fascistes universitaires constitue initialement un outil de propagande et de formation afin de renouveler la politique étrangère et contribuer aux visées expansionnistes du régime (Galimi, 2005, p. 168).

intellectuels, au service de la politique impérialiste et expansionniste du fascisme, puisque les années 1935 et 1936 donnent lieu aux crises politiques avec la SDN suite à l'annexion de l'Éthiopie et au développement de l'Empire colonial italien. Aussi peut-on trouver à travers les paroles de Coppola retranscrites dans la revue *La Coopération Intellectuelle* une vision très italienne de l'esprit européen :

> D'abord il y a ces idées qui sont européennes parce qu'elles étaient romaines depuis 2000 ans ; de Rome et de l'Église catholique, romaine aussi, elles sont devenues les idées fondamentales de la civilisation européenne. Voilà la base. Quant à l'union progressive, c'est la force qui l'a fait, c'est-à-dire la force, dans notre cas, du danger extérieur. L'Europe se trouve dans la nécessité de défendre non seulement sa position, son empire, sa domination dans le monde, qui est en fonction de sa civilisation, mais encore son existence de ce qu'elle a d'essentiel, sa civilisation, ce patrimoine commun. C'est cela la force sur laquelle, à mon avis, pourra être fondée l'union de l'Europe. (Coppola, 1934, pp. 83–84).

L'avènement de l'Empire italien et la nécessité d'engager les italiens dans cette dynamique (Pes, 2013) se trouvent être un enjeu de politique scolaire interne[38] en même temps qu'un enjeu de diplomatie culturelle. Alors que l'enjeu n'est plus simplement de situer le fascisme dans la continuité du Risorgimento[39] ou de la Renaissance mais de faire de l'Italie une civilisation nouvelle et dominante (Musiani, 2018, p. 229), les demandes relatives aux manuels sont très largement déterminées par ces enjeux, d'autant que Gentile préside le Comité pour la révision des manuels dans la CN. Une lettre adressée à la CN suisse[40] est particulièrement significative : le commentaire d'un manuel[41] crée l'opportunité de réaffirmer « l'italianité » historique, et presque ontologique, de certains

---

38 Comme l'explique Colin au sujet de l'évolution des manuels de lecture italiens à l'heure de l'avènement de l'Empire : « Les récits veulent impliquer les petits lecteurs en racontant comment, grâce à l'effort de tous, la victoire a été possible : l'éducation impériale des jeunes est devenue la nouvelle finalité des livres de lecture » (Colin, 2010, p. 85).
39 Période d'unification italienne au 19e siècle.
40 Lettre du président de la CN italienne au président de la CN suisse du 29 septembre 1936. I.II.1, archives de l'IICI.
41 Manuel de Schelling & Dierauer (1926). *Welt- und Schweizergeschichte.* St-Gallen : Fehr'sche Buchhandlung.

territoires et moments de l'histoire européenne, en mentionnant des zones « incontestablement » italiennes, ou encore l'origine « essentiellement » italienne de la Renaissance. Cet exemple montre la présence de revendications d'ordre spatial, mais également d'ordre temporel, c'est ce qui va caractériser de nombreuses demandes de révision de manuels. Dans une lettre à la CN polonaise, des remerciements sont adressés pour la « juste évaluation de la position que l'Italie occupe en Europe », et qui est à l'œuvre dans les manuels scolaires polonais[42]. Néanmoins, la place de l'étranger dans l'Italie actuelle ou dans son histoire est pointée du doigt à plusieurs reprises. Au sujet d'un manuel[43], le commentaire corrige le nombre de Croates et Slovènes présents dans certaines régions. Dans un autre manuel[44], on souhaite réévaluer l'apport byzantin[45]. L'histoire de l'Italie s'est faite par des Italiens. À l'inverse, les commentaires produits montrent la volonté de promouvoir la lointaine action italienne dans le monde. Le cas de la nationalité des grands explorateurs est un détail récurrent, mais parfaitement symptomatique. Aussi s'inquiète-t-on de l'oubli de la mention de l'origine italienne de Christophe Colomb[46]. L'expansion de l'Italie est implicitement légitimée par les manuels, et ces relectures de l'histoire se confrontent progressivement à d'autres CN d'États revendiquant également une place forte à l'international : l'Espagne et la France. Diplomatiquement, la CN italienne conseille aux Espagnols plusieurs modifications[47] malgré la qualité des manuels étudiés[48] et s'engage dans un réquisit au sujet

---

42 Lettre du président de la CN italienne au président de la CN polonaise datant du 21 juillet 1936. I.II.1, archives de l'IICI.

43 Manuel M. Siwak. (1931). *Geografia Europy.* K.S. Jakubowski

44 Cz. Nanke. (1931). *Historia sredniowieczna, Historja nowozytna.*

45 « Une importance exagérée est attribuée – dans les passages consacrés à la Renaissance – à l'affluence des érudits byzantins en Italie après la chute de Constantinople ».

46 « L'origine italienne de Christophe Colomb, maintenant certifiée, est présentée sous forme d'hypothèse ».

47 Lettre de la CN italienne à la CN espagnole datant du 18 janvier 1936. I.II.1, archives de l'IICI.

48 « Le Comité a ainsi pu noter les qualités peu communes de ces manuels tant au point de vue didactique que pour ce qui a trait à la précision dans l'information ». Néanmoins la lettre évoque par ailleurs « quelques erreurs de fait », « quelques jugements propres à jeter une lumière peu favorable sur des personnalités et des événements et des événements en rapport avec l'histoire

de la nationalité italienne de Marco Polo au détour de l'analyse d'un manuel[49] :

> En parlant de Marco Polo, il a été omis de mentionner sa patrie. Comme, par ailleurs, le pays d'origine des autres grands navigateurs et auteurs de découvertes est indiqué, il serait, semble-t-il, plus équitable d'employer ce même système à l'égard de Marco Polo [...]. Il faudrait considérer comme définitivement établi que Christophe Colomb naquit à Gêne entre août et octobre 1451. Parmi les arguments les plus irréfutables, concernant la nationalité italienne de Colomb, à qui l'on doit la découverte des Indes occidentales, on pourrait citer : les documents d'archives [...], les témoignages de contemporains résidants en Europe [...], les témoignages de compagnons de voyage [...], les témoignages de ses contemporains ligures [...], le témoignage de Fernando Colombo [...], le testament de Christophe Colomb lui-même. (Ballester y Castell, 1933).

De leur côté, la CN française saisie par la CN italienne pour réviser des manuels d'histoire accède à la plupart des revendications italiennes, à l'exception peut-être d'un détail symbolique : « un seul refus de correction a été enregistré : il est relatif à un jugement porté sur l'attitude de Jules César à l'égard de Vercingétorix »[50].

Au vu d'autres enjeux et du contexte international, il n'est pas anodin de retrouver également la Pologne dans les pays ayant joué le jeu, à contretemps, de la résolution Casarès. Dans l'enquête de l'IICI sur les manuels de 1932, la Pologne, comme d'autres États, assure être positionnée sur le sujet en évoquant l'action d'une commission spéciale du ministère des cultes et de l'instruction publique constituée en 1921 et en charge de l'examen des manuels. Dans une lettre du 14 avril 1931, la CN polonaise déclare que « les livres qui ne répondent pas à l'esprit de coopération internationale sont considérées par le ministère comme manquant à leur condition pédagogique et qualifiées comme non-admis » (IICI, 1932, p. 48). Dans le même temps, la CN fait remonter l'annonce de la mise en place d'un réseau d'organisations travaillant sur les manuels polonais (p. 183). En réalité, la question de l'enseignement

---

d'Italie », et « quelques omissions d'événements importants et décisifs de l'histoire italienne ».

49 R. Ballester y Castell (1933). *Iniciacón al estudie de la Historia*.

50 *Cf. Feuille d'information* de la CN française, n° 24, avril 1936.

de l'histoire et des manuels scolaires[51] ne peut être que vive dans les pays d'Europe centrale et orientale car ils ne sont pas « ethniquement et linguistiquement homogènes » (Ducreux, 2000, p. 8). Par conséquent, l'émergence d'un nouvel État ne peut que rendre la question éducative particulièrement sensible aux processus de consolidation nationale et de gestion de ses minorités ethnico-linguistiques (Janmaat, 2007, p. 307). Les lendemains de la Grande Guerre ont donné lieu à d'innombrables traités reconfigurant les structures étatiques, les frontières, mais également les alliances et en déplaçant certaines tensions. Ce qu'on appelle le petit Traité de Versailles[52] permit l'indépendance de la Pologne et de poser la question des minorités. Si d'un côté, plusieurs États deviennent indépendants grâce à d'autres traités, comme la Lituanie, la Finlande et Lettonie, des gouvernements soviétiques s'établissent pourtant rapidement, comme en Ukraine ou en Arménie alors que l'URSS émerge à la suite de la jeune république bolchevique qui avait tenté de faire face aux répercussions de la fin de la Grande Guerre. L'engagement de la CN polonaise dans la résolution Casarès se comprend par la menace planant toujours sur l'indépendance polonaise et le souci accordé en conséquence aux relations avec les autres États voisins, plus ou moins indépendants.

Alors que la CN italienne fait jouer, depuis l'éducation et la culture, le nationalisme pour développer un impérialisme (fasciste), la CN polonaise utilise la même stratégie mais dans le but de résister à un impérialisme (russe)[53]. Pour comprendre ce phénomène, il faut saisir les intérêts propres à la Pologne dans le contexte international. Comme l'écrivait Hobsbawm, il fallut « préserver le monde du bolchevisme » après la révolution russe de 1917, et ainsi « redessiner la carte de l'Europe ».

---

51 L'attention pour les manuels scolaires est d'autant plus forte qu'ils se relient à une manière spécifique d'enseigner dans certaines disciplines. Concernant les manuels français, Ogier (2007) a bien mis en exergue l'importance de cet objet scolaire dans le cadre de l'enseignement de l'histoire tel qu'il est pensé et pratiqué dans la première partie du 20ᵉ siècle.

52 Par « petit traité de Versailles », on désigne le traité concernant la reconnaissance de l'indépendance de la Pologne et de la protection des minorités signé à Versailles en 1919 en même temps que le Traité de Versailles.

53 Voir à ce propos le chapitre 7 du présent ouvrage, rédigé par R. Latała, et qui porte précisément sur le mouvement pédagogique polonais, témoignant de cette résistance à l'empire russe.

Le moyen retenu a été d'isoler la Russie révolutionnaire d'un « cordon sanitaire d'États non-communistes », dont les Républiques Baltes et la Pologne, « redevenue après 120 ans un État indépendant » (1994/2003, p. 57). Les Polonais avaient fait partie des « nationalités » ne trouvant pas leur compte dans les empires. Partagés entre la Russie, l'Allemagne et l'Autriche, ils avaient espéré « la restauration d'une Pologne indépendante » (1987/2012, p. 191)[54]. Depuis le milieu du 19e siècle, un mouvement de libération nationale avait été à l'œuvre face à la politique de russification dans un contexte d'accélération industrielle et le nationalisme était apparu comme un moyen pour garder son indépendance face aux rémanences impérialistes à l'œuvre dans une partie de l'Europe[55].

Les différents échanges produits dans le cadre des travaux de la CN polonaise sont particulièrement instructifs de la manière de se situer sur de nombreux fronts, par rapport au Royaume Uni, par ailleurs une des parties contractantes du petit traité de Versailles, par rapport aux pays Baltes et d'autres pays d'Europe centrale. Lorsque la CN polonaise joint son homologue britannique par le biais du Professeur Karol Lutostański, on s'aperçoit des stratégies très claires : revendiquer que la Pologne a une histoire propre et correspond à un espace délimité, comme l'énonce clairement l'introduction du courrier :

> La seule chose qui puisse soulever quelques objections est la question des cartes d'Europe qui parfois datent d'avant-guerre ou bien de l'année 1919/ sans qu'il soit fait mention de la date/, c'est-à-dire de l'époque où nos frontières de l'Est n'étaient pas définitivement fixées. (Lettre du président de la CN polonaise au président de la CN britannique datant du 17 novembre 1936. I.II.1, archives de l'IICI).

---

54 Pour comprendre les enjeux en présence, il faut préciser que l'indépendance de la Pologne suite à la Première Guerre mondiale succède à une longue période de plusieurs décennies marquée par le partage de la Pologne initiale à la fin du 18e siècle. Néanmoins, la référence à un État polonais indépendant préexistant au partage de la Pologne entre la Prusse, l'Empire russe et l'Autriche est une question plus complexe qu'il n'y paraît car l'entité politique en question s'incarnait plus précisément dans la République des Deux Nations (Pologne-Lituanie) qui avait émergé au 16e siècle à partir du royaume de Pologne et du grand-duché de Lituanie.

55 Sur la conscience historique dans l'histoire de la Pologne, nous renvoyons les lecteurs aux travaux de Beauvois (2000).

En dépit des sempiternelles formules de politesse au sujet d'une liste de manuels de géographie[56], un premier manuel est passé au crible : W.F. Morris (1925). *Cassell's text book series. Geography. Europe.* Un passage en particulier est symptomatique d'une volonté ferme de se démarquer de la Russie :

> En parlant de la formation de la Pologne nouvelle /p. 76/ l'auteur introduit une petite erreur : la Pologne n'a pas « pris à la Russie une partie de la Russie proprement dite » / « *a part of Russia proper taken from Russia* »/. Nous retrouvons la même chose /p. 119/ au chapitre de la Russie / « *part of western Russia have been taken away to form part of new Polish state* »/. Même la Russie ne considère pas la Russie Blanche comme la Russie « propre », puisqu'elle y créa une république comme celle de l'Ukraine / « *a separate republic* » d'après l'auteur du manuel /p. 124/. La Russie Blanche a fait partie de l'État pour la première fois seulement à la fin du 18e siècle, justement à l'époque des derniers partages de la Pologne. (Lettre du président de la CN polonaise au président de la CN britannique datant du 17 novembre 1936. I.II.1, archives de l'IICI).

Cette attention au fait que la Pologne préexiste à l'emprise russe se connecte dans une autre critique de manuel[57] à une extrême vigilance sur la délimitation des frontières :

> L'auteur affirme que « la Pologne possède des frontières tout à fait artificielles, de simples lignes tracées à travers la plaine » / « *Poland has quite artificial boudaries, more lines traced across the plaine* »/ Il serait peut-être utile d'ajouter que les frontières de l'Ouest et, sa partie, de l'Est et du Nord sont plusieurs fois séculaires / elles datent du 14e ou du 15e siècle/. Tandis qu'au Sud et à l'Est, les Carpates et les marais de Pinek sont bien des frontières naturelles. (Lettre du président de la CN polonaise au président de la CN britannique datant du 17 novembre 1936. I.II.1, archives de l'IICI).

---

56 Au sujet d'une liste de manuels de géographie : « Nous sommes heureux d'avoir pu constater que tous ces manuels sont animés d'un sentiment de sympathie et de parfaite objectivité à l'égard de notre pays ». Lettre du président de la CN polonaise au président de la CN britannique datant du 17 novembre 1936. I.II.1, archives de l'IICI.

57 J. Hamilton Burrell (s. d.). *Nelson's Intermediate Georgraphie. Vol.I. The British Isles and Europe*, p. 239.

La vigilance accordée à la question du territoire et à la présentation de sa légitimité historique n'est pas sans lien avec le souci de la présentation de la population polonaise et à la représentation des minorités, à l'image d'un commentaire succinct au sujet d'un manuel[58] :

> En parlant de la population de la Pologne, l'auteur /p. 161/ se laisse peut-être guidé par des informations fausses et de mauvaises sources, car il mentionne les Lettons, Finnois et Arméniens comme faisant partie de la population de la Pologne/ « *its population is very mixed, consisting of Poles, Russians, Lithuanians, Letts, Germans, Armenians, Finns and Jews/* ». (Lettre du président de la CN polonaise au président de la CN britannique datant du 17 novembre 1936. I.II.1, archives de l'IICI).

Dans un quatrième manuel[59], l'articulation territoire-ethnie-langue est un sujet auquel la CN veille :

> Signalons en passant encore quelques détails : comme frontières orientales de l'Allemagne sont mentionnées /p. 245/ : « *Poland and Russia* »/ ?/ La Tchécoslovaquie /p. 276/ est « *separated from Russia / ?/ and Poland by the Carpathian Mountains* ». À la p. 257, nous trouvons la phrase suivante : « *In the eastern province of Germany the Slavonic clement is strong, but most of German Slavs speak German dialects* ». Si ce sont des Slaves germanisés, il est évident qu'ils parlent allemand comme les Allemands polonisés/ « *Slavonic-Germans* »/ parlent polonais. Mais la phrase peut créer une équivoque : elle peut insinuer qu'il existe des dialectes slaves rapprochés de l'allemand, ce qui est faux. (Lettre du président de la CN polonaise au président de la CN britannique datant du 17 novembre 1936. I.II.1, archives de l'IICI).

Le manuel en question fait même l'objet d'une vive critique. On peut observer comment la CN polonaise veille aux images véhiculées de l'Europe qui pourraient nuire à la réalité politique de la Pologne. Constatant que le manuel en question n'est que la simple répétition de l'édition de 1921 et de 1912, les Polonais dénoncent un livre et un esprit datant

---

58 H. W. Palmer (1928). *Lands and their stories. Book V. Europe and its peoples.*
59 J.W. Allen (1930). *The World for senior students. Longmans' Geographical Series, Book III.* New edition, p. 613.

« d'avant-guerre »[60]. L'image à donner de l'Europe à travers les manuels doit être acceptable depuis les actuels enjeux nationaux. Lorsque la Commission polonaise adresse un recourt à son homologue lettone[61], la revendication de la spécificité nationale de la Pologne, mais également les relations avec la Russie sont également au cœur des enjeux. Les Polonais dénoncent par exemple le point de vue pro-russe d'un manuel réédité datant de 1911[62], écrit dans « un esprit visiblement hostile à tout ce qui s'oppose à la volonté des tsars de « toute la Russie » ». Les membres de la commission s'étonnent d'ailleurs d'un tel point de vue émanant de Lettonie, qu'ils pensaient « en lutte » face à la Russie, à leurs côtés[63]. Ce livre jugé « anachronique »[64] est à la limite de provoquer un incident diplomatique[65], tout comme un autre manuel mis en cause : « ce manuel empreint d'un esprit peu européen et de haine pour tout ce qui n'est pas russe ne peut être considéré par notre Commission que comme un instrument de propagande anti-polonaise, hostile à l'amitié qui unit nos deux pays[66].

Un des reproches de ce manuel porte sur un oubli regrettable (du point de vue de la commission) dans l'histoire européenne :

Ce manuel présente les relations entre la Russie et la Pologne de façon trop abrégée et trop unilatérale pour que l'élève puisse se rendre compte d'un des problèmes les plus importants de l'histoire européenne : la rencontre de la démocratie polonaise avec l'autocratie russe, le choc de deux civilisations

---

60 « Nous nous demandons seulement quel fut l'intérêt de rééditer en 1930 un ouvrage qui donnait une image fausse de la réalité à l'Est de l'Europe ».

61 Lettre du président de la CN polonaise au président de la CN lettonne datant du 16 décembre 1936, I.II.1, archives de l'IICI.

62 Platonow (s. d.). *Uczebnik russkoj isterii dla sredniej szkoky.*

63 « les mouvements pour la liberté des pays opprimés comme votre pays ou le nôtre, sont ici regardés par l'auteur du point de vue officiel "russe" ». Lettre du président dse la CN polonaise au président de la CN lettonne du 16 décembre 1936, I.II.1, archives de l'IICI.

64 « ce livre qui semble avoir pour but d'expliquer surtout les conquêtes des Tsars, est aujourd'hui un anachronisme par son esprit même ». *Ibid.*

65 « D'après ce livre on peut voir comment un manuel qui se sert de faits exacts peut être cependant dangereux pour la coopération amicale des peuples ». *Ibid.*

66 W. Ananin. (1926/1927). *Uczebnik russkoj istorii. Kurs osnownych szkok.* Riga. *Ibid.*

attachées à deux relations chrétiennes ennemies. (Lettre du président de la CN polonaise au président de la CN lettonne datant du 16 décembre 1936. I.II.1, archives de l'IICI).

Associé aux autres fragments, cet extrait montre bien la vision manichéenne à l'œuvre entre deux « civilisations » décrites comme étant homogènes d'un point de vue linguistique, culturel et religieux, dont l'une, la Pologne catholique, s'auto-présente comme démocratique face à la Russie orthodoxe dénigrée comme étant une autocratie. Cette interprétation laisse à penser que le souci de réévaluation du décompte des minorités des États qui est relativement récurrent dans certaines procédures Casarès peut parfois être déterminée par ces enjeux liés à l'indépendance, sa légitimation et son maintien à long terme[67]. Par conséquent, aux yeux de la CN polonaise, l'oubli évoqué ci-dessus constitue bien un biais dans la présentation de la population polonaise dans l'Histoire et la commission entend rectifier la version présentée en dénonçant l'injustice du manuel letton :

> Le jeune citoyen de Lettonie apprend à l'école que ce sont les Polonais qui étaient à l'égard des Russes cruels/ « les Polonais traitaient les Vaincus avec cruauté » /p. 61/, condamnaient certains prisonniers à « mourir de faim »/p. 45/. (Lettre du président de la CN polonaise au président de la CN lettonne datant du 16 décembre 1936. I.II.1, archives de l'IICI).

Dans ces échanges entre CN s'observent donc des enjeux diplomatiques et politiques de première importance. Alors que la CN polonaise fait savoir à la CN tchécoslovaque qu'une place plus grande pourrait être consacrée à la Pologne dans ses manuels[68], elle n'hésite pas à chercher à les influencer politiquement. Le commentaire d'un manuel[69] devient l'occasion une petite leçon politique :

---

67 Il serait intéressant à cet égard de se demander par exemple si le fait de clarifier qu'il n'y ait pas de minorité arménienne en Pologne est simplement un souci d'exactitude historico-politique, ou une manière d'anticiper sur les problèmes que pourrait poser à l'intérieur de la Pologne une population dont on estimait parfois, à raison ou à tort, qu'elle était à l'époque majoritairement positionnée sur les intérêts russes.

68 Lettre du président de la CN polonaise au président de la CN tchécoslovaque datant du 13 janvier 1937. I.II.1, archives de l'IICI.

69 Vlach-Krecar (1922). *Dějepis Obecný* pro *nižší třídy škol středních*.

> Les luttes désespérées que la Pologne a menées au nom de la Justice Inter-
> nationale pour sa propre indépendance, et, par suite, pour celle des autres
> pays opprimés – devraient servir plutôt d'exemple pour la jeunesse de ce
> pays. (Lettre du président de la CN polonaise au président de la CN lettonne
> datant du 16 décembre 1936. I.II.1, archives de l'IICI).

À travers ces usages de la résolution Casarès, on observe que les frontières entre science, éducation, politique et diplomatie apparaissent
toujours aussi poreuses. Dans ce contexte, les manuels scolaires, et
notamment ceux d'histoire et de géographie, restent l'occasion de présenter (ou de nier) la continuité historique d'un État dans un espace
géographie donné, délimitant un territoire présentant une homogénéité
intérieure (population homogène d'un point de vue culturel, ethnique,
religieux, linguistique) et des différences notables avec les États voisins.
La différence entre la Pologne et l'Italie fasciste réside dans le fait que
la première œuvre par rapport à sa jeune indépendance pendant que la
seconde s'appuie sur la culture scolaire pour ses velléités impérialistes
et ses projets coloniaux.

Conclusion

Comme nous l'avons montré dans d'autres publications (Hofstetter &
Riondet, 2018 ; Riondet, 2015 ; Riondet, 2019a, 2019b, sous presse), la
résolution Casarès n'est qu'une des facettes de l'action de la Coopération
intellectuelle. Elle constitue le versant formel de cette action, en parallèle à diverses circulations informelles (notes, rapports, informations,
relations épistolaires) et aux activités de comités et de commissions.
Si cette action est principalement symbolique au vu de ses résultats,
elle n'en garde pas moins une certaine matérialité, car des contenus de
manuels et l'édition évoluent parfois concrètement au gré des débats et
négociations en jeu[70]. Ce n'est pas « spontanément », ni sans rapport de
forces, que la vie des intellectuels allait être sensibilisée à l'internationalisme (Bourdieu, 2002) ; par conséquent, cette période est clairement

---

[70] Certains historiens, comme Petersen, estiment que l'action de l'IICI fut
plus « symbolique que réelle » (cité par Laqua, 2011) La singularité de notre
contribution est d'avoir montré au contraire la matérialité de cette action
symbolique.

le moment de ces premières synergies, qui se concrétiseront plus efficacement plusieurs décennies plus tard[71].

Cependant, les difficultés à l'œuvre ne sont pas sans enseignements.
Par-delà les velléités pacifistes, les intellectuels restent pour autant des
hommes et des femmes de leur temps. Il est d'ailleurs aisé de constater
les « conflits de devoir » des acteurs du monde éducatif (qu'ils soient éducateurs, historiens, scientifiques), pris dans des processus contradictoires
(valeur de la nation, valeur du pacifisme) (Riondet, 2018), ce qui donne
raison au constat d'un « nationalisme banal »[72] particulièrement diffus.
Si nous ne doutons pas nécessairement que certains acteurs en jeu après
la Grande Guerre aient pu partager, majoritairement, la conviction de
Clémenceau qu'il fallait dorénavant « gagner la paix »[73], l'adhésion à un
pacifisme parfois un peu abstrait cache mal tout une série d'enjeux, et de
véritables désaccords potentiels. Si complexe, contesté et détourné soit-il,
l'internationalisme éducatif en jeu apparaît concrètement comme un
entre-nationalisme[74], en dernière instance, dans lequel le poids des États
et des idéologies nationalistes reste omniprésent, même à l'échelle des
débats, des comités d'experts en petit nombre, des correspondances entre
éducateurs et historiens. La Coopération intellectuelle fait en quelque
sorte office de sas symbolique tiraillé par les répercussions des divers
traités contribuant à la recomposition des structures étatiques après la
Grande Guerre et par l'émergence de nouvelles formes idéologiques
émergeantes au niveau européen et mondial.

Sous un internationalisme pacifiste de papier coexistent d'innombrables controverses politiques et diplomatiques qui s'invitent dans la
révision des manuels scolaires. Si les références bellicistes ont virtuel-
lement commencé à prendre la porte, elles sont parfois revenues par la
fenêtre. Il ne s'agit pas tant de paradoxes que de contradictions nécessaires inhérentes à un système global. L'historien marxiste Hobsbawm

---

71 L'évolution des contenus des *Manuels Malet-Isaac* est un exemple concret de
    ces changements (Riondet, 2019a).
72 Nous faisons référence aux travaux de Michael Billig. Ce concept constitue
    un « outil analytique » pertinent « pour repérer les manifestations subtiles
    de la nation dans les interactions quotidiennes » (Laqua, 2011, p. 53).
73 « Nous avons gagné la guerre, mais maintenant, il va falloir gagner la paix,
    et ce sera plus difficile » (cité par Guiau, 2015, p. 7).
74 Nous empruntons cette formulation à notre collègue Bernard Schneuwly.

rappelait ce fait majeur du 19e siècle : l'émergence de l'impérialisme, ce « phénomène nouveau », dont les racines s'inscrivent dans une nouvelle phase du capitalisme conduisant au partage du monde entre grandes puissances et dont les rivalités sont également une des origines de la Première Guerre mondiale (Hobsbawm, 1987/2012, pp. 84–85). Derrière la culpabilisation des mondes éducatifs et scientifiques, c'est bien l'armée qui était devenue « le but principal de l'État » et « un but en soi »[75] dans un climat de concurrence extrême entre États. Le travail sur l'éducation mené dans la Coopération intellectuelle apparaît sans doute, plusieurs décennies plus tard, comme une stratégie moins coûteuse pour développer les États dans une concurrence davantage régulée. Il ne s'agit pas de faire disparaître véritablement les nationalismes et les impérialismes, mais que les relations entre États s'harmonisent *a minima*. Dans cette histoire où les intellectuels sont à la fois acteurs et instruments de la diplomatie de leur État et leurs desseins hégémoniques, la coopération n'était pas nécessairement antagoniste au mode de production dominant de l'Europe, à savoir le capitalisme, dont elle épousait, en dernière instance, les contradictions[76].

---

75 « les peuples ne sont plus là que pour donner des soldats et les nourrir. La concurrence des différents États entre eux les oblige d'une part à dépenser chaque année plus d'argent pour l'armée, la flotte, les canons, etc., et donc à accélérer l'effondrement financier, d'autre part, à prendre de plus en plus au sérieux le service militaire obligatoire et, en fin de compte, à familiariser le peuple tout entier avec le maniement des armes, donc à le rendre capable de faire à un moment donné triompher sa volonté en face de la majesté du commandement militaire » (Engels 1878/2007, p. 426)

76 Du fait de son commerce extérieur, la France, très mobilisée dans cette affaire de coopération intellectuelle est par ailleurs la 4ème puissance commerciale mondiale à la fin des années 1920 (Guieu, 2015, p. 375). Pour autant, il est également intéressant de souligner qu'entre 1913 et 1929 le profit des entreprises progresse de moitié mais que la condition des ouvriers et des paysans ne s'améliore pas pour autant à la même vitesse (Guieu, 2015, p. 374).

Références

Sources

Archives de l'IICI. Archives de l'Unesco, Paris.
Dossier Correspondances I.II.1. (1926–1934, 1934–1935, 1936–1939).
Commission Nationale Italienne.

Documents imprimés

Allen, J. W. (1930). *The World for senior students. Longmans' Geographical Series, Book III.*

Ananin. W. (1926/1927). *Uczebnik russkoj istorii. Kurs osnownych szkok.* Riga

Ballester y Castell, R. (1933). *Iniciacón al estudio de la Historia.* Ballester : Tarragona.

Coopération intellectuelle (1934). Révision des manuels scolaires. *Coopération Intellectuelle, 43–44,* 351–354.

Coppola, F. (1934). L'avenir de l'esprit européen. *Coopération Intellectuelle, 38,* 83–84.

Dotation Carnegie pour la paix internationale (1923). *Enquête sur les livres scolaires.* Paris : Centre Européen de la Dotation Carnegie.

Grigaut, M. (1926). Géographie Générale et économique. Paris : Dunot.

Hamilton Burrell, J. (s. d.). *Nelson's Intermediate Georgraphie. Vol.I. The British Isles and Europe.*

IICI (1932). *La Révision des Manuels Scolaires contenant des passages nuisibles à la compréhension mutuelle des peuples.* Paris : Société des Nations.

Nanke, Cz. (1931). *Historia sredniowieczna, Historja nowozytna.* Książnica – Atlas : Lwów – Warszawa.

Palmer, H. W. (1928). *Lands and their stories. Book V. Europe and its peoples.*

Platonow (s. d.). *Uczebnik russkoj isterii dla sredniej szkoky.*

Schelling & Dierauer, J. (1926). *Welt- und Schweizergeschichte.* St-Gallen : Fehr'sche Buchhandlung.

Siwak, M. (1931). *Geografia Europy.* K.S. Jakubowski.

Vlach-Krecar (1922). *Dějepis Obecný pro nižší třídy škol středních.*

Bibliographie

Balibar, R. (1974). *Les français fictifs. Le rapport des styles littéraires au français national*. Paris : Hachette.

Beauvois, D. (2000). La conscience historique polonaise au XIXe siècle. *Histoire de l'éducation*, 86, 37–60.

Bourdieu, P. (2002). Les conditions sociales de la circulation internationale des idées. *Actes de la recherche en sciences sociales*, 145, 3–8.

Busino, G. (2010). La Corse vue par les historiens italiens contemporains. *Revue européenne des sciences sociales, XLVIII-145*, 81–96.

Colin, M. (2010). Les livres de lecture italiens pour l'école primaire sous le fascisme (1923–1943). *Histoire de l'éducation*, 127, 57–94.

Dard, O. (2016). Experts et intellectuels-experts : une demande croissante. In C. Charle et A. Jeanpierre (Éds.), *La vie intellectuelle en France. II. De 1914 à nos jours* (pp. 52–57). Paris : Seuil.

Ducreux, M.-E. (2000). Nation, État, éducation. *Histoire de l'éducation*, 86, 5–36.

Dumont, J. (2018). *Diplomaties culturelles et fabrique des identités. Argentine, Brésil, Chili (1919–1946)*. Rennes : Presses Universitaires de Rennes.

Droux, J. & Hofstetter, R. (Éds.) (2015). *Globalisation des mondes de l'éducation : circulation, connexions, réfractions (XIXe et XXe siècles)*. Rennes : Presses universitaires de Rennes.

Engels, F. (1878/2007). *Antidühring*. Paris : Éditions Science marxiste.

Fuchs, E. (2007a). Networks and the History of Education. *Paedagogica Historica*, 43(2), 185–197.

Fuchs, E. (2007b). The creation of the new international network in education : the League of Nations and education organizations in the 1920's. *Paedagogica Historica*, 43(2), 199–209.

Galimi, V. (2005). Culture fasciste et droit à la guerre. *Mil neuf cent. Revue d'histoire intellectuelle*, 1(23), 167–182.

Genovesi, G. (2009). *Il manuale di storia. Dal fascismo alla Republica*. Milano : Franco Angeli.

Giuntella, M. C. (2003). Enseignement de l'histoire et révision des manuels scolaires. In M.-C. Baquès, A. Bruter & N. Tutiaux-Guillon, (Éds.), *Pistes didactiques et chemins d'historiens. Textes offerts à Henri Moniot* (pp. 161–189). Paris : L'Harnattan.

Goodman, J. (2012). Women and international intellectual co-operation. *Paedagogica Historica*, 48(3), 357–368.

Goyet, B. & Olivera, P. (2016). Les mondes intellectuels dans la tourmente des conflits. In C. Charle & L. Jeanpierre, (Éds.), *La vie intellectuelle en France. II De 1914 à nos jours* (pp. 19–41). Paris : Seuil.

Guieu, J.-M. (2009). « L'insécurité collective ». L'Europe et la Société Des Nations dans l'Entre-deux-guerres. *Bulletin de l'Institut Pierre Renouvin*, 2(30), 21–43.

Guieu, J.-M. (2015). *Gagner la paix*. Paris : Seuil.

Hobsbawm, E. (1987/2012). *L'ère des empires 1875–1914*. Paris : Fayard.

Hobsbawm, E. (1994/2003). *L'âge des extrêmes. Histoire du court XXe siècle*. Paris : Complexe.

Hofstetter, R. & Riondet, X. (2018). International Institutions, Pacifism, and the Attack on Warmongering Textbooks. In E. Fuchs & E. Roldán (Éds.), *Textbooks and War – Historical and Multinational Perspectives* (pp. 201–232). Cham : Palgrave Macmillan.

Janmaat, J. G. (2007). The ethnic «other» in Ukrainian history textooks : the case of Russia and the Russians. *Compare*, 37(3), 307–324.

Kolasa, J. (1962). *International intellectual cooperation*. Wroclaw : Ossolineum.

Lacoste, Y. (1976/2014). *La géographie, ça sert, d'abord, à faire la guerre*. Paris : La Découverte.

Laqua, D. (2011). Internationalisme ou affirmation de la nation ? La coopération intellectuelle transnationale dans l'Entre-deux guerres. *Critique internationale*, 52(3), 51–67.

Maurel, C. (2010). Les rêves d'un « gouvernement mondial » des années 1920 aux années 1950. L'exemple de l'UNESCO. *Histoire @politique*, 1(10), 1–9.

Milet, L. (2015). « Esprit Japonais » et prémices du multiculturalisme. Le Japon et l'Organisation de la coopération intellectuelle. *Relations Internationales*, 162(2), 31–44.

Musiani, E. (2018). *Faire une nation. Les Italiens et l'unité (XIXe – XXIe siècle)*. Paris : Gallimard.

Ogier, A. (2007). Le rôle du manuel dans la leçon d'histoire à l'école primaire (1870–1969). *Histoire de l'éducation*, 114, 87–119.

Pes, A. (2013). Becoming imperialist : Italian colonies in Fascist textbooks for primary schools. *Journal of Modern Italian Studies*, 18(5), 599–614.

Pham-Thi-Tu (1962). *La Coopération intellectuelle sous la Société des Nations*. Genève : Droz.

Renoliet, J.-J. (1999). *L'Unesco oubliée. La Société des Nations et la coopération intellectuelle*. Paris : Publications de la Sorbonne.

Riondet, X. (2015). La question des normes dans l'écriture de l'histoire. Une bataille autour de l'enseignement. In H. L. Go (Éd.), *Normes pour apprendre* (pp. 159–185). Nancy : Presses Universitaires de Nancy / Éditions Universitaires de Lorraine.

Riondet, X. (sous presse). L'Institut international de coopération intellectuelle : comment promouvoir un enseignement répondant à l'idéal internationaliste (1931–1937) ? *Relations internationales, N° 183.*

Riondet, X. (2019a). Les manuels scolaires, un objet d'études pour penser la difficile autonomie de la culture scolaire. In S. Wagnon (Éd.), *Le manuel scolaire, objet d'étude et de recherche : enjeux et perspectives* (pp. 129–150). Berne : Peter Lang.

Riondet, X. (2019b). Qu'est-ce qui vaut d'être conservé dans des manuels scolaires au prisme de la valeur du pacifisme. In J.-M. Barreau & X. Riondet (Éds.), *Les valeurs en éducation. Transmission, conservation, novation* (pp. 81–103). Nancy : Presses Universitaires de Nancy / Editions Universitaires de Lorraine.

Sapiro, G. (2009). L'internationalisation des champs intellectuels dans l'entre-deux-guerres : facteurs professionnels et politiques. In G. Sapiro (Éd.), *L'espace intellectuel en Europe 19e-20e siècle* (pp. 111–146). Paris : La Découverte.

Siegel, M. L. (2004). *The Moral Disarment of France. Education, Pacifism, and Patriotism, 1914–1940.* Cambridge : Cambridge University Press.

Verga, M. (2007). Manuels d'histoire pour la paix en Europe, 1923–1938. In M. Petricioli & D. Cherubini (Éds.), *Pour la paix en Europe. Institutions et société civile dans l'entre-deux-guerres* (pp. 503–525). Berne : Peter Lang.

CHAPITRE 6
ÉTAPES ET ÉCUEILS DE L'INTERNATIONALISATION D'UNE QUESTION SOCIALE : LE CAS DES ENFANTS ILLÉGITIMES (1890–1940)

Joëlle Droux

Résumé La contribution tente d'apporter des éléments de compréhension aux débats qui ont porté sur le sort des enfants illégitimes durant le premier 20ᵉ siècle. Le chapitre croise une perspective nationale centrée sur le cas helvétique, avec une analyse des mécanismes internationaux de discussion portant sur ce sujet. Il traite particulièrement de la période d'internationalisation qui s'ouvre avec la création de la Société des Nations (SDN). En se centrant sur la façon dont le Comité de protection de l'enfance de la SDN se saisit de la question des illégitimes à partir de 1927, on montrera comment la cause est mise à l'agenda de cet organe. Le chapitre tente de dégager les modèles d'intervention discutés, les oppositions qu'ils suscitent, et les préconisations auxquelles le comité a finalement abouti. Il vise à alimenter notre connaissance des mécanismes d'internationalisation, en s'attachant à ne pas considérer les organes intergouvernementaux uniquement comme des plateformes contribuant à la diffusion de politiques progressistes : leurs échanges peuvent aussi déboucher sur la validation de positions conservatrices, révélatrices elles aussi de la nature des mécanismes circulatoires.

Mots-clés : enfants illégitimes, protection de l'enfance, SDN, internationalisation

Abstract The contribution endeavours to provide insights to debates having pertained to the fates of illegitimate children over the course of the first half of the 20th century. The chapter cross-examines a national perspective centred Switzerland, and an analysis of international discussion mechanisms pertaining to the topic. The chapter especially focuses on the period of internationalisation precipitated by the creation of the League of Nations (LN). By focusing on the way in which the LN's Child Welfare Committee addresses the issue of illegitimate children as of 1927, we will demonstrate the manner in which the issue is included to the body's agenda. The chapter attempts to outline the discussed intervention models, the objections generated against them, as well as the recommendations to which the Committee ultimately agreed upon. The chapter aims to inform upon the mechanisms of internationalisation, by resisting the urge to consider intergovernmental bodies solely as platforms contributing to the spread of progressive policies : their exchanges can also lead to the validation of conservative positions, thought to be equally revealing as to the nature of circulatory mechanisms.

Keywords : Illegitimate children, child welfare, League of Nations, internationalisation

De nos jours, le fait d'être né hors-mariage ne représente plus une anomalie. Il n'en a pas toujours été de même. L'établissement d'une équité dans le traitement des enfants « illégitimes » ou « naturels » est en effet un phénomène récent, qui remonte tout au plus à la fin du 20ᵉ siècle, pour la plupart des sociétés européennes (Meeusen, 1995). Il faut y voir l'effet des nouveaux cadres normatifs prônant l'abolition des distinctions légales entre les enfants quelle que soit la nature du lien unissant leurs parents ; un nombre croissant d'État en adoptent le principe depuis les années 1960, isolément ou sous l'influence de diverses instances internationales. C'est le cas de la Suisse, qui réforme en 1974 son droit de la filiation en s'appuyant sur les exemples des législations similaires déjà développées dans les États voisins (Conseil fédéral, 1974, p. 22)[1].

Mais avant cette série de tournants, les législations nationales étaient tout à la fois convergentes et divergentes à l'égard de cette catégorie d'enfants. Profondément convergentes, dans le fait de ne pas octroyer aux enfants naturels les mêmes droits qu'aux enfants légitimes (droits successoraux par exemple), contribuant à la vulnérabilité spécifique de ces derniers : ce sont en général des enfants moins bien assistés, dont l'instruction pâtit d'un parcours de vie plus chaotique, donc à terme moins bien intégrés. Par ailleurs, ces législations nationales se révèlent

---

1   Sont notamment cités comme modèles en la matière la Scandinavie, les démocraties populaires, la RFA, la France, et comme référence normative la Résolution 1787 du 18 mai 1973 du Conseil économique et social de l'ONU.

profondément divergentes entre elles quant au droit applicable à ces enfants illégitimes ou à leur mère célibataire. Ainsi, selon une loi italienne de 1927, une mère célibataire pouvait refuser de reconnaître son enfant à la naissance, et l'abandonner pour confier sa prise en charge aux structures de l'assistance publique (Quine, 2002). En Suisse à la même période, le Code civil suisse entré en vigueur en 1912 rattache tout enfant illégitime à sa mère et à la famille de celle-ci, et les tient responsables de son éducation, rendant l'abandon « sous x » impossible (Droux & Czaka, 2018). Même bigarrure à l'égard des responsabilités paternelles : le code civil suisse prévoit de lancer une procédure de recherche en paternité dès la déclaration d'une naissance illégitime, alors qu'en Italie, tous les projets de réforme en ce sens furent rejetés, tant par le régime républicain que par l'État fasciste. Comment expliquer qu'une telle unanimité dans l'inéquité du sort réservé aux enfants illégitimes ait pu être à la fois si générale, et perdurer aussi durablement ? La cause des enfants illégitimes n'aurait-t-elle donc jamais eu de champions ?

Tout au contraire, une plongée dans la littérature historique révèle que nombreuses furent les tentatives de réforme menées (parfois avec succès) sur les scènes nationales pour tenter d'améliorer la situation des enfants illégitimes et des mères célibataires (Fuchs, 2008 ; Gordon, 1994 ; Swain & Howe, 1995 ; Thane & Evans, 2012). Ces travaux ont permis de mettre au jour les efforts fournis autour de cette cause par une diversité de mouvements, au premier rang desquels les associations féminines et/ou féministes, particulièrement actives durant l'entre-deux-guerres. Comment dès lors expliquer la persistance des inégalités qui marquent la condition des enfants illégitimes, et ce dans la plupart des États industrialisés, face à une telle pression réformatrice ?

On s'efforcera ici d'étudier cette question en croisant une perspective nationale, celle illustrant la genèse des politiques et dispositifs suisses en matière de protection et d'éducation des enfants illégitimes, avec une analyse des mécanismes internationaux de discussion portant sur ce sujet. Le développement englobera une période clé de cette évolution qui se déploie entre les décennies 1880 et 1930. C'est en effet alors que se structurent des mouvements, agences et réseaux internationaux organisant les échanges d'informations entre États à propos d'une diversité de questions sociales. Une bascule attirera particulièrement notre attention : celle qui voit la mise sur pied des organisations internationales dès 1919, et la construction progressive d'une première forme d'internationalisation des politiques publiques à destination de l'enfance (Droux & Hofstetter, 2015).

Or, parmi les sujets qui vont s'imposer à l'agenda de ces organes internationaux, et tout particulièrement de l'un d'entre eux, le Comité de protection de l'enfance de la SDN, figure justement la question des enfants illégitimes : un sujet qui fait l'objet de nombreuses discussions et propositions au sein du comité entre 1927 et 1939. Et pourtant, à l'issue de cette intense activité, aucune révolution : seul un ensemble de résolutions fort mesurées seront édictées par le comité. Comment expliquer à la fois un tel enthousiasme de la part de cet organe, et son issue si peu spectaculaire ? Pourquoi avoir accouché d'une telle souris alors que tous paraissaient d'accord pour faire tomber la montagne d'inéquités dont étaient victimes les enfants illégitimes et leurs mères ? Afin de répondre à cette interrogation, on déploiera ici une approche qui croise plusieurs échelles d'analyse : en étudiant les controverses et positionnements autour de cette question d'un double point de vue national et international, on tentera de dégager ce qui distingue ces deux échelles de prise de décision que sont les scènes nationales et les organes internationaux. Y retrouve-t-on discutés, publicisés et promus les mêmes opinions, les mêmes dispositifs ? Ou bien ces arènes permettent-elles de dégager des principes ou des modèles d'intervention novateurs ? Et dans quelle mesure les solutions prônées au niveau des organisations internationales filtrent-elles sur les terrains nationaux, pour y modifier (ou pas) les pratiques et modes de traitement des questions sociales existants ? Ces interrogations visent à alimenter notre connaissance des mécanismes d'internationalisation des questions sociales qui se jouent dans les premières organisations intergouvernementales ; et ce en s'efforçant de ne pas les considérer nécessairement comme des accélérateurs de particules progressistes, contribuant à la diffusion de politiques plus éclairées et plus humaines (Haupt, 2011 ; Saunier, 2012). Car l'économie de leurs échanges internes peuvent aussi déboucher sur la validation de positions plus conservatrices : une « face sombre » de l'internationalisation des causes (Patel & Reichardt, 2016), qui n'en demeure pas moins révélatrice de l'évolution des mécanismes circulatoires.

VARIATIONS NATIONALES AUTOUR D'UNE QUESTION SOCIALE UNIVERSELLE

Les situations d'illégitimité posent une diversité de problèmes juridiques, économiques et moraux aux sociétés depuis l'Ancien Régime.

Non seulement l'existence de « bâtards » remet en cause l'institution sacrée du mariage, mais elle entraîne en outre de délicates situations relativement à la transmission des patrimoines familiaux, ou encore à la détermination des responsabilités en matière d'entretien, d'éducation ou d'assistance de ces enfants (Chappuis, 2014). De fait, une abondante production règlementaire entoure le traitement de ces situations d'illégitimité, concourant à une extrême diversité de pratiques qui perdure au 19e siècle. C'est particulièrement le cas en Suisse, pays qui se caractérise par une grande diversité des régimes de filiation.

Durant cette période, le phénomène des naissances illégitimes connaît de nettes fluctuations, dont les contemporains sont imparfaitement conscients (Laslett, 1980) : c'est en effet au moment où les taux d'illégitimité ont plutôt tendance à baisser, à la fin du 19e siècle, que les autorités morales et politiques s'en inquiètent le plus, générant aux quatre coins de l'Europe une abondante production discursive sur la question. Le sujet des naissances illégitimes est alors perçu par les élites comme un des effets « démoralisateurs » du paupérisme. L'initiative philanthropique s'efforce de les réduire, en collaboration avec les milieux scientifiques, notamment en luttant contre la mortalité des nourrissons (fondation de Gouttes de lait, de maternités, consultations infantiles). Or les illégitimes ne semblent guère bénéficier de ces efforts : en Suisse, où ces naissances ne représenteraient que le 5% de la natalité enregistrée dans le pays, le taux de mortalité durant la première année de vie est de 18% pour les légitimes, contre 28% pour les illégitimes (Ladame, 1886). Et cela sans compter les infanticides, avortements, et abandons d'enfants générés par les grossesses hors mariage. À l'heure où la force des États se mesure plus que jamais à leur vigueur démographique, la révélation de ces faits inquiète nécessairement les autorités.

Nombre de propositions autour de ce problème sont alors débattues en France (Fuchs, 2008), en Italie (Quine, 2002), en Allemagne (Dickinson, 1996), en Grande-Bretagne (Frost, 2016), aux USA (Gordon, 1994) : réforme des régimes de filiation, des dispositifs d'assistance de la mère célibataire et/ou de son enfant illégitime, accès aux systèmes éducatifs. Ces débats sont d'emblée marqués au coin d'une profonde internationalisation, notamment par le biais des congrès internationaux (de bienfaisance notamment) (David & Heiniger, 2019 ; Leonards & Randeraad, 2014). On s'intéresse en effet à ce qui se fait ailleurs, pour inspirer ce qu'on peut faire chez soi. Une spécialisation du droit se consacre d'ailleurs à ces mises en miroir : le droit comparé, qui ambitionne de puiser dans des législations étrangères des modèles pour améliorer les lois nationales. Certains y voient même la genèse d'un « droit commun de l'humanité », œuvrant au rapprochement des peuples (Fauvarque-Cosson, 2011, p. 530). Nombre de thèses de droit comparé consacrées à la question des illégitimes témoignent de cette attention aux solutions adoptées par-delà les frontières (Robert, 1912). Un intérêt qui alimente un processus d'harmonisation : ainsi, les réformes dont débat le parlement suédois en 1917 sur la question s'inspirent largement des législations norvégiennes (Le Bouteillec, 2013).

La Suisse ne reste pas à l'écart de ces germinations croisées. C'est à l'occasion de la rédaction du premier code civil unifié, entre 1893 et 1907, que la question des illégitimes va pénétrer dans la sphère publique (Droux & Czaka, 2018). Un consensus se dégage autour de certaines solutions, par exemple le fait de rendre obligatoire l'action de recherche en paternité en cas de maternité hors mariage. Cette action a pour but de retrouver le père, et de l'engager à prendre en charge les frais d'éducation de son enfant. Pour ne pas laisser la mère célibataire seule face à cette procédure lourde, le texte helvétique, s'inspirant des dispositions germaniques, instaure la déclaration obligatoire de toute naissance illégitime, suivie d'une mise sous curatelle. Le curateur nommé par les autorités tutélaires devra actionner la recherche en paternité dans un délai de trois mois : celle-ci vise à identifier le père, puis à s'efforcer d'obtenir de sa part une légitimation (si possible par mariage[2]) ou une reconnaissance de l'enfant, ainsi qu'un engagement à participer à ses frais d'éducation.

L'opinion publique, à en croire la presse romande, se montre favorable à ce nouveau dispositif : les juristes s'en félicitent au nom de « l'équité [qui] exige que la situation de l'enfant naturel, le pauvre entre les pauvres, soit considérablement améliorée »[3]. Les mouvements féminins s'en réjouissent aussi : le fait de prévoir que « l'action en paternité soit introduite par l'Etat devant le tribunal compétent sans que la fille-mère le réclame, c'est-à-dire d'office, et au besoin contre son gré »[4] leur apparaît particulièrement positif. Ainsi, pensent-ils, on limitera les cas où les pères se soustraient à leurs obligations, profitant de l'épuisement,

---

2   La légitimation par mariage n'est pas possible si le père a déjà une autre épouse.
3   « La recherche en paternité », *Le Confédéré*, 2 août 1905 (conférence d'E. Huber).
4   *Le Confédéré*, 12 avril 1896.

de la honte ou du repli sur soi des mères concernées. Un accord partagé par experts médicaux et hommes politiques, y compris conservateurs, tel le catholique fribourgeois G. Python qui y voit « une réforme
très équitable »[5]. Cette unanimité s'explique aussi par la représentation
que ces milieux se font de cette question sociale, en réduisant la situation de la mère célibataire à celle d'une fille-mère abandonnée par son
séducteur : dès lors, le seul moyen pour secourir la mère et sauver son
enfant, c'est de les mettre tous deux sous tutelle (d'un service, d'une
autorité, ou d'une personnalité), revêtue d'une autorité suffisante pour
obtenir les contributions des pères défaillants. Cette représentation
n'est pas nouvelle : au fil du 19e siècle, nombreux sont les magistrats
qui se montrent compréhensifs celles d'entre elles qui ont commis un
infanticide, convaincus que ces femmes étaient avant tout des victimes
(Lynch, 2000).

Or, la situation de dénuement qui touche bien des mères seules est
plus complexe qu'il n'y paraît. Ainsi, en Suisse comme ailleurs, les mères
célibataires ne sont pas forcément jeunes, inexpérimentées ou naïves,
loin s'en faut (Dubert, 2018 ; Evans, 2014 ; Frost, 2008). Et les naissances
hors mariages ne sont pas systématiquement l'effet d'une exploitation
sexuelle : elles témoignent aussi des freins qui peuvent s'opposer à la
conclusion d'une union légitime (les procédures de mariage coûtent en
effet cher). Quelle que soit la réalité de ces situations contrastées, les
contemporains continuent en tout cas à voir en ces mères célibataires
autant de filles-mère trompées et abandonnées, victimes de l'égoïsme
masculin. Aussi les dispositifs chargés de les assister ne semblent-ils
répondre qu'à cette situation de vulnérabilité spécifique, à l'image du
code civil suisse : une solution qui vient conforter la répartition des
rôles sexués qui sous-tend le modèle familial patriarcal dominant. En
obligeant les pères à assumer leur fonction économique, quand bien
même le foyer demeurerait dissocié, cette solution reste profondément
ancrée dans le cadre moral des sociétés chrétiennes. Mais ce dispositif
a des limites : celui des intérêts supérieurs de la famille légitime, d'une
part ; et d'autre part celui de la femme qui n'a pas « fauté ». Ainsi, la
proposition, faite par certains intervenants durant les débats, de rendre
possible la reconnaissance des enfants adultérins ou incestueux par leur
père, et ce au nom de l'équité entre enfants, est rejetée par la majorité des

---

5   *La Liberté,* 23 novembre 1897.

Chambres. Les conservateurs catholiques, en particulier, s'y opposent au nom du caractère sacré du mariage légitime : « une telle disposition ne pourrait que prêter des armes à la nouvelle école anarchique qui rêve la destruction de la famille »[6]. Même refus lorsque certains représentants du mouvement ouvrier réclament le rappel des dispositions du code interdisant toute reconnaissance de paternité aux enfants dont la mère aurait eu plusieurs relations sexuelles au moment de la conception[7]. Pour la majorité des législateurs, la solidarité de la Nation ne peut être accordée qu'aux femmes victimes de l'immoralité masculine, et non à celles qui par leur propre comportement ont délibérément transgressé les valeurs morales dominantes en ayant plusieurs partenaires sexuels hors mariage.

Au final, les dispositions du code rallient une majorité de soutiens. Juristes, mouvements féminins, acteurs philanthropiques, s'accordent à voir dans ce nouveau régime de filiation « un juste milieu entre un idéalisme rêveur et la calme observation des faits »[8]. Face au marché des modèles disponibles, le législateur helvétique a opéré un tri sélectif, qui procède de l'agencement complexe de plusieurs facteurs. La nature des réformes proposées reflète d'abord une forme de consensus autour du diagnostic porté sur la question de l'illégitimité : partenaires sociaux, mouvements associatifs et partis politiques bourgeois sont prêts à soutenir les femmes et enfants victimes d'hommes peu scrupuleux. À cet égard, le traitement donné à la question sociale des illégitimes par le Code civil suisse, inspiré du modèle allemand, concilie deux postures fortes observées durant les débats publics : d'une part le désir de soutenir mères célibataires et enfants illégitimes par l'action en paternité médiatisée et la tutelle obligatoire afin de ne pas laisser la mère célibataire seule face à cette lourde mécanique judiciaire (comme c'est le cas en France ou au Canada) (Fuchs, 2008 ; Malouin, 1996). Mais d'autre part, le code conditionne ce soutien au respect dû à la famille légitime et aux valeurs morales dominantes : ainsi l'enfant naturel pourra être légitimé par son père, sauf si celui-ci a déjà des enfants légitimes. Tout au plus obtiendra-t-on de son géniteur une pension alimentaire, mais sa succession sera réservée aux seuls légitimes. Quant aux mères « tombées », elles

---

6   « Chronique des Chambres », *La Liberté*, 10 décembre 1905.
7   « La recherche en paternité », *La Sentinelle*, 8 juillet 1905.
8   « La recherche en paternité », *Le Confédéré*, 2 août 1905.

seront assistées, sauf si leur séducteur peut convaincre les juges que la mère a eu plusieurs relations sexuelles au moment de la conception : elle et sa progéniture seront dès lors laissés au bon vouloir de leurs proches et de la bienfaisance publique ou privée. La société suisse, à travers ces dispositions, est donc prête à se réformer, mais pas à n'importe quel prix. La voie choisie est celle d'une *amélioration* de la situation des illégitimes et de leurs mères, sur le modèle de législations étrangères, et non pas de *l'égalité* des statuts légaux. Le législateur sanctionne tout au contraire par ce nouveau cadre légal la hiérarchie qui les ordonne au regard du droit (à la protection, à la solidarité, à l'assistance). Voté par les Chambres en 1907, mis en œuvre dès 1912, le nouveau code civil n'en est pas moins salué comme un des plus avancés de son époque (Ott, 1910 ; Silbernagel, 1928)[9].

Sur cette question si sensible du statut et des droits des enfants illégitimes, la tendance à la globalisation des échanges en matière de mise en circulation des réformes se traduit à l'orée du siècle par une bigarrure des dispositifs nationaux, résultant des variations locales/nationales dans la capacité des milieux réformateurs à élaborer des solutions culturellement et politiquement acceptables au problème de l'illégitimité. Face au catalogue des propositions existantes ou envisagées, chaque contexte national opère des choix tout à la fois convergents dans leur logique (compenser les inégalités de statut et minimiser leurs effets, améliorer l'assistance, protéger la famille légitime) et profondément diversifiés dans la mécanique juridique fine des réformes mises en œuvre, entraînant des dispositifs concrets nettement différenciés.

Sur les scènes nationales, la question des enfants illégitimes revêt dès lors une actualité différente selon les États : alors qu'une poignée de nations ont tranché sur la question (France et Suisse, 1912), d'autres en sont encore à l'étape des délibérations, comme la Suède (Le Bouteillec, 2013), ou les États nords-américains (Gordon, 1994). La question devient plus brûlante encore pour les États belligérants dès 1914, du fait des naissances illégitimes générées par le conflit. Enfants du viol ou de relations extraconjugales alimentent le débat, mais à bas bruit : la censure interdit en effet qu'on évoque des sujets « pouvant engendrer la discorde dans les

---

9   Les principales dispositions sur les enfants nés hors mariage sont contenus dans le titre septième du CCS : De l'établissement de la filiation (Art. 252 à Art. 269).

couples séparés par la guerre » (Capdevilla, Rouquet, Virgili & Voldman, 2003, p. 125). L'heure est à des questions sociales plus pressantes, comme l'assistance aux orphelins et veuves de guerre (Faron, 2001). Cependant, la question des enfants illégitimes ne tarde pas à revenir sur le tapis dès les années vingt. C'est le cas en Grande-Bretagne où une tentative de réforme du statut des illégitimes se solde par un très prudent Bastardy Act, en 1923, suivi de 11 projets de loi en matière de légitimation déposés entre 1918 et 1926, portés par des réseaux et personnalités réformistes où les féministes jouent un rôle majeur (Thane & Evans, 2012, pp. 49–51).

Ailleurs, comme en Suisse, les réformes du code civil n'ont pas tardé à susciter des déceptions (Droux & Czaka, 2018). Certes, les dispositions permettant la légitimation par le mariage ont en partie porté des fruits : 26,9 % des enfants illégitimes nés vivants feront l'objet de cette mesure entre 1911 et 1920, puis 31,3 % pour la période 1921–1930[10]. Ils bénéficient dès lors de l'intégralité de leurs droits à la protection, à l'éducation et à l'assistance, au même titre que les légitimes. En revanche, le nouvel arsenal juridique de recherche en paternité suscite bien des déceptions. D'abord parce que les procès en paternité ne peuvent pas toujours aboutir dans les délais, notamment quand le père s'enfuit ou se cache ; ensuite parce que la clause qui empêche de reconnaître une paternité si la mère est soupçonnée d'avoir a eu plusieurs partenaires au moment de la conception est fréquemment invoquée. Enfin parce que même si l'action en paternité permet aux tribunaux de désigner le père et de l'assigner à contribuer financièrement à l'éducation de son enfant, cette décision n'est pas toujours suivie d'effet. Et ce n'est pas l'intervention d'un tuteur qui change grand-chose à l'affaire, par exemple quand l'indigence du père l'empêche de faire face à ses engagements financiers. Selon une enquête menée à Genève entre 1935 et 1939, plus de 66 % des mères célibataires sont ainsi privées des pensions qui leur sont dues (Huguenin, 1955). Dans l'impossibilité d'assumer seules l'entretien et l'éducation de leur enfant, elles n'ont souvent d'autre issue que de laisser les autorités d'assistance le placer. Choisi ou forcé, le placement est en effet l'horizon d'attente de bien des illégitimes. Ainsi, à Lausanne en 1929, 53 % des enfants placés sont illégitimes (alors qu'ils ne constituent guère plus de 6 % des naissances). Leurs parcours éducatifs en est fortement affecté (déplacements successifs, formations interrompues,

---

10 « Légitimations 1901–1930 », *Annuaire statistique suisse*, 1930, 65.

échec scolaire). Pour ne rien dire de leurs (mal)chances de survie : le taux de mortalité des illégitimes reste en effet bien supérieur à celui des légitimes (Gautier & Thévenod, 1928, p. 2). Pire même, le différentiel s'aggrave durant cette période : pour les années 1906–1910, la mortalité des enfants nés vivants durant leur première année était de 11,2 % pour les légitimes et de 18,7 % pour les illégitimes ; pour les années 1921 à 1925, elle passe respectivement à 6,3 % et 12,3 % (Hersch, 1943, p. 4). La montagne du code civil aura bel et bien accouché d'une souris.

Des voix s'en émeuvent : le socialiste zurichois Hans Oprecht dépose en juin 1926 une motion à l'Assemblée fédérale dénonçant la clause interdisant toute reconnaissance si la mère est soupçonnée d'inconduite (Schupbach, 1934). Plus massive, la montée en puissance des critiques féministes et féminines s'exprime à travers la presse militante, pour dénoncer les effets dévastateurs des pères mauvais payeurs et des carences de la solidarité nationale envers les mères célibataires et leurs enfants (Droux & Czaka, 2018). S'ouvre dès lors, en Suisse mais dans d'autres contrées également, une séquence nouvelle. Au moment où les désillusions réalimentent chez certains une appétence à la réforme, l'espace international inaugure des arènes de discussion les performances des politiques sociales et éducatives nationales.

Un comité international pour l'enfance à la SDN : entre innovations et résistances

À la même époque en effet, une série d'organisations est établie dès 1919 autour de la toute jeune Société des Nations afin de traiter de problématiques sociales ; c'est en tout premier lieu l'Organisation internationale du travail (OIT) et son secrétariat permanent, le Bureau international du travail (BIT). La SDN elle-même, bien que principalement destinée au règlement pacifique des conflits, se charge aussi d'étudier une série de problèmes sociaux ou économiques. Elle se dote pour ce faire d'une série d'agences, dont l'Organisation d'hygiène, et le Comité consultatif pour la traite des femmes et des enfants, traitant respectivement des questions internationales en matière de santé, et de la régulation de la prostitution. D'autres acteurs collectifs sont associés aux travaux de ces organes intergouvernementaux. Ce sont toute une série d'associations ou de plateformes fédératives issues de l'initiative privée, dont les expertises s'étendent à tel ou tel domaine des politiques publiques.

C'est le cas notamment de l'Association internationale de protection de l'enfance (AIPE), fondée à Bruxelles en 1921, dans le but de fournir aux associations privées une plateforme de collaboration et de promotion de leur cause. Ou l'Union internationale de secours aux enfants (UISE), créée à Genève en 1920 pour internationaliser l'aide humanitaire aux populations enfantines victimes de guerre (Droux, 2012). De tels réseaux sont désormais étroitement associés au travail des organes sociétaires, auprès desquels, grâce à leur expertise technique, ils représentent la société civile internationale.

Ce sont précisément les deux plateformes fédératives qu'on vient de mentionner, intéressées à la cause de l'enfance, qui vont conjuguer leurs efforts pour que la SDN intervienne sur ce terrain. S'appuyant sur des relais diplomatiques, ces réseaux poussent le Conseil à créer en 1925 un Comité de protection de l'enfance (CPE), sur le modèle de l'organe chargé du trafic des femmes et des enfants. Le mandat du Comité est assez flou : l'Assemblée « lui demande de créer une branche nouvelle de son service des questions sociales, destinée à jouer le rôle de bureau central pour les idées et découvertes de ceux qui s'occupent d'œuvres constructives intéressant les enfants des diverses nations » (Société des Nations, 1924, p. 9). Cet aréopage est de taille bien modeste : une vingtaine de membres au départ. Parmi eux, une dizaine de représentants des États, nommés par leurs gouvernements, sur décision du Conseil de la SDN, qui ont seuls le droit de vote. À leurs côtés interviennent une demi-douzaine de représentants des réseaux internationaux centrés sur la cause de l'enfance, avec le titre d'assesseurs, nommés par le Conseil sur proposition du Secrétaire général de la SDN[11]. Ce CPE *in pleno* se réunit chaque année de 1925 à 1939 pour une semaine de débats[12]. Ses membres sont libres de décider de leurs méthodes de travail, ainsi que des sujets portés à son agenda : sous réserve tout de même d'un double contrôle, à la fois par la 5e commission de l'Assemblée, dite commission

---

11 En font partie les représentants de l'AIPE, de l'UISE, de la Ligue des sociétés de Croix-Rouge, des organisations féminines internationales, de l'organisation internationale des éclaireuses, ainsi que des agents de liaison du BIT et de l'Organisation d'hygiène.

12 De 1937 à 1939, le comité de protection de l'enfance et le comité de la traite des femmes et des enfants fusionnent en une commission consultative des questions sociales.

des questions sociales, et du Conseil, qui doivent approuver les travaux du CPE.

Sous ces modestes auspices, c'est pourtant une série de petites révolutions qui s'institutionnalise ici : d'une part, pour la première fois dans l'histoire contemporaine, la cause de l'enfance est dotée d'un organe intergouvernemental. C'est reconnaître le statut particulier de l'enfance, gage d'un avenir pacifique, porté aussi par d'autres forums internationaux[13]. D'autre part, des représentants de la société civile sont nommés à titre d'experts pour assister les délégués des États dans leurs travaux : ce n'est certes pas la première fois que des réseaux associatifs sont associés aux processus d'évaluation des dispositifs et des bonnes pratiques sociales, comme en témoignent les réseaux actifs sur ce terrain (Gregarek, 1995). Mais c'est la première fois qu'ils y sont associés avec l'aval de toute la communauté internationale, incarnée par les organes décisionnaires de la SDN (Droux, 2016). Tout aussi remarquable est leur pluridisciplinarité : alors que les réseaux d'avant-guerre reposaient sur des logiques disciplinaires relativement compartimentées, le CPE incarne une pluralité de compétences et de savoirs centrés sur l'enfance. On y trouve des juristes (à l'image du ministre belge Henry Carton de Wiart (1869–1951), de l'AIPE) ; mais aussi de hauts-fonctionnaires ou magistrats familiers des juridictions pénales (comme le français Henri Rollet (1860–1934)) ; ou encore des figures des réseaux féminins : l'américaine Grace Abbott (1878–1939), du Children's Bureau des USA, cheville ouvrière du système des *Mothers' pensions* adopté en 1921 (Costin, 1983) ; Eleanor Rathbone (1872–1946), une des premières parlementaires britanniques, qui vient de lancer dans son pays l'idée d'un système d'allocation familiale (Pedersen, 2004).

Le statut du CPE, sa marge de manœuvre et la mission qu'il se donne vont faire l'objet de larges débats au fil des deux premières sessions. Délégués et assesseurs délibèrent sur le périmètre d'action qui leur est ouvert et deux sensibilités s'y expriment, témoignant de conceptualisations divergentes de l'internationalisme. D'un côté, certains membres voient dans le CPE un organe de promotion des causes progressistes : ils souhaitent voir le comité s'engager dans des enquêtes autour de questions vives, étudier les dispositifs existants, et *in fine* pointer les plus performants à l'attention des gouvernements. Le but étant

---

13 Voir le chapitre 2 de ce volume de R. Hofstetter et B. Schneuwly.

d'exercer une forme de pression sur les États : en rendant publiques les bonnes pratiques existantes, on exposerait l'ensemble des gouvernements qui s'y refusent devant l'opinion publique internationale. Le rôle du CPE serait instrumental dans ce processus puisque c'est à lui que reviendrait la charge de leur « montrer par des exemples la nécessité de combler cette lacune »[14]. Dès lors, « le législateur ne peut pas rester indifférent. Il appartient au comité de le stimuler »[15]. Pour ces intervenants, il est d'emblée exclu que le comité engage une forme quelconque d'unification par le haut, le rôle de l'instance internationale étant limité au fait de *suggérer* des modifications législatives et non de les *imposer* par des recommandations contraignantes. Une voie de moindre contrainte, donc, qui mise sur la bonne volonté des États à se saisir (ou pas) des conclusions dégagées par un organe expert internationalisé.

Face à cette forme de promotion par l'exemple, d'autres conceptions plus agressives de l'internationalisme sont avancées : pour la déléguée britannique au CPE en 1927, les enquêtes et conclusions du CPE peuvent « aboutir à une unification des législations, ce qui simplifierait le travail de production des lois [nationales] »[16]. Un comité expert tel que le CPE pourrait donc à terme devenir une source internationale de droit : il serait à même de désigner et de légitimer les dispositifs innovants, qu'il contribuerait à imposer *par le haut,* en transcendant la fabrique parlementaire des lois nationales, à l'image de l'OIT et de ses conventions internationales.

L'activité déployée par le CPE durant sa courte existence a oscillé entre ces deux options, avec des fortunes diverses : il a tenté d'abord d'incarner le rôle de matrice législative internationale en rédigeant des projets de conventions internationales visant à encadrer et limiter l'action des États sur certains périmètres de leur action. Mais cette ambition s'est rapidement heurtée à l'hostilité du Conseil de la SDN, qui n'entendait pas voir cet organe consultatif assumer ce rôle. Il sera plus heureux dans

---

14 Intervention de Frédéric Humbert représentant de la Ligue des sociétés de Croix-Rouge, Archives de la SDN (ci-après ASDN), C 347 M 121. 1927. V : CPE/3ᵉ session/P.V., p. 14.

15 Intervention de Posner, représentant de la Pologne, ASDN, C 264 M 103. 1926. IV : CPE/2ᵉ session/P.V., p. 20.

16 Intervention de Miss Wall, représentante de la Grande-Bretagne, ASDN, C 347 M 121. 1927. V : CPE/3ᵉ session/P.V., p. 22.

son mandat de *clearing-house* (Droux, 2016) : sa mission a donc surtout consisté à s'informer des dispositifs existants en matière de protection de l'enfance, à les évaluer, et à recommander les plus efficaces d'entre eux aux États-membres. Il n'en demeure pas moins que l'opportunité qui est ainsi faite aux réseaux réformateurs de se saisir des causes qui leur tiennent à cœur pour les porter devant l'opinion publique internationale n'est pas anodine. Ce mécanisme offre à une série d'acteurs individuels ou collectifs la potentialité de faire entendre et résonner sur la scène internationale certains modes de gestion des questions sociales, comme va le montrer le cas des enfants illégitimes.

« Une protection plus efficace et plus humaine » ? L'impossible convergence des attitudes face à l'illégitimité devant la SDN

La question des enfants illégitimes est en effet portée à l'attention du Comité dès sa première session d'avril 1925. Chaque représentant est alors appelé à présenter un mémoire défendant les vues de son gouvernement ou de son association à cet égard. C'est la déléguée américaine G. Abbott qui mentionne la première la question des illégitimes. Dans un premier temps, l'option n'est pas retenue face à d'autres sujets jugés plus urgents. Il en est tout autrement l'année suivante. C'est qu'un nouvel intervenant est désormais présent au CPE : la Fédération syndicale internationale, qui a été admise quelques mois auparavant par le Conseil de la SDN comme membre du Comité[17]. Ce nouvel assesseur est représenté dès la session de 1927 par la belge Hélène Burniaux (1889–1950) : enseignante syndicaliste, cette dernière est membre du comité consultatif des questions féminines au sein de la Fédération (Van Goethem, 2006)[18]. C'est donc elle qui propose au Comité de mettre à l'agenda de ses sessions les « mesures à prendre pour le relèvement des filles-mères et une protection plus efficace et plus humaine des enfants

---

17 Sur le rôle des fédérations syndicales internationales, voir le chapitre 4 de ce volume par F. Mole.
18 Avant son rattachement à la Fédération syndicale internationale, cet organe de défense des intérêts féminins avait été créé en tant qu'entité indépendante, sous le nom de Fédération internationale des travailleuses.

naturels »[19]. Elle s'appuie pour ce faire sur une résolution similaire de l'Association pour le suffrage féminin. Cette référence croisée n'est pas un hasard : depuis la création de la Fédération syndicale internationale, féministes bourgeoises et syndicalistes se sont regroupées (non sans tensions) afin de faire entendre et défendre les intérêts des femmes ouvrières (Van Goethem, 2006).

Le CPE peut leur apparaître comme une enceinte où faire entendre leurs voix. En saisissant directement une instance internationale, ces militantes pouvaient espérer court-circuiter les espaces et acteurs des dialogues sociaux nationaux (syndicats, parlements), peu réceptifs à leurs propositions, comme on l'a vu dans le cas suisse. La manière dont le sujet est amené à l'agenda du CPE ne laisse en tout cas aucun doute sur la représentation qu'elles se font de l'action internationale, Burniaux affirmant « la nécessité de poser nettement, dans les pays retardataires, la question [des illégitimes] »[20]. La syndicaliste se fait surtout l'avocate des mères célibataires : des ouvrières, pour la plupart, qui ne parviennent pas à assurer seules l'éducation de leurs enfants. Et de préciser que dans les pays latins, notamment, « au vieux droit romain doit se substituer un droit plus humain », débouchant sur la possibilité pour les illégitimes d'être reconnus par leur père et d'avoir le droit d'en hériter. Et de conclure : « nous voudrions voir de telles législations généralisées afin de ne pas dresser en face de l'enfant légitime l'enfant naturel comme un frère ennemi, mais de reconnaître largement à tous les deux le droit à la vie »[21]. La proposition Burniaux est soutenue par plusieurs membres du CPE. Pour le sénateur socialiste Stanislaw Posner (1868–1930), le CPE doit « dépasser les gouvernements si l'on veut créer de nouvelles valeurs morales »[22]. Plusieurs représentantes de mouvements féminins vont dans le même sens, telle la britannique Rathbone, qui conseille de s'appuyer sur les associations privées pour trouver des informations sur le sujet, arguant que « un gouvernement ne voudra

---

19 ASDN, CPE 89.
20 Intervention de Burniaux, ASDN, C 347 M 121. 1927. V : CPE/3ᵉ session/P.V., p. 21.
21 ASDN, CPE 51–90 (1926–1928) : Mémoire de la Fédération syndicale internationale, 7 mars 1927.
22 Intervention de Posner, représentant de la Pologne, ASDN, C 347 M 121. 1927. V : CPE/3ᵉ session/P.V., p. 43.

jamais admettre que ses lois sont imparfaites »[23]. L'allemande Gertrud Baümer se positionne de façon plus pragmatique, justifiant l'utilité d'une enquête internationale par le fait que plusieurs pays, dont le sien, préparent des législations sur le sujet et auraient intérêt à connaître les dispositions en la matière « dans le plus grand nombre de pays possibles »[24]. Mais d'autres sont plus frileux : les représentants des pays catholiques, tels l'espagnol Pedro Sangro de Olano et le belge Carton de Wiart, tout en soutenant la proposition visant à étudier la question, veulent qu'on « laisse de côté toute considération philosophique susceptible de battre en brèche les principes de la famille, telle qu'elle est comprise dans la plupart des pays d'Europe »[25].

On retrouve donc, au sein du CPE les mêmes différences de sensibilités que le cas suisse nous avait permis d'identifier. Si tous sont prêts à reconnaître que la question est « digne d'intérêt », « très importante », voire pour certains « une des questions les plus importantes figurant à l'ordre du jour du comité », les divergences sont nombreuses quant aux solutions à y apporter : d'un côté se tiennent les partisans d'une réforme des dispositifs existants, plaidant pour une amélioration de la situation des illégitimes ; de l'autre, se dégagent des postures plus radicales qui prônent la *disparition* des distinctions légales entre ces deux catégories d'enfants, au nom de leur commune identité en tant que sujets de droits fondamentaux. Et enfin, des personnalités aux positionnements plus conservateurs voient dans une politique d'égalité de droits pour l'enfant quel que soit son état civil, et notamment de droit à l'assistance ou du droit à hériter, une menace portée sur la famille légitime. Pour mesurer les effets de ces divergences sur l'activité du Comité, il convient de les observer en croisant deux perspectives : d'une part celle que nous donnent à voir les débats et controverses qui s'y déroulent à huis-clos entre les membres présents, lesquelles nous sont parvenues par le biais des procès-verbaux. D'autre part celle qui se base sur les « livrables »

---

23 Intervention de Rathbone, représentante des organisations féminines internationales, ASDN, C 347 M 121. 1927. V : CPE/3ᵉ session/P.V., p. 42.

24 Intervention de Baümer, représentante de l'Allemagne, ASDN, C 347 M 121. 1927. V : CPE/3ᵉ session/P.V., p. 22.

25 Intervention de Carton de Wiart, représentante de la Belgique, ASDN, C 347 M 121. 1927. V : CPE/3ᵉ session/P.V., p. 23.

produits par le comité, à savoir la publication de ses travaux de recherche et les recommandations faites aux États-membres.

Les coulisses, tout d'abord. Pour les saisir, la lecture des procès-verbaux du CPE rédigés par le secrétariat de la SDN n'est pas d'une interprétation aisée, car elle ne donne à voir qu'une version édulcorée des débats qui s'y sont déroulés. Il n'empêche que même résumés, les propos qui y sont consignés dévoilent les divergences qui fracturent cette instance. Les points de convergence aussi, dont la conviction de l'utilité des enquêtes à mener sur la question des illégitimes. Même si la figure de Burniaux se détache nettement en tant qu'inlassable promotrice de cette cause, l'ensemble de ses collègues du comité semblent la suivre sur cette voie. Cette marque collective d'intérêt, on l'a dit, provient sans aucun doute du fait que la question est à l'agenda de nombreuses législations nationales, justifiant la soif de connaître les diverses expériences en la matière. Ainsi, la déléguée britannique évoque clairement à la session de 1930 l'intérêt de son gouvernement pour certaines facettes des dispositifs français (la mise en nourrice) ou belge et allemand (la tutelle officielle). Au-delà de cette curiosité intéressée, le CPE est aussi l'arène *inter-nationale* où se déploit une forme de promotion des modèles nationaux de protection de l'enfance. Chaque séance de discussion autour du sujet donne l'occasion aux délégués d'exposer leurs propres solutions en la matière. Par exemple, le représentant helvétique Alfred Silbernagel (1877–1938) s'efforce en 1932 de promouvoir le système de la tutelle officielle qu'il a lui-même introduit dans le canton de Bâle en tant que magistrat. Ce service fonctionnarisé soutient les mères célibataires en menant les actions de recherche en paternité, en reconnaissance de filiation, ainsi que les poursuites légales visant à faire contribuer les pères à l'entretien de leur enfant. Durant la même session, sa compatriote Émilie Gourd, représentante des associations féminines internationales, appuie de son côté un autre dispositif : la possibilité de délivrer des actes de naissance abrégés ne révélant pas l'illégitimité. Cette mesure aurait pour but d'empêcher la révélation stigmatisante du phénomène d'illégitimité lorsque l'enfant ou le jeune doit produire un tel document pour s'inscrire dans un établissement scolaire ou postuler à un emploi. Un positionnement révélateur des stratégies réformatrices mises en place par certains mouvements féminins bourgeois sur cette question délicate : attachées à une vision morale des rapports hommes-femmes qui leur donne un argument de lutte contre le *double moral standard*, ces personnalités ne veulent pas aller, on l'a vu dans le cas helvétique, jusqu'à promouvoir une égalité parfaite entre enfants légitimes et illégitimes. Ce position-nement est partagé par plusieurs membres du CPE, telle la féministe allemande Baümer ou le ministre belge Carton de Wiart.

Principal apôtre des lois belges de protection de l'enfance, ce dernier reconnaît la nécessité d'améliorer la situation faite aux enfants illégitimes, mais pas par la voie de l'égalité de statut qui remettrait en cause la pré-éminence de la famille légitime comme base de la société. Raison pour laquelle il propose en 1930, une voie réformatrice respectueuse de l'union légitime : il propose de faciliter les formalités de mariage, notamment pour les étrangers résidants, le cas échéant par la voie d'accords internationaux en la matière. En rendant l'accès au mariage plus rapide et moins coûteux, cette solution faciliterait les légitimations par mariage, et empêcherait la production des situations d'illégitimité.

Ce qui semble unir ces diverses voies nationales de réforme, c'est leur opposition aux mesures plus radicales vers lesquelles semblait incliner Burniaux lorsqu'elle portait ce sujet à l'agenda du comité. À cet égard, les débats à huis clos du comité révèlent une ligne de frac-ture : celle qui sépare d'un côté la minorité des partisans d'une *égalisation* des statuts légaux entre légitimes et illégitimes, clairement située à la gauche de l'échiquier politique : autour de Burniaux, on peut ainsi citer le représentant socialiste de la Pologne Posner, ainsi que les délégués de l'Espagne républicaine, dès 1936, et la déléguée du Danemark, la fémi-niste Estrid Hein (1873–1956, Docteure en médecine). Face à eux, le camp des partisans d'une *amélioration* du sort des illégitimes par des mesures sociales sont majoritaires. Leur argumentaire, on l'a dit, s'ancre dans la défense des intérêts de la famille et de l'union légitime comme pivots de la société, que remettrait radicalement en cause une égalisation des statuts entre légitimes et illégitimes. Leur rejet de ce modèle de société, dont le belge Carton de Wiart affirme d'ailleurs que « seuls la Russie et le Siam » l'ont adopté[26], exprime leur commune adhésion à des valeurs et principes perçus comme fondements culturels des sociétés européennes ou européanisées.

Au-delà de cette ligne de fracture sociétale et culturelle, d'autres divisions s'observent qui mettent en lumière les divergences au sein des milieux et réseaux réformateurs à propos de ce sujet éminemment

---

26 Intervention de Carton de Wiart, ASDN, C 295 M 98. 1929. IV : CPE/5e ses-sion/P.V.

sensible. De fait, les débats au sein du CPE occasionnent de vives controverses : c'est le cas par exemple lorsqu'est discutée la rédaction d'actes
de naissance abrégés permettant aux enfants illégitimes de préserver
le secret de leur naissance. La déléguée roumaine Hélène Romniciano,
juriste et elle aussi membre de mouvements féminins internationaux, s'y
oppose, arguant que « étant donné le fléchissement de la moralité que
l'on constate actuellement, il n'est pas sans danger de demander l'adoption de ces extraits de naissance abrégés, car on risque ainsi d'encourager
la licence des mœurs ». à quoi Gourd rétorque que de tels certificats se
délivrent en Suisse, « qu'on ne peut soupçonner de manque de moralité » ; elle est soutenue à l'occasion par le délégué polonais le psychiatre
et franc-maçon Witold Chodzko pour qui « une morale fondée sur la
déchéance physique, psychologique et sociale de certains éléments de
la population est une morale très faible »[27].

Autre passe d'arme en 1929 : Burniaux et la danoise Hein s'efforcent
de convaincre le comité du caractère progressiste des législations scandinaves, qui autorisent les autorités d'assistance à verser à la femme
célibataire la pension alimentaire due par le père supposé. L'avance ainsi
faite sur les finances publiques (charge ensuite à elles de les récupérer
auprès du mari récalcitrant) évite de faire peser sur l'enfant illégitime,
en appauvrissant le ménage qu'il forme avec sa mère, les effets d'une
situation dont il est innocent. On a vu dans le cas helvétique que cette
situation était malheureusement fréquente. Mais la solution scandinave
est radicalement rejetée par la féministe britannique Rathbone qui y voit
une menace sur « la sainteté du mariage »[28].

À ces arguments reflétant des choix de société divergents se super-
posent d'autres types de résistance, qui tiennent à la préservation des
cadres légaux perçus comme propres au génie national : c'est ainsi qu'en
réponse au suisse Silbernagel qui espère que le système de la tutelle officielle « se répandra un jour en pays latin »[29], les délégués britanniques
et français opposent une fin de non-recevoir. Le premier au motif que
ce système « ne convient pas à la Grande-Bretagne », le second arguant
que « la France ne l'adoptera pas », car cela obligerait à modifier le code
civil. Ces arguments liant l'identité nationale à sa traduction dans des
cadres légaux perçus comme intangibles, révèle les limites de l'appétence

27 ASDN, CPE, PV 1/9e session (1933).
28 Intervention de Rathbone ASDN, C 295 M 98. 1929. IV : CPE/5e session/P.V.
29 ASDN, CPE/PV 1/8e session (1932).

réformatrice internationale telle qu'on peut la percevoir à travers l'activité du CPE de la SDN : certes on s'y montre curieux des dispositifs et législations étrangères, mais sans pour autant être forcément prêts à s'engager à importer des modèles étrangers qui pourraient se révéler incompatibles avec l'ADN juridique domestique.

De fait, face à ces dissonances et fractures au sein du Comité, le résultat des nombreux débats consacrés à la question des illégitimes, quand on l'envisage à travers ses « livrables », à savoir la rédaction de résolutions ou recommandations, apparaît plutôt décevant. Ainsi, l'ensemble des propositions les plus hardies faites par Burniaux pour réduire les effets de l'illégitimité sont écartées par le Comité : permettre aux illégitimes d'avoir un droit de succession sur leur père naturel, ou encore offrir des allocations aux mères célibataires afin de financer l'entretien et l'éducation de leur progéniture sont autant de solutions qui auraient contribué pratiquement à placer sur un pied d'égalité femmes « tombées » et enfants « bâtards » avec les épouses et les enfants légitimes. Faire tomber cette distinction fondamentale entre le péché et la vertu, héritage du modèle de société chrétien, était encore impensable pour la plupart des gouvernements représentés au comité, tout autant que pour les délégués des mouvements associatifs. Même les féministes n'y étaient pas prêtes : les programmes d'allocation aux mères seules qu'elles avaient pu inspirer ou soutenir aux États-Unis ou au Canada excluaient en effet explicitement les mères célibataires (Gordon, 1994 ; Malouin, 1996). Seuls les régimes fondés sur le reniement de ces soubassements culturels, tel le nazisme, seront prêts à abolir ces distinctions, et à justifier la pratique des conceptions hors-mariage au nom de l'intérêt supérieur de la race aryenne (Joshi, 2011). Au moment où le CPE examine ces questions, l'unanimité ne peut se réaliser qu'autour de propositions plus respectueuses de l'héritage culturel dominant.

Encore faut-il que leurs contenus restent non contraignants et leurs formulations suffisamment édulcorées. Burniaux doit ainsi consentir à bien des tiédeurs pour déboucher sur des prises de position communes de la part de ses collègues : *exit* son projet de résolution visant en 1929 à déclarer que « la législation d'un certain nombre de pays ne répond plus aux exigences de la situation présente ». La résolution finale préfère prudemment affirmer « qu'il y a lieu d'assurer aux enfants illégitimes une protection plus efficace »[30]. De même, le principe « que dans toutes les

---

30　ASDN, C 295 M 98. 1929. IV : CPE/5e session/P.V.

lois protectrices de l'enfance, l'enfant illégitime soit aussi bien protégé que l'enfant légitime » est fortement tempéré par la majorité de ses collègues, qui y ajoutent « sous réserve du respect des droits de la famille »[31]. Il en est de même des préconisations de Burniaux, dont aucune ne sera adoptée telle quelle par le comité ; celui-ci rejette ainsi son projet de résolution de 1932 tendant à déclarer que le système de la tutelle obligatoire est « le meilleur moyen de protection » des enfants illégitimes. Face au lever de bouclier de la part de ses collègues (« un système qui est bon dans un pays ne l'est pas forcément dans un autre »[32]), le comité préfère se rallier à un positionnement plus vague : ce système « constitue dans certains pays un des moyens qui permettraient d'améliorer le sort de l'enfant illégitime, et prie le conseil d'en recommander l'étude aux gouvernements » (Société des Nations, 1920, p. 2). Non seulement le comité recommande-t-il du bout des lèvres ce dispositif, mais il en profite pour l'assortir d'alternatives plus conservatrices :

> Il prie le Conseil de signaler aux gouvernements l'intérêt qui peut s'attacher, au point de vue de la protection de l'enfance, à des accords internationaux simplifiant les formalités et les frais pour le mariage des étrangers, tout au moins quand ceux-ci sont dépourvus des ressources nécessaires. (Société des Nations, 1939, p. 3).

Une option dont pourtant Burniaux avait bien souligné qu'elle était inapplicable aux enfants illégitimes nés d'une union adultère ou incestueuse, pour laquelle la solution de la légitimation par mariage était impossible[33]. Quant à la proposition de certaines féministes visant à faciliter la production d'actes de naissance moins stigmatisants qui ne mentionnent pas l'illégitimité, le comité se contente de prier le Conseil « d'inviter les gouvernements membres et non membres de la Société à examiner la possibilité [d'en] autoriser la délivrance » (Société des Nations, 1939, p. 3). La formulation la plus hardie concerne la solution de la recherche en paternité, qui rallie déjà, sous des formes différentes, une diversité de pays (notamment les pays scandinaves, l'Allemagne, la Suisse, la France).

---

31 ASDN, C 295 M 98. 1929. IV : CPE/5e session/P.V.
32 Intervention de Wilhelm Polligkeit, délégué allemand de l'UISE, ASDN, CPE/PV 1/8e session (1932).
33 ASDN, C. 137 M 137.1930. IV : CPE/6e session/P.V.

Elle est recommandée par le comité comme « la condition essentielle de l'amélioration du sort de l'enfant illégitime », qui invite les États « à examiner les modifications qu'il y aurait lieu, pour eux, d'apporter à cet égard dans leurs législations respectives ».

Autant de formulations soigneusement mesurées pour respecter le primat de la production nationale des lois : au final, c'est bien la voie de moindre résistance qui a prévalu au sein du comité, tant au niveau des formes de sa propre action que du fond des réformes mises en circulation. En choisissant la voie de la recommandation et non celle de la convention contraignante ou de toute autre forme de production normative à ambition universalisante, le comité fait preuve d'une certaine forme de réalisme. Les débats internes dont il a été le théâtre prouvent à ses membres que l'heure d'une voie unificatrice supra-nationale n'est pas venue, et encore moins autour des formules les plus radicales. Il faut donc se contenter, comme Carton de Wiart le souligne non sans finesse, de préparer l'avenir :

> Quant aux enfants illégitimes, les différentes législations internes sont encore trop différentes pour qu'on puisse en tirer des règles générales, mais le fait même d'attirer l'attention de chaque pays sur ce que l'on fait à côté de lui dans un sens plus libéral, est déjà un acheminement vers l'unification. (Journal Officiel, 1929, p. 10).

Or pour l'heure, l'unification s'esquisse autour d'une limite posée comme indépassable : celle de l'inégalité des statuts et des conditions. La majorité des États et partenaires sociaux réunis au comité ont donc dégagé là ce qui leur est et leur restera longtemps commun : une politique de maintien d'une hiérarchisation des conditions et des statuts, compensée par l'adjonction d'une variété de dispositifs d'assistance ou de protection en direction de la mère célibataire et de sa progéniture. Une barrière légale qui est aussi une barrière mentale, laquelle ne sera franchie qu'à la fin du 20e siècle, à l'heure où la libéralisation des mœurs et la banalisation des naissances hors-mariage induiront une révolution égalisatrice des liens de filiation (Meeusen, 1995).

Beaucoup de bruit pour rien ?

Au vu de l'anayse qui précède, on pourrait être tenté de conclure à l'inutilité des productions discursives enfantées par le CPE sur cette question de l'illégitimité. D'autant plus que ses positions prudentes sont validées par les organes décisionnaires de la SDN. C'est tout particulièrement lors des réunions de la 5ᵉ Commission, chargée d'examiner et de rapporter sur les travaux du CPE, que les effets de cette tiédeur s'observent. Non seulement la 5ᵉ commission valide les résolutions très réservées du comité sur la question des illégitimes, mais elle donne l'occasion aux États de proclamer leurs performances en la matière : et c'est invariablement pour y vanter les vertus et mérites de leur propre système de prise en charge à cet égard. C'est le cas de l'Australie, dont la déléguée affirme qu'« il n'existe, en Australie, aucune discrimination dans la façon de traiter les enfants, qu'ils soient australiens ou étrangers, légitimes ou illégitimes. On leur donne toute l'assistance possible, en considérant purement et simplement qu'il s'agit d'enfants » (Journal officiel, 1929, p. 12). Un optimisme pourtant bien contestable : les historiens ont prouvé depuis lors que la surmortalité des illégitimes est bien la preuve de l'inégalité fondamentale des politiques sociales qui leur sont destinées, ce que ne pouvaient ignorer les acteurs de l'époque ; même réalité pour la situation durablement vulnérable des mères célibataires, qui ne peuvent prétendre aux mêmes droits et prestations que leurs consoeurs mariées (Gordon, 1995, p. 72)[34]. Sans parler des illégitimes issus des populations autochtones… Entre égalité de droits et égalité réelle, un large fossé subsiste donc, que les orateurs de l'Assemblée s'ingénient à masquer.

Même complaisance chez le ministre belge Carton de Wiart, qui proclame en 1936 les mérites de son pays, lequel s'apprête à se doter d'une loi organisant la tutelle des illégitimes. Mais sur d'autres plans, ce personnage clé de toutes les combinaisons politiques de son époque ne peut ignorer les limites de ses performances en matière de recherche en paternité (qui n'est pas obligatoire comme en Suisse ou dans les pays scandinaves), ou de droits de succession (les illégitimes ont droit d'hériter de leur père, mais avec une part réduite par rapport aux légitimes) (Société des Nations, 1929, p. 87). Configuration paradoxale que celle de

---

34 Par exemple, les mères célibataires n'ont pas droit aux congés maternité dont bénéficient les femmes mariées.

ces organes supranationaux qui tout à la fois légitiment une réflexion exploratoire pour améliorer le sort des enfants illégitimes, et dans le même temps contribuent à célébrer la perfection supposée des diverses législations nationales en la matière.

L'appréciation de l'œuvre du comité doit peut-être aller au-delà de ces jeux de posture. En effet, au-delà de ses propres débats, le comité a contribué à visibiliser la thématique de l'illégitimité dans d'autres forums internationaux. C'est ainsi que, toujours sur l'impulsion de Burniaux, le comité a dès 1930 missionné le BIT pour lancer une enquête sur la situation des enfants illégitimes au regard des lois d'assurance sociale. Celle-ci révèle que, même si les enfants illégitimes sont en général couverts pour le risque maladie par les systèmes d'assistance existants au même titre que les légitimes, certaines inégalités de traitement persistent : ainsi dans certains pays, les mères célibataires n'ont pas droit à l'assurance maternité, ce qui peut considérablement affecter le sort de leur enfant ; dans d'autres contrées, un illégitime ne pourra pas bénéficier de l'assurance accident de son père s'il ne lui est pas légalement rattaché[35]. Fort de ce constat, les membres du comité transmettent le rapport du BIT aux gouvernements, en « soulignant la tendance à garantir à l'enfant illégitime le même traitement que celui dont bénéficie l'enfant légitime » (Société des Nations, 1939, p. 2).

En outre, à partir de 1936, le comité, qui est sur le point de se transformer en une Commission consultative des questions sociales, relance un grand projet d'enquête internationale sur la question : l'ensemble des membres du comité tombant en effet d'accord sur le fait qu'on n'a pas encore fait le tour des mesures de protection existantes, ni des problèmes concrets sur lesquels butent les dispositifs légaux (par exemple comment obliger les pères récalcitrants à assumer leurs obligations, jusqu'à quel âge celles-ci doivent-elles être assumées, dans quelle mesure les droits à la succession peuvent-ils ou doivent-ils être envisagés, etc.). Sur ces questions complexes, le comité préfère ne pas se prononcer, s'en remettant aux résultats d'une enquête internationale confiée au secrétariat de la SDN. Celle-ci débouche en 1939 sur une synthèse reflétant l'état des législations existantes (Société des Nations, 1939). Une étude qui devait

---

35 ASDN, CPE/PV 1/8ᵉ session (1932) : Rapport du BIT sur la situation des enfants illégitimes relativement aux assurances sociales.

être suivie d'une seconde parution consacrée aux aspects sociaux de la question, dont la préparation sera cependant interrompue par la guerre.

L'action du Comité sur la question des illégitimes reste donc inachevée, et nul ne peut dire sur quels travaux ou productions normatives aurait pu déboucher cet élan documentaire. L'engagement du comité n'en est pas moins remarquable. Non seulement des données inédites ont-elles été compilées, à l'échelle la plus large possible (même si les enquêtes ne reflètent que les données qu'ont bien voulu transmettre les gouvernements). Mais en outre elles ont été rendues disponibles au public, permettant une large diffusion des expériences et dispositifs nationaux. L'influence de ce riche ensemble de publications sur l'évolution des législations nationales en la matière est cependant bien difficile à saisir, et réclamerait des études de cas supplémentaires.

Par ailleurs, les enquêtes diligentées par le CPE ont mis les États, de façon répétée, en demeure de produire à leur tour des données sur la question, qui sont autant de reflets de leurs positionnements. Ils sont ainsi poussés, publiquement, à attester de leur plus ou moins grande propension à vouloir s'attaquer à ce problème social. Un effet dont il faudrait pouvoir, là encore, mesurer l'influence en étudiant la question sur une diversité de scènes nationales. C'est en tout cas l'effet que certains membres du CPE en attendaient : le rôle des instances internationales, et du comité en particulier, était vu comme celui d'un levier de réforme, susceptible de transcender les résistances intérieures au changement social.

Le retour vers le cas helvétique permet d'avancer que cet effet a été relativement mineur, tout au moins au niveau national. Tout d'abord parce que certaines des réformes finalement promues, même timidement, par le comité, étaient pour la plupart déjà mises en œuvre par le code civil (recherche en paternité, tutelle obligatoire, par exemple). Ensuite parce que les lignes de fracture observées au niveau national se retrouvent aussi au sein des organes internationaux, bloquant toute prise de position audacieuse : que ce soit au niveau national ou international, les partisans de la compensation des inégalités bloquent toute proposition ouvrant sur une révolution égalitaire de la condition des enfants illégitimes et de leurs mères. Mais ce relatif verrouillage du débat n'a pas forcément empêché la mise en circulation des réformes discutées. Pour en analyser la réception, il faudrait peut-être alors déplacer l'échelle d'analyse pour se situer à un niveau local d'intervention. Le cas suisse, là encore, peut nous servir de test : certes, les recommandations du CPE n'ont pas provoqué de remise en cause du code civil durant ces années. Il n'empêche que certaines de ses propositions sont connues et citées par la presse féministe ou la littérature grise du travail social, attestant de leur mise en circulation et en discussion (Cornaz, 1930, p. 18). N'ont-ils pas pu avoir une part aux innovations mises en place par une diversité d'acteurs locaux appelés à mettre en musique les prescriptions du code ? Par exemple lorsque le canton de Genève professionnalise la tutelle obligatoire en 1932, ou que dans le canton de Vaud, un service privé d'aide à la récupération des pensions alimentaires pour les mères célibataires est institué en 1933. Il n'en demeure pas moins que sur le plan national ou international, les partisans des réformes plus radicales ne sont pas parvenus à imposer une logique *égalitaire* face aux tenants des mesures *compensatoires* de l'inégalité. L'heure du droit des enfants illégitimes à bénéficier du même statut et des mêmes avantages que les légitimes, au nom de leur condition et de leur identité mêmes d'enfant détenteurs de droits, n'était pas encore venue.

Mais est-elle vraiment advenue, cette époque heureuse ? Certes, depuis les années 1970, on l'a dit, l'égalité des statuts juridiques s'est finalement imposée. Pour autant, les statistiques nationales prouvent que les foyers monoparentaux, et tout particulièrement ceux dont les cheffes de famille sont des femmes, comptent parmi les plus précarisés[36]. Ainsi, près d'un siècle après que les débats du CPE aient été initiés sur la question, un État comme la France semble découvrir que 30 % des pensions alimentaires dues par un conjoint à une mère de famille divorcée ou séparée ne sont pas versées. Et que la création d'un service accessible aisément semble nécessaire, afin d'avancer le montant des pensions ou d'en faciliter le recouvrement[37]. Or, on l'a vu, des solutions similaires avaient été discutées tant sur les scènes nationales qu'internationales dès les années 1920. La persistance de ces problèmes touchant ces situations de vulnérabilité spécifiques, et de la difficulté persistante à les traiter par des dispositifs efficaces, témoigne encore aujourd'hui que la cause des mères célibataires et de leurs enfants n'est pas une cause « comme les

---

36   https://www.caritas.ch/fr/ce-que-nous-disons/nos-actions/proteger-les-familles-monoparentales-de-la-pauvrete/la-situation-des-familles-monoparentales.html.

37   https://www.lemonde.fr/societe/article/2019/09/19/pensions-alimentaires-un-nouveau-systeme-pour-lutter-contre-les-impayes_5512313_3224.html.

autres ». Hier comme aujourd'hui, elle polarise et travaille des représentations des rôles sociaux de sexe qui rendent impensables ou impensées
des solutions nouvelles, audacieuses, transgressives.

RÉFÉRENCES

SOURCES

Conseil Fédéral (1974). Message du Conseil Fédéral à l'Assemblée fédérale concernant la modification du code civil suisse (Filiation) du 5
juin 1974. *Feuille fédérale*, 27(2) 8 juillet 1974, 1–139.

Cornaz, M.-L. (1930). La situation des enfants illégitimes à Lausanne.
Tiré à part de la *Revue suisse d'hygiène*.

Huguenin, F. (1955). *La situation sociale et économique des enfants illégitimes à Genève*. Genève : Ecole d'études sociales pour femmes.

Gautier, P. & Thévenod A. (1928). La lutte contre la mortalité des nourrissons en Suisse. Tiré à part du *Congrès de l'alliance d'hygiène sociale*.
Besançon : s.l.

Journal officiel (1929). Actes de la session ordinaire de l'assemblée.
Genève : Société des Nations.

Ladame, P.-L. (1886). *Des enfants illégitimes en Suisse*, s.l.

Ott, C. (1910). *La puissance paternelle du Code Civil Suisse*, Neuchâtel : Attinger.

Robert, L.-H. (1912). *De la condition juridique de l'enfant naturel dans le code
civil suisse et le code civil allemand*. Genève : Librairie Kundig.

Schupbach, G. (1934). *Enquête sur la situation de 200 mères et de leurs
enfants illégitimes*. Genève : École d'études sociales pour femmes.

Silbernagel, A. (1928). L'enfant naturel et sa mère. Tiré-à-part du *Bulletin
de la société de législation comparée*. Agen : Imprimerie moderne.

Société des Nations (1920). Actes de la 1ᵉ Assemblée. Genève : Société
des Nations.

Société des Nations (1924). Actes de la 4ᵉ Assemblée. Genève : Société
des Nations.

Société des Nations (1939). Etude sur la situation juridique de l'enfant
illégitime. Genève : Société des Nations.

Bibliographie

Capdevilla, L., Rouquet, F., Virgili, F. & Voldman, D. (2003). *Hommes et femmes dans la France en guerre (1914–1945).* Paris : Payot et Rivages.

Chappuis, L. (2014). Enquêter, baptiser, réprimer : le contrôle de la bâtardise à Genève au XVIIIe siècle (1750–1770). *Crime, Histoire et Sociétés*, 18/1, 57–79.

Costin, L. B. (1983). *Two sisters for social justice. A biography of Grace and Edith Abbott.* Urbana : University of Illinois Press.

David, T. & Heiniger, A. (2019). *Faire société : la philanthropie à Genève et ses réseaux transnationaux autour de 1900.* Paris : Éditions de la Sorbonne.

Dickinson, E. R. (1996). *The politics of German child welfare from the Empire to the Federal Republic.* Cambridge Mass: Harvard University Press.

Droux, J. (2012). La tectonique des causes humanitaires : Concurrences et collaborations autour du Comité de protection de l'enfance de la Société des Nations (1880–1940). *Relations Internationales, 15,* 77–90.

Droux, J. (2016). A league of its own ? The League of nations' child welfare committee (1919–1936) and international monitoring of child welfare policies. In M. Rodriguez Garcia, D. Rodogno & L. Kozma (Éds.), *The League of Nations' Work on Social Issues : Visions, Endeavours and Experiments* (pp. 89–103). Geneva : United Nations.

Droux, J. & Czaka, V. (2018). Gefährdete Kinder, beschützte Kinder ? Der Fall der illegitimen Kinder in der Romandie (1900–1960). In. B. Ziegler, G. Hauss & M. Lengwiler (Éds.), *Zwischen Erinnerung und Aufarbeitung. Fürsorgerische Zwangsmassnahmen an Minderjährigen in der Schweiz im 20. Jahrhundert* (pp. 47–67). Zürich : Chronos.

Droux, J. & Hofstetter, R. (Éds.) (2015). *Globalisation des mondes de l'éducation : circulation, connexions, réfractions (XIXe et XXe siècles).* Rennes : Presses universitaires de Rennes.

Dubert, I. (2018). Trends and internal dynamics of illegitimacy in north-west Spain : rural Galicia, 1570–1899. *Continuity and Change, 33*(1), 87–116.

Evans, T. (2014). The meanings and experiences of single mothers in 19th century Sidney, Australia. *Annales de démographie historique, 127,* 73–96.

Faron, O. (2001). *Les Enfants du deuil : orphelins et pupilles de la nation de la première guerre mondiale (1914–1941).* Paris : La Découverte.

Fauvarque-Cosson, B. (2011). Deux siècles d'évolution du droit comparé. *Revue international de droit comparé, 63(3)*, 527–540.

Frost, G. (2008). *Living in sin : Cohabiting as husband and wife in nineteenth-century England*. Manchester : Manchester University Press.

Frost, G. S. (2016). *Illegitimacy in English law and society, 1860–1930*. Manchester : Manchester University Press.

Fuchs, R. G. (2008). *Contested paternity. Constructing families in modern France*. Baltimore : John Hopkins University Press.

Gordon, L. (1994). *Pitied but not entitled. Single mothers and the history of welfare*. New York : Free Press.

Gregarek, R. (1995). Le mirage de l'Europe sociale. Associations internationales de politique sociale au tournant du 20e siècle. *Vingtième siècle. Revue d'histoire, 48*, 103–118.

Haupt, H. G. (2011). Une nouvelle sensibilité : la perspective « transnationale ». *Cahiers Jaurès, 200(2)*, 173–180.

Joshi, V. (2011). Maternalism, race, class and citizenship : aspects of illegitimate motherhood in Nazi Germany. *Journal of contemporary history, 46(4)*, 832–853.

Laslett, P. (1980). Introduction : comparing illegitimacy over time and between cultures. In P. Laslett, K. Oosterveen & R. M. Smith (Éds.), *Bastardy and its comparative history ; studies in the history of illegitimacy and marital nonconformism in Britain, France, Germany, Sweden, North America, Jamaïca and Japan* (pp. 1–68). Cambridge Mass : Harvard University Press.

Le Bouteillec, N. (2013). Parenté et illégitimité : réformes du droit de la filiation et de la famille en Suède au début du 20ᵉ siècle. *Annales de démographie historique, 125(1)*, 69–97.

Leonards, C & Randeraad, N. (2014). Building a transnational network of social reform in the 19th century. In Rodogno, D., Struck, B., & Vogel, J. (Éds.). *Shaping the Transnational Sphere : Experts, Networks and Issues from the 1840s to the 1930s* (pp. 111–130). Oxford : Berghahn Books.

Lynch, K. A. (2000). Infant mortality, child neglect, and child abandonment in European history : A comparative analysis. In T. Bengtsson & O. Saito (Éds.), *Population and economy : From hunger to modern economic growth* (pp. 133–164). Oxford : Oxford University Press.

Malouin, M. P. (1996). *L'univers des enfants en difficulté au Québec entre 1940 et 1960*. Montréal : Bellarmin.

Meeusen, J. (1995). Judicial disapproval of discrimination against illegitimate children ; a comparative study of developments in Europe and the United States. *The American journal of comparative Law, 43*, 119–145.

Patel, K. K., & Reichardt, S. (2016). The dark side of transnationalism social engineering and Nazism, 1930s–40s. *Journal of Contemporary History, 51*(1), 3–21.

Pedersen, S. (2004). *Eleanor Rathbone and the politics of conscience.* New Haven : Yale University Press.

Quine, M. (2002). *Italy's social revolution : Charity and welfare from liberalism to fascism.* London : Palgrave.

Saunier, P. Y. (2012). La secrétaire générale, l'ambassadeur et le docteur. *Monde(s), 1*(1), 29–46.

Swain, S. & Howe, R. (1995). *Single mothers and their children : Disposal, punishment and survival in Australia.* Cambridge : Cambridge University Press.

Thane, P., & Evans, T. (2012). *Sinners? Scroungers? Saints? : Unmarried motherhood in twentieth-century England.* Oxford : Oxford University Press.

Van Goethem, G. (2006). An international experiment of women workers : the International Federation of Working Women, 1919–1924. *Revue belge de philologie et d'histoire, 84*(4), 1025–1047.

PARTIE 3

MISES EN ŒUVRE : LES ÉCHELLES DE L'APPROPRIATION

Chapitre 7
Des sociabilités fécondes : l'identification du mouvement pédagogique polonais à la cause internationale de la réforme éducative

Renata Latała

Résumé Les débats et les efforts pour réformer l'école mobilisent, dans la Pologne de l'entre-deux-guerres, tout un réseau de scientifiques, pédagogues et militants éducatifs, qui prend part au dialogue qui s'instaure au sein des sociabilités pédagogiques internationales, où les idées et pratiques se croisent, contribuant ainsi à la cristallisation de la nouvelle vision de l'éducation. Cette étude se propose de mesurer l'importance des références transnationales et de leur appropriation en Pologne, ainsi que le degré d'identification des représentants du mouvement pédagogique polonais aux causes éducatives communes, en suivant la trajectoire d'Henryk Rowid et d'Helena Radlińska. Ces deux pédagogues, penseurs et militants sont représentatifs des idées de l'éducation nouvelle et incarnent le rôle de « médiateurs » d'un internationalisme éducatif.

Mots clés : Ecole créative, pédagogie sociale, Bureau international d'éducation, Henryk Rowid, Helena Radlińska

Abstract In the context of inter-war Poland, debates and efforts aimed at school reform mobilize a vast network of scientists, pedagogues and education activists, who take part in the dialogue established within pedagogical international sociabilities, wherein ideas and practices intersect and contribute to the crystallisation of a new vision of education. This study seeks to measure the importance of transnational references and their appropriation in Poland, and the degree of self-identification exhibited by representatives of the Polish pedagogical movement to common educational causes, by tracking the trajectory of Henryk Rowid and Helena Radlińska. The two pedagogues, thinkers and activists are representative of the ideas of progressive education, and embody the function of "mediators" of educational internationalism.

Keywords : Creative school, social pedagogy, International Bureau of Education, Henryk Rowid, Helena Radlińska

« Les querelles pédagogiques de notre temps passionnent les gens autant qu'autrefois les disputes religieuses » (Nawroczyński, 1938, p. 14). Ce constat de Bogdan Nawroczyński, pédagogue, historien spécialisé en pédagogie comparative, est significatif, car il s'agit de l'aveu d'un intellectuel polonais bien engagé dans le combat pour les droits de l'enfant et en faveur de la réforme éducative dans les années de l'entre-deux-guerres. Son livre, *Polska myśl pedagogiczna* (la Pensée pédagogique polonaise), paru en 1938, apporte un tout premier bilan, sur le vif, des concepts et pratiques pédagogiques mis en œuvre en Pologne dans les années 1910–1935. Nawroczyński y insiste sur le fait que la problématique pédagogique, qui reste l'une des préoccupations centrales de sa génération intellectuelle, se développe sous l'influence d'interactions internationales multiples.

Les historiens qui s'intéressent à l'histoire du mouvement pédagogique des années 1910 et 1930 ne manquent pas d'être frappés par la grande dynamique des débats, qui mobilisent tout un réseau international de scientifiques, de pédagogues et de penseurs. Leurs réflexions et leurs efforts pour rénover le système éducatif entrent en résonance au sein de diverses structures et sociabilités à caractère international. Les théories et pratiques se croisent, s'enrichissent réciproquement et stimulent les réflexions et expérimentations menées dans divers pays (Wołoszyn 1964, p. 635). À cet égard, Nawroczyński dresse en 1963 le constat que, dans la Pologne de l'entre-deux-guerres, on expérimente « tous les systèmes et plans qui intéressent le monde pédagogique contemporain » (1963, p. 419). Nawroczyński tente une toute première approche comparative des idées et pratiques éducatives qui furent débattues et acclimatées en Pologne. Il ne fait aucun doute que son approche, partant de la conviction qu'il existe une spécificité nationale de la pensée pédagogique de chaque pays, peut sembler datée et incomplète à la lumière des postulats des chercheurs qui étudient l'histoire de l'éducation à travers le prisme méthodologique des « transferts culturels ». Ce champ d'étude ouvert il y a quelque 30 ans[1] a permis en effet un certain renouvellement des recherches en histoire culturelle des échanges internationaux, en situant la problématique étudiée dans la perspective de l'histoire globale faite d'« interrelations » et de « connexions » dépassant « les compartimentages nationaux » (Douki & Minar, 2007, p. 10). Comme le notent Espagne et Werner (1988a), le « transfert culturel est constitutif à la fois de la culture qui reçoit et de celle qui donne » et, de fait, cette notion conceptualisée permet de se pencher sur « plusieurs espaces nationaux » et sur « leurs éléments communs » (Espagne, 1999, p. 1). S'inscrivant dans cette démarche, les historiens qui étudient les problématiques éducatives visent alors à montrer la pensée pédagogique comme étant une construction globale qui dépasse le cloisonnement des particularismes nationaux, faisant apparaître diverses « filiations », « interactions » dans le processus de transfert du savoir ou dans des pratiques scolaires. À cet égard, l'on peut mentionner les travaux d'autres historiens qui cherchent non seulement à « décloisonner les espaces pédagogiques pour reformuler des connexions oubliées » (Fontaine, 2015, p. 18), mais aussi à saisir la dynamique de la circulation des divers emprunts étrangers et leur reconfiguration culturelle (Mombert, 2001, p. 12).

Cette démarche visant à mesurer l'influence des interactions et connexions internationales sur le processus de modélisation du système scolaire de divers pays s'avère particulièrement intéressante pour la période de l'entre-deux-guerres, qui voit se développer une forte dynamique des sociabilités internationales en matière d'éducation. Il est en effet significatif que, lorsque l'on s'intéresse au mouvement pédagogique polonais de cette période, l'on se convainc, en lisant les écrits de ses représentants, du caractère collectif de leur pensée, telle qu'elle émerge au sein des diverses structures internationales. Par exemple, Helena Radlińska, l'une des figures de ce mouvement pédagogique mondial, insiste fortement sur la manière dont la pensée et la pratique pédagogiques se développent conjointement au sein de ce grand mouvement international : des individualités issues de divers pays rayonnent « au service de grandes valeurs » (1964, p. 429), se joignent aux débats, aux

---

1 La notion de transfert culturel fut introduite par un groupe de chercheurs franco-allemand dans les années 1980. À ce sujet *cf.* Espagne & Werner, 1988a, pp. 187–194 ; 1988b ; aussi Espagne, 1999.

actions et aux collaborations pour stimuler le processus éducatif et col-
laborent ainsi au développement de la science de l'enfance.

Toujours est-il que Radlińska, tout en soulignant l'importance de
cette collaboration internationale « pour résoudre les problèmes communs », « tant sur le plan de la théorie que sur celui de la pratique » (1964,
p. 407), insiste sur le fait que les niveaux d'appropriation ou de réinterprétation des conceptions sont influencés par le contexte socio-politique
et les traditions et expériences nationales ou régionales. Dans le prolongement de l'analyse faite par Radlińska, qui cherche à réévaluer ces
échanges pédagogiques internationaux dans la dynamique des débats
polonais autour de la réforme éducative, plusieurs questions apparaissent afin de mesurer l'importance des références et des connexions
transnationales, ainsi que le degré d'identification des représentants du
mouvement pédagogique polonais aux causes éducatives communes.
Quelles sont en effet les idées et pratiques pédagogiques qui trouvent
écho dans l'espace polonais ? Quels sont les acteurs qui assurent leur
appropriation ? Quelles motivations poussent des individus ou des
milieux à mener ce dialogue international ? Comment les concepts
polonais se croisent-ils et se confrontent-ils avec ceux développés dans
d'autres espaces nationaux ou sont débattus-ils dans les sociabilités
internationales ?

Afin de répondre, au moins partiellement, à ces interrogations,
le choix méthodologique de cette étude est de saisir les dynamiques
d'échange, d'identification, d'interrelation, en suivant la trajectoire de
deux pédagogues représentatifs en tant que figures de « médiateurs »[2]
d'un internationalisme éducatif, en situant l'analyse au carrefour méthodologique de l'histoire des transferts culturels et de l'histoire des intellectuels[3]. Cette dernière, mettant l'accent sur l'étude des sociabilités, et
portant son attention sur les itinéraires individuels dans la cartographie

---

2   On reprend ici l'acception du terme fondé sur la notion d'engagement,
    dans le sens développé par les historiens qui travaillent dans le domaine
    de l'histoire intellectuelle et des intellectuels, à l'instar de Sirinelli, pour
    qui le « journaliste autant que l'écrivain, le professeur de l'enseignement
    secondaire autant que le savant » sont « créateurs ou médiateurs des valeurs
    culturelles » faisant partie de la catégorie des « intellectuels » (1988a, p. 210) ;
    dans notre cas concret il s'agit de l'engagement pour les causes éducatives.
3   À cet égard, il faut évoquer la riche historiographie française, en particu-
    lier : Chartier, 1983 ; Leymarie & Sirinelli, 2003 ; Sirinelli, 1988b.

de l'espace intellectuel, l'étude des micro-milieux (revues, écoles de pensée), permet d'inscrire les débats, à travers la notion d'engagement, dans leur environnement intellectuel et culturel[4], ce qui a l'avantage, comme le postule Bronisław Baczko de saisir « les hommes avec leurs idées, aux prises avec leur temps, avec les problèmes de leur époque, avec leurs choix difficiles et avec leur propre finitude »[5].

RÉFORMER L'ÉCOLE – MAIS QUELLE ÉCOLE ?

Les débats et les efforts pour réformer l'école, qui mobilisent dans l'entre-deux-guerres tout un réseau de scientifiques et de pédagogues dans l'espace international, se placent en Pologne dans le contexte de la reconstruction politique, sociale et économique de ce pays, qui retrouve son indépendance étatique après plus d'un siècle de domination étrangère. Ce contexte d'emblée singularise les débats, car, alors que la majorité des États européens occidentaux se consolident au cours du 19e siècle et mettent en place un solide système d'instruction, ce qui donne à leurs mouvements pédagogiques un certain cadre pour le développement des bases théoriques, scientifiques, associatives, institutionnelles, en Pologne, en 1918, tout est *in nascendi*.

Il ne fait aucun doute que, pour unifier une société partagée jusque-là entre trois systèmes politiques différents (Russie, Prusse et Empire des Habsbourg), la question de l'éducation apparaît comme primordiale[6]. Et, pourtant, l'héritage éducatif pèse lourd : trois systèmes différents d'instruction, d'organisation scolaire, de modèle éducatif, sont en place[7].

---

4   Ces concepts et notions qui participent de l'histoire intellectuelle et de l'histoire des intellectuels permettent de s'intéresser aux rapports complexes entre le collectif et l'individuel (Prochasson, 1992 ; Racine & Trebitsch, 1992 ; Sirinelli, 1986, 1987)

5   Propos recueillis par Le Bihan, Mongin, Porret & Vigne, 2003, p. 42.

6   Suite aux partages de la Pologne (1772, 1792, 1795), les trois pays vainqueurs (Russie, Prusse, Autriche), ont mené une politique d'instruction visant au déracinement culturel et national des Polonais. Xavier Riondet en a montré aussi l'impact dans le chapitre 5 du présent volume.

7   Pour l'analyse qui suit voir en particulier : Krasuski, 1985, pp. 178–192 ; Roszkowski, 2003, pp. 123–124 ; Rzepa & Dobroczyński, 2009.

Si, sous la domination prussienne, il existe bien une obligation scolaire pour les enfants de 6 à 14 ans, l'enseignement se fait en allemand, le polonais étant interdit. Dans le sillage de la politique du *Kulturkampf*, l'école forge les élèves dans l'esprit étatique des citoyens allemands, sans prendre en compte la différence de nationalité, et le résultat est une forte germanisation des enfants d'origine polonaise. La situation du point de vue du développement culturel est plus favorable dans les terres polonaises dominées par les Habsbourg, où, à partir des années 1870, la société polonaise retrouve des libertés culturelles et politiques. Toutefois, l'obligation scolaire pour l'enfant de 6 à 12 ans n'est point réalisée, et la qualité de l'enseignement dans les écoles publiques demeure très bas. Toujours est-il que l'autonomie de la région permet le développement associatif et la mise en place de plusieurs structures éducatives parallèles, notamment en faveur de l'éducation des masses populaires. Mais la situation la plus drastique du point de vue éducatif se rencontre dans les terres polonaises sous domination russe. Pas d'obligation scolaire, écoles russifiées, niveau médiocre, sur la base de programmes vieillis. C'est seulement suite aux grèves des élèves et des étudiants polonais en 1905, revendiquant une école polonaise démocratique, qu'apparaissent quelques changements. Bien que les répressions suivent (fermeture d'université, exclusion d'élèves, départ d'étudiants à l'étranger), le résultat concret est l'introduction de la langue polonaise dans les écoles privées.

Les champs d'action pour l'État, afin d'uniformiser le système d'instruction, sont multiples, à commencer par l'obligation scolaire (le décret du 9 février 1919 instaure l'école obligatoire pour les enfants de 7 à 14 ans), la mise en place de formations pour enseignants, la construction de nouveaux programmes d'enseignement et de manuels en polonais et en langues minoritaires (les minorités nationales constituent environ 33 % de la population, ces dernières n'ayant bénéficié d'aucune reconnaissance dans les systèmes scolaires russe et prussien). En 1922, l'analphabétisme touche 33,1 % de la population (18,7 % dans les villes et 38,1 % à la campagne). Le plus fort taux d'analphabètes se rencontre dans les anciennes terres sous domination russe (plus de 70 % dans la région de Polésie, en Pologne orientale) (Roszkowski, 2003, pp. 123–124).

En parallèle au processus de consolidation du système d'instruction et à la mise en place de nouvelles structures scolaires, le problème central est de formuler l'idéal de la nouvelle école et de définir les objectifs éducatifs. Le modèle de l'« éducation nationale », développé au cours du 19ᵉ siècle au sein de l'enseignement clandestin ou dans le giron familial, fut une sorte de réponse de la société aux systèmes oppressifs qui excluaient la polonité de la vie publique et de l'enseignement. À la base de ce modèle, la conviction est répandue que, dans la situation d'« esclavage national » où se trouvait la Pologne (telle que vue dans l'imaginaire collectif), le plus important est de préserver la conscience nationale, les traditions, le sentiment de l'identité culturelle et nationale (et en premier la langue)[8]. L'identification à la nation, à la patrie reste le plus grand Bien qu'un Polonais puisse avoir (Krasuski, 1985, p. 193). Avec l'indépendance étatique polonaise, ce modèle devient désuet, perd sa raison d'être. L'objectif premier est de sortir de ce cloisonnement et de repenser les priorités éducatives, de mettre en valeur les idées pédagogiques nouvelles qui sillonnent l'espace international sous l'inspiration des sciences sociologiques et psychologiques[9].

De fait, au sein du mouvement pédagogique polonais, qui s'est dynamiquement développé depuis le 19ᵉ siècle, englobant différentes orientations philosophiques et idéologiques, une multitude de courants et de conceptions pédagogiques se confrontent pour définir les objectifs de la nouvelle école et influencer la réforme et la politique éducatives (Drynda, 1987 ; Dzierzbicka & Dobrowolski, 1963 ; Sobczak, 1998 ; Jakubiak & Maliszewski, 2011).

Parmi les personnalités qui s'investissent dans le développement de la pensée pédagogique polonaise en dialogue avec l'international, la figure qui se distingue, à la fois comme « créateur » et comme « médiateur » des idées pédagogiques nouvelles, est certainement Henryk Rowid.

---

8 La contribution de X. Riondet (chapitre 5) examine comment la Pologne se saisit précisément d'une entreprise internationaliste initiée par l'IICI pour faire reconnaître et défendre son identité nationale.

9 Il est significatif que, jusqu'en 1926, ce sont les pédagogues, les militants éducatifs, de tendance progressiste, qui sont appelés à occuper diverses responsabilités et fonctions au sein du Ministère polonais de l'Instruction. *Cf.* Dzierzbicka & Dobrowolski, 1963 ; Sobczak, 1998.

Henryk Rowid ou la pédagogie comme œuvre collective

« Pour rester en harmonie avec l'esprit du temps », note Rowid, « l'école doit assimiler les idées qui parcourent la société contemporaine » et les mettre en application dans l'instruction, pour former « l'homme moderne » (1926/1998, p. 275). Pédagogue, théoricien des idées pédagogiques, Henryk Rowid (1877–1944)[10] a une activité foisonnante : rédacteur de la revue *Ruch Pedagogiczny* (Mouvement pédagogique), fondateur de l'Association des enseignants populaires et de l'Institut Pédagogique. Ses nombreuses études et son œuvre majeure intitulée *L'École créative* posent des jalons pour débattre autour de la réforme du système éducatif et de la nouvelle formation des enseignants (Krochmalska-Gawrosińska, 2005, 2008 ; Szumski, 1977). Sa trajectoire illustre bien ce militantisme éducatif qui cherche à être un médiateur entre les champs pédagogiques polonais et internationaux, afin de promouvoir un modèle d'école s'inscrivant dans les acquis contemporains.

Entre internationalisme et tradition nationale

Rowid, qui débute sa carrière dans les écoles populaires de Galicie, région polonaise sous domination autrichienne, construit sa pensée pédagogique sur l'étude des penseurs et philosophes polonais du 19e siècle, sur sa formation approfondie en psychologie, auprès de Jan Wałdysław Dawid en Pologne, puis de Wilhelm Wundt à Leipzig, et sur ses observations faites lors de ses voyages à l'étranger, en participant aux congrès pédagogiques internationaux. Rowid se lie ainsi d'amitié avec plusieurs pédagogues occidentaux lors de ses séjours scientifiques dans les centres de pédagogie internationaux, en France, Allemagne, Suisse et Belgique.

Inquiet du bas niveau de l'enseignement dans les terres polonaises sous domination étrangère, mais aussi du contexte politique qui entrave le développement de sa propre recherche, il se joint à ce mouvement progressiste qui cherche à relever les masses populaires par l'éducation et dont le symbole reste certainement l'Université Populaire de Cracovie.

---

10 Sur le parcours de Rowid voir en particulier Krochmalska-Gawrosińska, 2005 ; Szumski, 1977.

Rowid met en place des cours de pédagogie destinés aux enseignants. Afin d'assurer le transfert du savoir pédagogique et de faire circuler les idées pédagogiques nouvelles, Rowid fonde en 1912 une revue *Ruch Pedagogiczny*.

Destinée en premier lieu aux instituteurs et aux enseignants du secondaire, cette revue devient, sous la direction de Rowid, dans les années 1917–1933, un organe efficace qui permet de se familiariser avec les différents courants du mouvement pédagogique international, de connaître les problèmes qui se posent en matière d'enseignement tant en Pologne qu'à l'étranger. Rowid joue un rôle de médiateur avec l'espace international : il recueille des faits, des livres, présente des méthodes et des expériences étrangères qu'il connaît grâce à ses propres observations et aux contacts liés lors de ses séjours à Genève, Zurich, Vienne ou encore Bruxelles. Rowid s'assure de la coopération des principaux pédagogues, psychologues et militants polonais. Eux-mêmes sont convaincus de la nécessité d'entrer en dialogue avec le mouvement pédagogique inter-national. L'un d'eux est la psychologue et physiologiste Jozefa Joteyko, dont le parcours même laisse entrevoir le rôle de médiatrice entre la science polonaise et celle occidentale qu'elle a pu avoir. Formée à Genève, Bruxelles et Paris, c'est en Occident qu'elle construit sa carrière scienti-fique (Bruxelles, Paris) où elle cherche à internationaliser la pédologie en fondant l'Institut International de Pédologie[11]. Joteyko indique deux sources dont devrait s'inspirer l'école polonaise en reconstruction : les traditions du pays et l'expérience et les méthodes pédagogiques des

---

11 Première femme à obtenir un poste d'assistante à l'Université de Bruxelles, premier membre correspondant féminin de l'Académie royale de médecine de Belgique, première femme chargée de cours au Collège de France, Joteyko a plusieurs cordes à son arc : recherches en physiologie, enseignement en psychologie expérimentale, recherches en pédologie. Son premier séminaire pédologique (1909) se transforme, en 1912, en une Faculté internationale de Pédologie à Bruxelles. C'est de cette époque que datent aussi ses efforts de diffusion en Pologne des acquis des sciences psychologiques occidentales et de ses propres recherches. Elle sillonne les villes polonaises (alors sous domination russe et autrichienne) pour donner des conférences lors de cours d'été destinés aux enseignants et psychologues. Elle favorise également l'ac-cueil à l'Institut bruxellois de nombreux étudiants et chercheurs polonais. Sur son parcours voir par ex. Pietrażycka-Tomicka, 1931 ; Rzepa & Dobroc-zyński, 2009, pp. 230–234 ; Lipkowski, 1968.

pays européens qui ont bénéficié de conditions plus favorables pour se développer. Et c'est cette orientation que Rowid tâche de promouvoir dans les colonnes de sa revue, avec Joteyko, mais aussi avec Maria Grzegorzewska, Helena Radlińska, Nawroczyński ou Janusz Korczak.

Autour de la revue, avec ses auteurs, ses lecteurs (militants éducatifs, enseignants), aussi bien en Pologne qu'à l'étranger, se crée rapidement un milieu, qui partage les mêmes valeurs, une forte identification aux idées qui sillonnent le champ pédagogique international[12].

Présentant des courants pédagogiques contemporains, occidentaux autant que polonais, les auteurs de la revue visent à montrer le caractère de socle commun des défis pédagogiques auxquels son temps doit faire face et auxquels la recherche collective doit trouver des solutions pratiques. De fait, la revue est un moyen efficace pour promouvoir un certain éclectisme pédagogique : présenter les méthodes et concepts venus de l'étranger, les confronter aux traditions polonaises, suivre leur acclimatation et leur adaptation dans le système scolaire polonais[13]. Il ne fait aucun doute que pour Rowid l'identification avec le mouvement pédagogique international, afin de former la jeunesse dans l'idéal commun, ne signifie pas abandonner ou renoncer aux valeurs pédagogiques universelles que l'on retrouve dans plusieurs expériences pédagogiques polonaises. Mais Rowid cherche à transférer les méthodes et pratiques transnationales en les adaptant au contexte polonais. Cette dialectique entre tradition nationale et internationale que Rowid incarne, révèle bien sa vision du modèle de l'école nouvelle qu'il développe dans son œuvre majeure, « L'École créative » (Rowid, 1926).

L'École créative

« Pour l'école créative », c'est sous ce titre que paraît déjà en 1924, dans les colonnes de *Ruch Pedagogiczny*, l'article à l'allure de manifeste où Rowid présente un nouveau concept didactique-éducatif pour réformer et moderniser l'école (Rowid, 1924b/2005). Rowid y définit son ambition

---

12 Parmi les auteurs étrangers de la revue, il faut citer en particulier Ferrière, 1929.

13 À titre d'exemple sur le plan Dalton *cf.* Rowid, 1924a, 1927. Sur le mouvement de l'Éducation nouvelle en Pologne, les ouvrages de référence : Drynda, 1987 ; Grochowski, 1996 ; Sobczak, 1998.

de présenter un concept qui est une « synthèse » de tous les efforts des réformateurs et de leurs postulats dans le domaine de l'éducation civique et sociale que l'on observe à l'époque en Europe et en Amérique. En 1926 la version achevée de « l'École créative » voit le jour[14].

Rowid considère que la nécessité de réforme de l'école est l'une des conséquences des changements sociaux qui sont apparus en Europe, ainsi que la suite logique du développement des sciences psychologiques, qui exigent de redéfinir l'idéal de l'homme et les objectifs qui devraient orienter le projet éducatif : quel est cet idéal de l'homme et de la société contemporaine ? Rowid note à cet égard :

> L'idée de corporation, de solidarité, de travail libre et créatif, basé sur l'effort spirituel de plus en plus fort, pénètre l'éducation contemporaine et la vie scolaire. Ces idées permettent non seulement d'améliorer l'école traditionnelle des siècles passés du point de vue des programmes et des méthodes, mais elles vont plus loin, elles changent son esprit et la transforment. Aujourd'hui naît une nouvelle école, une école créative, fondamentalement différente de l'école traditionnelle. (1926/1998, p. 275).

Cet idéal visant à former le modèle de la future école s'inscrit dans les efforts de la nouvelle éducation. Il s'oppose ainsi à « l'école traditionnelle », basée sur la routine, sur le formalisme, et, dans le cas polonais, cela signifie le rejet de la pédagogie allemande inspirée par le système de Johann Friedrich Herbart, répandu dans les terres polonaises avant la guerre. Rowid montre que les valeurs et les idées qui sillonnent le champ pédagogique international ne sont pas l'invention propre des réformateurs contemporains issus du milieu de l'Éducation nouvelle[15], mais qu'elles existent depuis longtemps. Plusieurs de ces idées, on les retrouve au cours des siècles chez différents penseurs, philosophes, pédagogues, de Rabelais à Michel de Montaigne, en passant par Jan Amos Komenski (plus connu sous le nom de Comenius), Jean-Jacques Rousseau, Johann Pestalozzi, les penseurs polonais des 18e (Grzegorz

---

14 Cette première version est complétée et approfondie suite à des voyages scientifiques (France, Allemagne, Suisse, Autriche, Italie) que Rowid effectue dans les années 1925–1928, lorsqu'il visite de nombreuses écoles expérimentales, fréquente les pédagogues, côtoie des pratiques éducatives nouvelles. La deuxième version est publiée en 1929, puis la troisième en 1931.
15 Sur le mouvement *cf.* Hofstetter & Schneuwly, 2006.

Piramowicz, Jan Śniadecki) et 19ᵉ siècles (Józef Hoëné-Wroński, Bronisław Trentowski et plus tard aussi chez Jan Władisław Dawid). (Rowid,
1924b/2005, p. 292).

Par son concept d'« école créative », Rowid présente une vision éclectique de la pédagogie. C'est un développement théorique et pratique qu'il
élabore sur la base de plusieurs courants pédagogiques contemporains
(école active, école du travail), et des traditions pédagogiques progressistes
polonaises, s'inscrivant dans l'héritage de divers penseurs et pédagogues
du passé qu'il considère comme étant le socle commun de la pédagogie
européenne et qu'il adapte aux besoins actuels de l'école polonaise. De fait,
on retrouve chez lui divers emprunts étrangers « métissés »[16], car Rowid
emprunte certaines méthodes, rejette ce qu'il considère comme des exagérations, élimine de son concept des postulats qu'il trouve extrémistes,
reprend plusieurs pratiques polonaises qui datent de la fin du 18ᵉ siècle
et adapte les pratiques aux besoins de l'école actuelle.

Pour formuler les buts de l'éducation, Rowid reste sous la forte
influence des philosophes et pédagogues polonais du 19ᵉ siècle comme
Hoëné-Wroński et Trentowski, qui véhiculent l'idéal de l'homme capable
de la perfection spirituelle permanente et de l'homme créatif. (Rowid,
1917, 1934). C'est en effet en référence à ces penseurs qu'il utilise le terme
« créative » pour caractériser la nouvelle école qu'il considère comme la
plus appropriée à l'esprit de la langue polonaise. L'idée développée par
ces philosophes est que la personne humaine est une unité, que l'individu doit être considéré comme une « personnalité sociale » capable de
développer le patrimoine culturel de sa société, dans le respect de sa
liberté et de sa dignité, et préparée aux différentes activités créatives.
De fait, Rowid voit l'école comme un processus de création : création de
l'homme le plus parfait, d'esprit civique et intérieurement libre, capable
de se former et de s'améliorer moralement (1926/1998). Une école nouvelle, inspirée par les idées pédagogiques modernes doit permettre
« d'éduquer un homme nouveau », à la personnalité sociale et créative,
actif et créatif, prêt à « coopérer à la vie sociale commune »[17]. L'essence de

---

16 En se référant à l'acception du terme développé par Espagne qui définit les
     références communes qui sont transférées comme « formes de métissage »
     (1999, p. 1).
17 Rowid développe ces idées dans ses nombreux travaux (1924b, 1925,
     1926, 1932).

l'éducation créative constitue l'activité individuelle de l'enfant, tant physique qu'intellectuelle, qui exige un effort spirituel qui libère de l'âme de l'enfant ses émotions et ses intérêts. Cette approche situe Rowid dans le courant personnaliste de la pédagogie, à l'instar de Maria Montessori, Helen Parkhurst ou Carleton Washburn, pour qui le développement de la personnalité humaine, dans son intégralité, est la visée principale des efforts éducatifs (Krochmalska- Gawrosińska, 2005, p. 60).

Adepte du personnalisme pédagogique, Rowid puise dans toute la diversité des approches des courants pédagogiques modernes de l'époque, lesquelles voient l'enfant comme étant l'entité centrale de l'instruction et non un simple sujet. Sa réflexion théorique se mêle aux solutions pratiques qu'il propose. Il est fortement influencé par les idées de John Dewey et de Georg Kerschensteiner, celles de « l'école du travail », dont il se fait le médiateur en Pologne. Il considère que ses principes doivent être adaptés en Pologne à l'échelle des premières années de scolarité de l'enfant : activités pratiques et travail comme expression des sentiments de l'enfant, permettant son développement. Il reprend, dans la pédagogie du travail, les méthodes qui rendent l'enfant actif et admet l'enseignement concentré sur des sujets proches à la vie de l'enfant, donne de l'importance aux liens existant avec l'environnement de l'enfant. Cependant Rowid reste critique à l'égard de certains concepts qui naissent dans le sillage de l'école du travail. Si son projet d'école vise à « créer l'homme capable de produire », il se distancie de la théorie de « l'école productive », répandue à l'époque en Russie bolchevique[18]. Dans les visées de cette dernière, le regard porté sur l'enfant est essentiellement économique et non pédagogique, car l'élève est considéré comme un objet socio-économique, alors que, selon Rowid, il faut respecter l'enfant dans son développement selon les lois physiques et spirituelles qui lui sont propres. Pour lui, le but de l'éducation est de former un homme capable de créer des valeurs nouvelles, tant matérielles que spirituelles. De fait, reconnaissant l'importance des matières artistiques et des travaux manuels dans l'éducation, il s'oppose à l'idée de remplacer l'enseignement par l'apprentissage dans les ateliers de production et rejette l'activité productive comme moyen exclusif de formation, comme par

---

18 On note ici les contrastes dans les interprétations de la pédagogie bolchevique, entre le pédagogue Rowid et l'Internationale des travailleurs de l'enseignement (que documente F. Mole dans le chapitre 4 de ce volume).

exemple l'idée de travail pratiqué dans les écoles nordiques, celui de *Slöjd* (Lawn, 2018) qui exercent les compétences manuelles, mais réduisent, selon Rowid, l'éducation même. Pour le pédagogue polonais, la valeur éducative du travail englobe l'activité physique et intellectuelle qui découle des intérêts de l'enfant, mais cette activité est liée au vécu moral et esthétique qui accompagne le processus de création. De fait, pour souligner la signification de l'éducation par le travail manuel, Rowid se réclame surtout des idées de Trentowski et de l'héritage éducatif de la Commission de l'Éducation Nationale de la fin du 18ᵉ siècle, de ses postulats concernant l'usage pratique du savoir et l'enseignement basé sur l'observation directe de l'activité, tels qu'expérimentés dans certaines écoles polonaises (Rowid, 1923, 1934).

Dans le prolongement du penseur polonais Hoëne-Wroński, et aussi de Dawid, Rowid insiste sur l'indépendance de l'enseignement du système politique ou religieux (Grochowski, 1996 ; Krochmalska-Gawrosińska 2005 ; Szumski, 1977). L'enfant ne peut pas être un élève influencé par des objectifs strictement parentaux ou étatiques car, dans l'éducation, il faut chercher le bien de l'enfant. C'est pourquoi Rowid reste très critique face aux concepts de l'éducation étatique (élaborés par Janusz Jędrzejewicz et Kazimierz Sośnicki) que l'on cherche à promouvoir dans l'école polonaise à partir des années 1930 (Krasuski, 1985, pp. 193–194 ; Kabzińska & Kabziński, 2011). Ce modèle éducatif, qui, certes, reprend plusieurs aspects de l'école nouvelle (socialisation, postulats de l'école du travail, éducation morale), par ses visées politiques, qui sont avant tout de former un certain type d'élève et de citoyen par son attachement aux valeurs étatiques, peut, selon Rowid, nuire au bien de l'enfant (Araszkiewicz, 1978).

L'idée phare que Rowid développe dans son concept d'école créative, en prolongement de la pensée de Trentowski, est celle de connaître la nature de l'enfant afin de définir les buts de l'éducation. Ceci exige de mettre le savoir psychologique au service de la pratique enseignante, postulat qui parcourt plusieurs débats pédagogiques dans l'espace international. L'une des personnes qui partagent avec Rowid ces idées de la primauté de la connaissance du développement psychique de l'enfant et accorde à la psychologie un rôle clé pour développer des méthodes scientifiques, afin de renforcer les bases théoriques de l'école créative, est très certainement Joteyko : celle-ci voit le processus de développement psychique de l'enfant comme étant un moment de création (développement de ses intérêts, de son intellect, de ses sociabilités) ; le rôle premier de l'enseignant est d'accompagner l'enfant dans ce processus, tous les autres objectifs de l'éducation étant alors secondaires. De ce fait, le respect de l'enfant exige de mieux connaitre ses besoins, son psychisme, son développement psychique (Joteyko, 1927). C'est la psychologie structurale qui permet, selon Joteyko, d'analyser le problème de la personnalité sous tous ses aspects (physique, psychique, culturel et social), qui porte l'attention par exemple sur des problèmes tels que l'intérêt, la liberté, l'affectivité, la capacité d'analyse de l'enfant, et permet ainsi de mettre en place les modes d'éducation prenant en considération l'individualité de l'enfant. Elle soutient ainsi les méthodes d'enseignement globales utilisées par Decroly, qui favorisent la spontanéité naturelle de l'enfant, par le recours à la curiosité et l'intérêt, qui sont alors deux facteurs créateurs de l'esprit humain. D'où le postulat de Joteyko d'intégrer la psychologie structurale dans la formation des enseignants de l'école nouvelle.

RADLIŃSKA : LA SOLIDARITÉ SOCIALE AU SERVICE DE L'ÉDUCATION

L'exemple de la trajectoire d'Helena Radlińska s'avère particulièrement approprié pour sonder la complexité et l'importance de la problématique sociale dans la réflexion sur l'éducation, telle qu'elle a été menée par les réformateurs polonais. Cette problématique reste l'un des aspects importants du projet pédagogique international, tant sur le plan des débats que sur celui de la réflexion et du lancement d'initiatives multiples de collaboration aussi bien sur le plan local, national que transnational (Naumiuk, 2016 ; Wroczyński, 1985).

Pédagogue, historienne, engagée dans la mise en place d'initiatives en matière d'instruction dans la clandestinité avant 1918, Radlińska (1879–1954)[19] est certainement parmi les militants polonais les plus actifs. Elle fait partie de plusieurs organisations mondiales œuvrant en faveur de la « nouvelle pédagogie » (Ligue internationale pour l'Éducation nouvelle (LIEN), Congrès internationaux pour l'éducation morale (CIEM)), de l'éducation des adultes et du service social. Considérée comme créatrice de la pédagogie sociale polonaise (Radlińska, 1961 ; Theiss 1997),

---

19 Sur son parcours, voir en particulier Radlińska, 1964 ; Lepalczyk & Skibińska, 1974 ; Theiss, 1997, 2017.

elle veut décloisonner les sphères d'activité des domaines éducatifs, en faisant entrer la problématique sociale dans les débats sur la réforme de l'école et dans le processus de développement de l'éducation nouvelle, sur le plan national et international.

Cette attention accordée à l'éducation au service de toute la société, qui s'appuie sur l'idée de solidarité sociale, est l'un des aspects clés soulevés par les militants polonais (Nawroczyński, 1938 ; Radlińska, 1961), influencés en cela par la structure sociale même de la société polonaise, majoritairement agricole, par l'appauvrissement de la campagne et la situation économique détériorée des milieux ouvriers, notamment dans les faubourgs des grandes villes industrielles. Elle s'inscrit aussi dans le prolongement du puissant mouvement éducatif qui se développe en terres polonaises dans les dernières décennies du 19e siècle et dont le credo est la transformation sociale à travers l'instruction[20]. Depuis les années 1880, on observe une explosion des structures éducatives, des initiatives culturelles, pour la plupart clandestines, dans les terres polonaises sous domination russe. L'objectif de ce militantisme éducatif est de mettre en place une pédagogie dont le principe est la démocratisation de la vie sociale, à savoir le droit à l'éducation de toutes les couches de la société, en développant tout un réseau d'instruction situé hors de l'école, dans la clandestinité[21]. Le travail est effectué à différents niveaux d'instruction : l'Université *Volante* destinée aux femmes à Varsovie[22], le travail d'instruction en ville et dans ses faubourgs, les écoles maternelles, les cours destinés aux adultes, les cours et écoles destinés aux filles, les bibliothèques, les bourses de soutien, la mise en place de formations autodidactes pour les jeunes scolarisés. C'est dans cet esprit aussi qu'est fondée, en 1898/99, à Cracovie, l'Université Populaire d'Adam Mickiewicz, en tant qu'institution officielle, dont l'objectif est d'assurer une instruction systématique aux ouvriers, tant sur le plan

---

20 À cet égard les souvenirs de Radlińska (1964, pp. 346–359) apportent des éclairages intéressants.
21 Sur l'histoire de l'instruction et le travail éducatif clandestin à Varsovie, voir en particulier Kieniewicz 1976, pp. 261–268.
22 Les cours de formation supérieure pour femmes, organisés clandestinement depuis 1882, se transforment, en 1885, en école supérieure clandestine, connue sous le nom d'Université volante. À partir de 1905, cette école, remplacée alors par la Société des cours scientifiques, commence à fonctionner en tant que formation supérieure officielle.

Figure 1. Auditeurs et enseignants de l'Université Populaire d'Adam Mickiewicz à Cracovie, cette véritable pépinière du militantisme éducatif, 1907–1908. Helena Radlińska au milieu, en arrière-plan. (*Cyfrowe Archiwum Pedagogiki Społecznej© Centrum Wspierania Aktywności Lokalnej CAL*, Wiesław Theiss, BOLD 2014).

des connaissances scolaires que dans l'approfondissement de leur formation professionnelle, afin d'élever le niveau intellectuel des ouvriers et de promouvoir ainsi leur enracinement culturel (Kamiński, 1965 ; Radlińska, 1909).

Radlińska, qui participe activement à ce mouvement – dans le prolongement d'autres pédagogues, à l'instar de Dawid et de Karpiński, qui baignent dans la sensibilité socialiste –, mène en parallèle une étude empirique de la question du travail éducatif, ce qui la conduit à élaborer ce qu'elle nomme « pédagogie sociale » et qu'elle expose, en 1908[23]. Elle fonde sa réflexion sur le principe que le développement de l'instruction dépend du niveau économique de la société, et de bonnes conditions

---

23 Elle publie un article intitulé « Des questions de pédagogie sociale » (*Z zagadnień pedagogiki społecznej*). Sur la pédagogie sociale de Radlińska, voir en particulier Kamiński, 1965 ; Radlińska, 1961.

politiques. Dans le cas polonais d'alors, l'indépendance étatique est nécessaire et indispensable pour fournir de telles conditions. De fait, la Pologne une fois libérée, Radlińska met sa réflexion en pratique. L'accent est mis sur la formation de cadres actifs dans le travail social et sur celle d'enseignants chargés d'instruire le peuple, les ouvriers. La renaissance culturelle que l'on désire pour la société polonaise doit s'accompagner du développement de la vie associative et de la création d'un réseau local en privilégiant l'autarcie régionale (Radlińska, 1928a, 1961).

Les idées de Radlińska se trouvent à la base de l'École du service social (en polonais Cours du travail social pour la propagation de l'instruction), qu'elle fonde en 1925 dans le cadre de la Faculté des sciences pédagogiques de l'Université Libre de Varsovie (Radlińska 1964, pp. 429–437). Cette École assure des cours de formation au personnel socio-éducatif à tous les niveaux de l'instruction scolaire et parascolaire[24]. Elle est fréquentée par des instituteurs, éducateurs, pédagogues, psychologues, mais aussi par des travailleurs sociaux et des bibliothécaires, réunissant des étudiants très divers de par leurs orientations idéologiques et politiques et par leurs statuts : on y rencontre des laïcs aussi bien que des prêtres et religieuses parmi les étudiants. L'accent est mis sur les stages, visites des institutions, études conduites sur les enfants des quartiers les plus pauvres, à la campagne (en privilégiant les traditions rurales, comme les chants) afin d'élever par le travail d'instruction et le travail extra-scolaire le niveau de la vie économique pour promouvoir l'éducation (Radlińska, 1928b, 1930b).

Il reste à noter que le milieu de l'Université Libre de Varsovie[25], où Radlińska dirige la Faculté des sciences pédagogiques, est un lieu de sociabilité intellectuelle de référence pour la promotion des idées pédagogiques modernes, tant sur le plan scientifique que du point de vue du militantisme éducatif. Cette grande école privée, marquée par la pensée sociale progressiste, œuvre pour mettre la recherche à la disposition des praticiens de l'éducation, en développant les recherches scientifiques en

---

24 Les observations effectuées par Radlińska lors de ses voyages en Suisse, Belgique et Danemark en 1924 sont une source importante pour cette fondation, *cf.* Orsza-Radlińska. [Radlińska] 1925.

25 Elle a été fondée par la Société des cours scientifiques, qui s'appelait auparavant Université mobile – université clandestine pour femmes, transformée en 1919 en Université libre. Voir sur cette histoire, Skubała-Tokarska, 1967.

Figure 2. Helena Radlińska (au premier plan, au centre) avec les auditeurs du Cours du travail social pour la propagation de l'instruction, Université Polonaise Libre à Varsovie, 1930. (*Cyfrowe Archiwum Pedagogiki Społecznej© Centrum Wspierania Aktywności Lokalnej CAL*, Wiesław Theiss, BOLD 2014).

sciences sociales et les nouvelles méthodes pédagogiques (Skubała-Toka-rska, 1967).

Radlińska cherche surtout à faire entrer les questions sociales dans les problématiques débattues lors des CIEM ou de la LIEN (Theiss, 2017, p. 158). Sur la base de ses propres expériences, des observations menées par les étudiants de son Institut, elle met en évidence la réalité des connexions qui existent dans le processus d'éducation avec les conduites politiques et économiques : l'impossibilité de concrétiser certains projets éducatifs à cause des réalités concrètes[26]. Dans ses écrits et

---

26 Sur ce point Theiss (2017, p. 159) évoque l'intervention de Radlińska pendant le VIe Congrès de la Ligue à Nice. Intitulée « Les Causes sociales des échecs de l'enfant à l'école », celle-ci s'attarde sur les limites de l'éducation chez

ses interventions, Radlińska démontre la nécessité de prendre en compte le fait social dans l'éducation pour aider au développement des milieux défavorisés. Dans cette optique, le contexte polonais, nécessite, selon elle, de mener des activités culturelles et économiques pour élever le niveau éducatif. Pour cela, elle insiste sur l'importance de l'apprentissage hors-les-murs dans le processus d'éducation, et au service social (Radlińska, 1928b, 1930b, 1961).

RÉINTERPRÉTER LES CAUSES COMMUNES DE L'INTERNATIONALE ÉDUCATIVE ?

Il ne fait aucun doute que, dans l'entre-deux-guerres, la présence des milieux polonais engagés dans la réforme de l'éducation, jusque-là discrète, prend de l'importance au sein des instances et mouvements pédagogiques internationaux. Des savants, des enseignants et des militants éducatifs polonais s'engagent dans ces sociabilités qui cristallisent les efforts pour promouvoir une nouvelle vision de l'éducation[27]. Ces congrès sont commentés en détail et les interventions résumées dans les colonnes des revues pédagogiques polonaises[28], tant celles destinées à un large public enseignant comme c'est le cas de la revue fondé par Rowid[29], que celles spécialisées en psychologie, philosophie, sociologie. Plus encore, les liens qui se créent au cours de ces rencontres internationales sont renforcés par des visites réciproques[30] ou des traductions d'ouvrages pédagogiques. À lire les recensions, à analyser les nombreuses photos conservées de ces rencontres, à plonger dans les mémoires de certains participants, comme ceux de Radlińska, on entrevoit les affinités intellectuelles pouvant exister entre pédagogues, entre savants qui s'investissent dans ces causes communes, et on peut

---

les enfants des milieux paysans et ouvriers, influencés qu'ils sont par leurs conditions sociales.

27 Sur la présence polonaise aux congrès *cf.* Grochowski, 1996 ; Kabzińska, 2001.

28 En particulier dans les colonnes d'*Oświata i Wychowanie* (Instruction et éducation) et de *Ruch Pedagogiczny* (Mouvement pédagogique). (1930, 1931, 1935).

29 Sur ce point voir par ex. : Lettre de Rowid à Claparède du 25 novembre 1928, Ms.fr.4012, f.172, BGE.

30 Dans les colonnes de la revue *Pour l'ère nouvelle,* on peut suivre les voyages d'étude en Pologne de plusieurs pédagogues (voir par ex. : Ferrière, 1930).

même croire à l'existence d'une grande famille internationale convaincue de sa mission (Radlińska, 1964, pp. 424–429). Et pourtant, derrière ce grand enthousiasme que dégagent les rencontres, l'atmosphère d'ouverture et de fraternité qui règne au sein de ces sociabilités internationales, plane cependant l'ombre de tensions et d'incompréhensions. Radlińska explique ces divergences par les différents contextes politiques qui influent sur les expériences pédagogiques, par les héritages du passé qui brouillent la compréhension de certaines problématiques (1964, p. 408–409, 429).

Tel semble être le cas de certaines interventions polonaises, lors des congrès, avant la Première Guerre mondiale. Présentant la problématique éducative polonaise, alors que l'État polonais n'existe pas encore, les Polonais se placent souvent d'emblée en ambassadeurs de leur école nationale. Dans plusieurs interventions, l'accent est mis de manière implicite ou indirecte sur la dénonciation des mesures répressives prises contre la culture et l'école polonaises. L'intervention de Stefania Sempołowska, lors du Premier Congrès International d'Éducation Morale, qui se tient à Londres en 1908, est emblématique à cet égard (Radlińska, 1964 ; Wawrzykowska-Wierciochowa, 1981). Cette enseignante, inspiratrice et partie prenante de plusieurs entreprises d'instruction clandestines à Varsovie (école clandestine pour jeunes filles, secours apportés aux prisonniers politiques, mise en place de l'enseignement privé polonais, soutien de la grève des écoliers polonais contre la politique scolaire tsariste) présente la question polonaise comme un problème moral, en dénonçant la persécution menée par l'administration russe contre les institutions polonaises et les militants de l'éducation en terres polonaises, elle-même ayant été emprisonnée pour ses activités éducatives (Grochowski, 1996, p. 8). Pour illustrer ses propos, elle organise une exposition qui illustre la répression exercée contre la jeunesse polonaise par le pouvoir russe. Sur intervention du représentant officiel du Ministère tsariste, qui la dénonce comme étant une action politique, l'exposition est suspendue. Cette incompréhension de l'expérience polonaise face à la Russie, vue sous l'angle purement politique, dont Sempołowska fait l'expérience, semble se retrouver dans certains cercles occidentaux, selon Radlińska, qui se heurte ainsi à ceux qui ne comprennent pas la distinction faite, par des Polonais vivant au 19e siècle dans un système étranger, entre nation et État, dans l'esprit des révolutionnaires du Printemps des peuples : « nous opposons les nations aux États, et c'est dans l'opinion des nations que nous cherchons le soutien contre les monarchies » (Radlińska, 1964, p. 408).

Les divergences de compréhension se cristallisent autour des débats sur les idéaux communs, véhiculés au sein des sociabilités pédagogiques internationales, tels que « l'éducation de l'humanité sur l'idée de l'amour fraternel », porteur de valeurs telles que la tolérance, la coopération internationale, la paix, le respect des différences. Les voix des participants polonais, convaincus pourtant de l'importance de la coopération internationale, sont souvent discordantes face à ces idées, considérées comme exagérément idéalistes et pas toujours inscrites dans la réalité du vécu politique et culturel concret. À cet égard, on peut notamment remarquer que le postulat phare des Congrès Internationaux d'Éducation Morale, que « le développement moral de l'humanité devrait être le moyen d'empêcher la guerre, d'extirper le mal et la haine, à travers l'éducation qui désarme l'hostilité et anoblit les instincts » semble être une apothéose du pacifisme. Radlińska, qui participe à plusieurs congrès portant sur ces problématiques (à Genève en 1922 ; à Paris en 1930), note dans ses souvenirs que les discussions autour des actions entreprises en vue de la paix font ressortir les divergences entre « les sociétés qui luttent pour l'indépendance politique et les nations libres, qui ne sont pas en danger », ou celles qui sont restées neutres pendant la Première Guerre mondiale (1964, pp. 412–413). Elle avoue même choquer certains pacifistes radicaux en se revendiquant des valeurs qu'elle accorde aux distinctions qu'elle a reçues pour sa participation à la guerre pour l'indépendance de son pays (1964, p. 413).

Il semble que la question de la paix, particulièrement sensible, heurte certains pédagogues. Ceux-ci ignorent le contexte politique et historique de certaines sociétés est-européennes, comme la société polonaise, qui a connu pendant plus d'un siècle une politique entravant son développement culturel autonome et qui a été marquée par les révoltes, les insurrections, les appels à se battre pour son indépendance étatique. De fait, des pédagogues polonais affirment que certaines démarches sont inadéquates pour les pays comme la Pologne et risquent de créer des amalgames et des constatations biaisées. Tel est le cas des enquêtes concernant l'attitude face à la guerre. En ce sens, Radlińska évoque l'exemple d'un psychologue sud-américain qui, lors du Congrès « La Paix par l'École » organisé par le Bureau international d'éducation (BIE) à Prague en 1927, sur la base de l'analyse de l'enquête menée par la psychologue polonaise en 1917 à Varsovie, tire la conclusion hâtive et généralisante que les enfants polonais haïssent les Allemands (Radlińska, 1927a, 1964). Son analyse semble complètement ignorer le contexte, celui de l'occupation allemande, ainsi que l'expérience antérieure de germanisation des écoles polonaises où les enfants subissaient entre autres des violences physiques. Radlińska souligne que de tels résultats pourraient également se rencontrer chez les enfants belges pendant l'occupation allemande de la Belgique (1964, p. 413).

Parmi les questions régulièrement débattues au sein des Congrès internationaux d'éducation morale (CIEM) et qui suscitent un fort intérêt chez les pédagogues polonais, on remarque la position de l'enseignement de l'histoire dans l'éducation et dans la coopération internationale. C'est lors du IIIᵉ CIEM de 1922 à Genève, organisé par l'Institut Rousseau que Radlińska souligne le rôle de l'histoire dans la formation des nouvelles relations, pacifiques, en tant que domaine particulièrement approprié pour forger le sentiment de solidarité humaine, de compréhension et de respect (Orsza-Radlińska. [Radlińska], 1922). Toujours est-il que, consciente de la force de l'histoire, elle reste réservée, comme le note Theiss (2017, pp. 156–157) face aux postulats idéalisés de « fraternité entre les peuples », consciente que certaines différences du vécu historique peuvent engendrer des litiges et ne permettent pas de trouver des accords et des visions communes (Radlińska, 1927a, 1927b). De fait, elle aperçoit la difficulté de compréhension qui peut exister si on la base sur une vision commune de l'histoire. Le cas symptomatique reste l'attaque à l'encontre des manuels polonais de la part des représentants allemands et ukrainiens à Prague (Radlińska, 1927a ; Theiss, 2017, p. 157).[31]

Si ces forums internationaux, qui permettent de populariser l'innovation pédagogique, sont aussi des lieux où les différentes expériences se confrontent, l'un des sujets controversés est le problème de la socialisation de la jeunesse, la question de la discipline et de l'autonomie dans l'éducation morale, débattus lors du Vᵉ CIEM, en 1930 à Paris. On y entend les voix discordantes de Natalia Gąsiorowska et de Radlińska face à l'idéalisation du travail clandestin de la jeunesse, en tant que matrice de l'acquisition du sens de la responsabilité, de la fraternité et de la convivialité. En se basant sur l'expérience polonaise de l'autonomie de la jeunesse qui remonte au 19ᵉ siècle, où le travail clandestin fut une

---

31 Pour une analyse du positionnement de la Pologne sur l'enseignement de l'histoire au sein de l'IICI, voir le chapitre 5 de X. Riondet.

forme de défense contre les persécutions, les pédagogues polonaises mettent en garde contre les attitudes négatives qu'une telle expérience peut amener : attitude de fuite face à la responsabilité personnelle, phantasme exagéré, etc. Elles insistent plutôt sur l'importance qu'il y a à enraciner cette autonomie dans l'action ouverte, à la confronter au jugement public et à favoriser le courage civique et la simplicité (H.R. [Radlińska] 1930a ; Radlińska 1964, p. 413).

Si ces quelques exemples montrent les divergences de perception qui peuvent exister, il ne fait cependant aucun doute, et Radlińska en est bien convaincue, que ces diverses rencontres internationales permettent d'enrichir le patrimoine culturel mondial par la diversité des expériences présentées, dans le respect des diverses traditions nationales.

Un autre lieu de sociabilité internationale ayant permis de développer des échanges féconds au sein du mouvement pédagogique polonais, dont Radlińska tout autant que Rowid font partie et qui mérite d'être évoqué, est certainement le Bureau international d'éducation (BIE)[32]. Dès sa fondation à Genève, en 1925, le BIE rencontre un vif intérêt parmi les pédagogues et militants polonais, qui s'identifient à une vision internationaliste que le milieu de l'Institut Rousseau cherche à promouvoir[33]. La liste des membres polonais qui adhèrent à titre privé au BIE et qui s'organisent en une section nationale que l'on appelle alors le « Centre polonais »[34] est significative de leur attachement à l'idéal éducatif commun et des liens qu'ils ont pu nouer au sein des sociabilités pédagogiques genevoises. Un rôle de tout premier plan y est joué par Maria Sokal, née Wend[35]. Cette militante participe à de nombreuses activités pédagogiques dès avant l'indépendance polonaise : enseignement clandestin dans la Pologne sous domination tsariste, fondation d'une bibliothèque à Cracovie et d'un musée pédagogique. Dans les années vingt, séjournant à Genève en raison des activités de son mari, représentant permanent de la Pologne auprès de la Société des Nations, elle met à profit ses larges contacts genevois et internationaux en vue de créer le

---

32 Sur le BIE voir en particulier : Hofstetter, 2010 ; Hofstetter & Schneuwly, 2013, et les chapitres 2 et 8 de ce volume.

33 À cet égard l'ouvrage de référence : Hofstetter, 2010.

34 Liste des membres polonais du BIE, Membres et correspondants en Pologne, Cotisations des membres polonais. Centre Polonais 1926–1929, C.4.1.105, Bureau international d'éducation (BIE).

35 Sur le rôle de Maria Sokal, *cf.* Radlińska, 1964, pp. 408–409.

BIE et entre au Conseil de cette institution. À ce Conseil est également appelée Radlińska, qui devient un relais important pour représenter le Bureau en Pologne et lui servir de correspondant, ainsi que pour coordonner les contacts avec les membres polonais du BIE[36].

Parmi ceux qui sont le plus connus sur le plan international et qui, par leurs travaux, ont posé les bases du renouvèlement éducatif en Pologne, il faut citer, en pédagogie spécialisée, Grzegorzewska, collaboratrice de Joteyko et Directrice de l'Institut de l'enseignement spécial de l'État à Varsovie, et Rowid. On y trouve aussi des personnes liées à l'Institut Rousseau par leur parcours de formation, à l'instar de Maria Kaczyńska[37], l'une des premières psychologues scolaires de Pologne et également chercheuse liée à l'Université Libre de Varsovie, qui a préparé son doctorat sous la direction d'Édouard Claparède ; ou encore Janina Bużycka[38], qui, après ses études à l'Institut Rousseau dans les années vingt, prend en Pologne la tête de l'organisation et la direction du Laboratoire psychotechnique du patronat de la Jeunesse à Varsovie. S'y joignent de nombreux instituteurs et enseignants du secondaire, dont plusieurs prendront en charge la direction d'écoles[39].

---

36 Radlińska représente la Pologne à la 1ère Assemblée générale du BIE, en 1927 (Grochowski, 1996, p. 33). Sur le rôle de Radlińska voir : Copie dactyl. Lettre à Radlińska du 12 mai 1926 (auteur inconnu) ; Lettre de Maria Sokal à M. Butts du 23 août 1926, Centre polonais, C.4.1.105, BIE. Sokal et Radlińska sont d'ailleurs parmi les femmes les plus actives du premier BIE, aux côtés de sa secrétaire générale, Marie Butts.

37 Sur son parcours à l'Institut Rousseau (Latała, 2019, soumis), et son apport scientifique (Kaczyńska, 1929, 1931).

38 À cet égard, voir les lettres de Bużycka à Claparède (18 novembre 1925, 10 et 26 mai 1926), Ms.fr.4006, f.222–224, Bibliothèque de Genève (BGE).

39 Parmi eux, il faut citer le nom de Jadwiga Michałowska qui, après être passée par l'enseignement et la direction d'un des gymnases varsoviens, est appelée dans les années trente au poste d'inspectrice au Ministère de l'Instruction. Elle se trouve en première ligne dans les contacts avec le BIE. L'un des Polonais les plus engagés au sein du BIE est certainement Boleslas Kielski, inspecteur général de l'enseignement secondaire, rédacteur en chef de la revue *Oświata i Wychowanie*, dans les colonnes de laquelle il donne beaucoup de place au mouvement pédagogique international. Parmi les noms relevés dans les listes retrouvées figurent aussi : Sophie Szybalska (Cracovie), Edmund Semil (Boryslaw), Sophie Klinger, Michal Friedländer, Mieczyslas Ziemnowicz (Cracovie), Marcel Gromski, co-directeur du comité

Figure 3. Lettre de Helena Radlińska à Jean Piaget (Directeur du BIE) du 8 janvier 1930. Pologne, A.1.4.244, A-BIE.

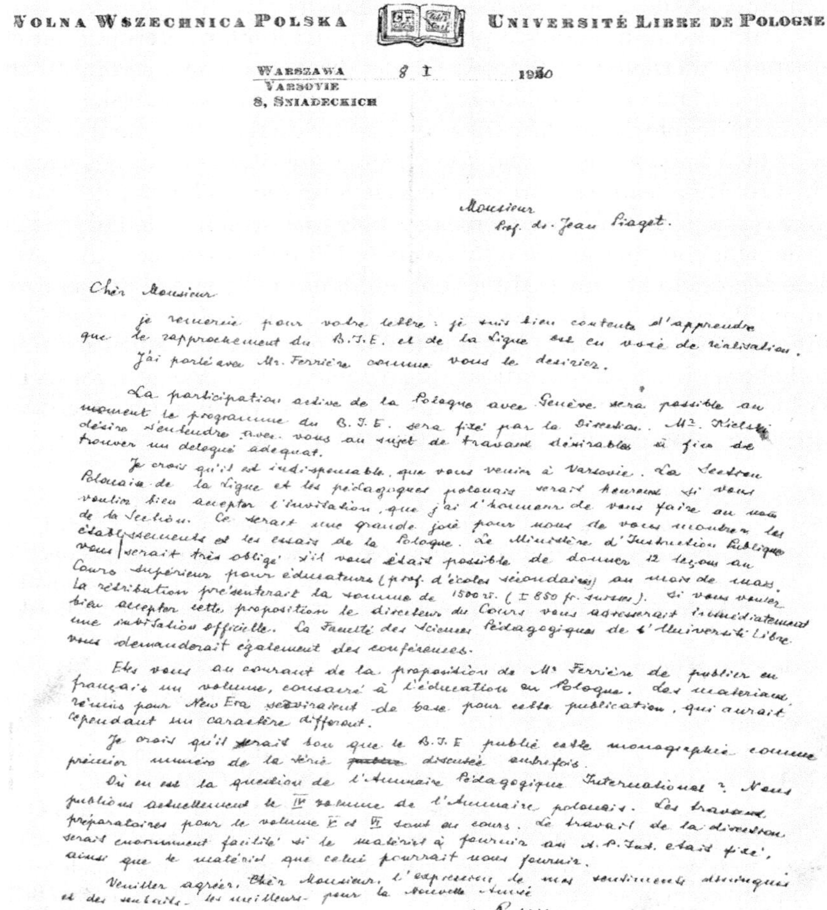

WOLNA WSZECHNICA POLSKA — UNIVERSITÉ LIBRE DE POLOGNE

WARSZAWA / VARSOVIE — 8 I 1930
8, ŚNIADECKICH

Monsieur
Prof. dr. Jean Piaget.

Chèr Monsieur

je remercie pour votre lettre : je suis bien contente d'apprendre que le rapprochement du B.I.E. et de la Ligue est en voie de réalisation. J'ai parlé avec Mr. Ferrière comme vous le desiriez.

La participation active de la Pologne avec Genève sera possible au moment le programme du B.I.E. sera fixé par la Direction. Mr Kielski désire s'entendre avec vous au sujet de travaux désirables à fin de trouver un delegué adequat.

Je crois qu'il est indispensable que vous venir à Varsovie. La Section Polonaise de la Ligue et les pédagogues polonais serait heureux si vous vouliez bien accepter l'invitation, que j'ai l'honneur de vous faire au nom de la Section. Ce serait une grande joie pour nous de vous montrer les établissements et les essais de la Pologue. Le Ministère d'Instruction Publique vous serait très obligé s'il vous était possible de donner 12 leçons au Cours supérieur pour éducateurs (prof. d'écoles secondaires) au mois de mars. La rétribution présenterait la somme de 1500 zł. (± 850 fr. suisses). Si vous voulez bien accepter cette proposition le directeur du Cours vous adresserait immédiatement une invitation officielle. La Faculté des Sciences Pédagogiques de l'Université Libre vous demanderait également des conférences.

Etes vous au courant de la proposition de Mr Ferrière de publier en français un volume, consacré à l'éducation en Pologne. Les materiaux réunis pour New Era serviraient de base pour cette publication, qui aurait cependant un caractère different.

Je crois qu'il serait bon que le B.I.E publié cette monographie comme premier numéro de la série ~~[illegible]~~ discutée autrefois.

Où en est la question de l'Annuaire Pédagogique International ? Nous publions actuellement le IV volume de l'Annuaire polonais. Les travaux préparatoires pour le volume V et VI sont en cours. Le travail de la direction serait enormement facilité si le matériel à fournir au A.P. Int. était fixé, ainsi que le matériel que celui pourrait nous fournir.

Veuillez agréer, Chèr Monsieur, l'expression de mes sentiments distingués et des souhaits les meilleurs pour la Nouvelle Année

H. Radlińska

---

polonais du secours à l'enfance. Liste des membres polonais du BIE, Centre polonais, C.4.1.105, BIE.

Pour ces militants éducatifs, s'engager en faveur du BIE, en plus de leurs activités professionnelles, le soutenir financièrement, faire du lobbying en sa faveur, c'est participer à une cause commune. Car ils voient cette institution comme une « centrale des activités pédagogiques », ainsi que le note Radlińska (1964, p. 418), qui leur offre, grâce à sa structure « à caractère privé » favorisant les contacts entre les éducateurs, les associations pédagogiques et les institutions d'enseignement de divers pays, une grande « indépendance dans la recherche » et les échanges, permettant de surcroît de réunir le « patrimoine pédagogique mondial » et de favoriser la coopération internationale (1964, p. 419). De fait, dans ces premières années du BIE, on observe une grande vitalité de la section polonaise. Ses membres participent à plusieurs activités d'information, de recherche scientifique, de publication, lancées au sein du BIE, ce qui exige une coopération avec plusieurs milieux polonais engagés dans l'instruction et dans l'éducation[40]. Ces derniers sont sollicités pour récolter des documentations, mobilisés pour les enquêtes menées par le BIE et informés des congrès internationaux[41]. Cette « propagande » menée par la section polonaise a une double influence. D'une part, elle assure un lobbying pour la coopération avec le BIE en Pologne, afin de favoriser une collaboration internationale, et dont l'un des résultats immédiats est la participation croissante des enseignants polonais à ces rencontres internationales. De l'autre, elle promeut les idées et les modèles pédagogiques polonais hors des frontières du pays. Plusieurs exposés, rapports, documentations sur l'éducation en Pologne préparés par la section sont publiés. Dans le tout premier ouvrage de la série « Publications du BIE » (1927), une sorte de guide présente un certain nombre de systèmes d'enseignement et des écoles expérimentales de neuf pays européens[42]. Le système polonais et onze écoles expérimentales polonaises y sont entre autres présentés. La section participe activement à la préparation de *l'Annuaire pédagogique International* et à *l'Atlas de Civilisation*, instruments efficaces, selon Radlińska, qui soutient activement ces initiatives, pour « susciter l'intérêt », tant en Pologne que dans d'autres pays, concernant

---

40 Lettre de Radlińska à Butts, du 6 octobre 1928, C.4.1.105, BIE.

41 Lettre de Radlińska à [Butts] du 22 octobre 1926 et Lettre de Sokal à [Butts] du 23 août 1926, Centre polonais, C.4.1.105, BIE.

42 *Guide du voyageur s'adressant aux écoles*, Genève 1927, Publications du BIE n° 1.

la problématique éducative et pour « développer le mouvement international »[43].

La réorganisation du BIE, en 1929, en une institution intergouvernementale – qui lui assure notamment une stabilité financière étant donné que les fonds proviennent maintenant des États –, n'enthousiasme guère les premiers membres polonais. Radlińska regrette cette nouvelle orientation qui, selon elle, limite l'autonomie de cette institution, du fait que les contacts passent à présent par les officiels, des représentants des ministères, et non par des pédagogues, ce qui limite la vitalité du mouvement pédagogique (1964, p. 419). Toujours est-il que Radlińska fait quand même du lobbying auprès des milieux gouvernementaux afin que l'État polonais participe à cette nouvelle entreprise, qui peut être valorisante pour son pays[44].

Indépendamment des points de vue valorisant cette collaboration, que l'on peut lire dans les revues pédagogiques polonaises de l'époque, l'évolution que prend BIE suite à sa décision de devenir une institution internationale officielle, reliée aux gouvernements, est bien éloignée des espoirs des principaux représentants du mouvement pédagogique polonais. Ce dernier est fortement attaché à l'esprit d'indépendance et à l'autonomie, face à une vision centralisatrice et institutionnalisée. Faisant, dans les années 1950, le bilan de l'apport du BIE au mouvement pédagogique international, il n'hésite pas à remarquer l'appauvrissement de son action : les recherches du BIE se limitent désormais à des enquêtes menées via les ministères, les établissements d'enseignement, à des publications monographiques qui résument leurs résultats et à des annuaires qui offrent les données officielles sur les écoles et le système scolaire, ce qui, selon Radlińska, fait perdre de vue la problématique pédagogique vivante. Elle estime que ce sont seulement les bulletins bibliographiques, fournissant les recensions des éditions pédagogiques, service d'information géré par Marie Butts, qui conservent « une valeur authentique », permettant des échanges entre milieux éducatifs et faisant circuler la littérature pédagogique (Radlińska, 1964, p. 420). Quant aux Conférences internationales d'instruction publique (CIIP), organisées

---

43 Lettre de Radlińska à Butts, du 6 octobre 1928, C4.1.105, BIE.
44 Elle note dans ses mémoires : « Les Suisses m'ont remercié », considérant toutefois que « le mouvement international s'affaiblira » suite à cette réorganisation (Radlińska 1964, p. 419).

annuellement par le BIE, ce qui exaspère visiblement Radlińska, c'est qu'il s'agit de rencontres entre ministres de l'éducation et que, selon elle, leur rapport n'a guère d'influence sur la pratique éducative.

Malgré ces vues critiques, il n'en demeure pas moins, et plusieurs auteurs le suggèrent (Grochowski, 1996 ; Kabzińska, 2001), que l'adhésion de la Pologne lui donne plus de visibilité concernant sa politique éducative. L'État polonais, en tant que pays membre fondateur du BIE – version intergouvernementale – et versant une cotisation annuelle importante (dix mille francs suisses), possède des délégués permanents au sein du Conseil du Bureau et peut introduire ses représentants aux travaux du Secrétariat. Leur présence au BIE amène le gouvernement ainsi que les milieux éducatifs à faire connaître les acquis polonais dans le domaine de l'enseignement, à travers les publications et les conférences, ce qui permet aussi aux scientifiques polonais, pédagogues et enseignants, d'y marquer leur forte participation et, par-là, de faire preuve d'une plus grande visibilité dans les débats et la collaboration internationale (Grochowski 1996, pp. 39–40).

Toujours est-il que cette vision d'une coopération internationale au niveau institutionnel diffère grandement de la vision de l'internationalisme éducatif que le milieu des pédagogues, à l'instar de ceux qui gravitent autour de Radlińska et Rowid, cherchent à promouvoir. Tel est le bilan que l'on peut tirer de cette première esquisse, bien générale, des trajectoires de ces deux médiateurs des causes éducatives dans l'espace polonais, qui sont représentatifs de la « minorité créatrice »[45] qu'est cette mouvance progressiste de la pédagogie polonaise, chérissant l'idée de l'autonomie du mouvement pédagogique tant sur le plan national qu'international. Si les questionnements sur la dynamique des échanges entre espaces national et international semblent particulièrement intéressants dans cette nouvelle constellation que fut la reconstruction de l'État polonais indépendant où plusieurs idées s'affrontent, il ne fait aucun doute que cela reste encore une histoire en chantier, qui mérite d'être approfondie.

---

45 L'expression est de Chaubet, 2003, p. 190.

Références

Sources

Archives du Bureau international d'éducation, Genève

- Pologne, Relations 1929–1950
- Centre Polonais 1926–1929
- Correspondance personnelle de Piaget 1929–1963

Bibliothèque de Genève

- Correspondance Édouard Claparède

Cyfrowe Archiwum Pedagogiki Społecznej – Centrum Wspierania Aktywności Lokalnej CAL, Wiesław Theiss, BOLD 2014 – Crédits photographiques : Radlińska. Nauka i zaangażowanie. Exposition online (www.Radlińska.pl)

Ferrière, A. (1929). Szkoła aktywna i metody aktywne. *Ruch Pedagogiczny, 3,* 33–65.

Ferrière, A. (1930). Voyage d'étude en Pologne. *Pour l'ère nouvelle, 57,* 89–95.

Joteyko, J. (1927), *Postulaty szkoły twórczej na prawach struktur psychicznych.* Warszawa : Atlas- Książnica.

Kaczyńska, M. (1929). La psychologie appliquée à l'enseignement scolaire en Pologne. *Pour l'ère nouvelle, 50,* 193–194.

Grzywak-Kaczyńska, M. [Kaczyńska]. (1931). *Próby zastosowania testów do badania i organizowania pracy szkolnej.* (coll. Biblioteka dzieł pedagogicznych, 23). Warszawa : Nasza Księgarnia.

Nawroczyński, B. (1938). *Polska myśl pedagogiczna.* Lwów-Warszawa : Atlas- Książnica.

Nawroczyński, B. (1963). Zakończenie. In W. Dzierzbicka & S. Dobrowolski (Éds.), *Eksperymenty pedagogiczne II Rzeczypospolitej, 1918–1939* (p. 419). Warszawa : Wyd. PAN.

Petrażycka-Tomicka, J. (1931). *Dr Józefa Joteyko.* Kraków : Stowarzyszenie Słuzba obywatelska.

Radlińska, H. (1909). *Dziesięciolecie Uniwersytetu Ludowego im. A. Mickiewicza w Krakowie, 1899–1909.* Kraków : Oddział Krak. Tow. Uniw. Lud. im. A. Mickiewicza.

Orsza-Radlińska, H. [Radlińska, H.]. (1922). III Międzynarodowy Kongres Wychowania Moralnego w Genewie. *Szkoła Powszechna IV,* 326–342.

Orsza-Radlińska, H. [Radlińska, H.]. (1925). *Studium Pracy Kulturalnej.* Warszawa : Nasza Księgarnia.

Radlińska, H. (1927a). Sprawozdanie z Międzynarodowego Zjazdu : „Szkoła w służbie pokoju", który odbył się z inicjatywy Międzynarodowego Biura Wychowania w Pradze Czeskiej (16–20 Kwietnia 1927 r.). *Praca Szkolna, 5,* 154–156.

Radlińska, H. (1927b). Międzynarodowa wymiana pomocy szkolnych. *Praca Szkolna, 5,* 156–158.

Radlińska, H. (1928a). Istota i zakres służby społecznej. *Opieka nad Dzieckiem, 3,* 201–206.

Radlińska, H. (1928b). *Szkoły pracy społecznej w Polsce.* Warszawa : Komitet Polski Międzynarodowej Konferencji Służby Społecznej.

H.R. [Radlińska, Helena]. (1930a). Kongres Wychowania Moralnego w Paryżu. *Ruch Pedagogiczny, 10,* 460–463.

H.R. [Radlińska, Helena]. (1930b). L'école et les œuvres sociales. *Pour L'ère nouvelle, 55*(9), 29–33.

Radlińska, H. (1961). *Pedagogika społeczna.* Wrocław–Warszawa–Kraków : Zakład Narodowy im. Ossolińskich.

Radlińska, H. (1964). *Z dziejów pracy społecznej i oświatowej.* Wrocław–Warszawa–Kraków : Zakład Narodowy im. Ossolińskich.

Rowid, H. (1917). Podstawy pedagogiki Trentowskiego. *Ruch Pedagogiczny, 3,* 41–48 ; *4,* 64–70 ; *5–6* 89–97 ; *7,*129–137, *8,* 153–164 ; *9–10,* 177–182.

Rowid, H. (1923). *Komisja Edukacji Narodowej a obecne prądy w wychowaniu i nauczaniu : w 150 rocznicę ustanowienia Komisji Edukacji Narodowej. W : Ruch Pedagogiczny, 7–8,* 129–140.

Rowid, H. (1924a). System Daltoński. *Ruch Pedagogiczny, 9–10,* 220–227.

Rowid, H. (1924b/2005). O szkole twórczej. *Ruch Pedagogiczny, 2,* 49–63. In E. Krochmalska-Gawrosińska (2005). *Henryk Rowid – kreator idei pedagogicznych w Polsce okresu Dwudziestolecia* (pp. 287–306). Piotrkow Trybunalski : Wyd. Naukowe.

Rowid, H. (1925). Podstawy socjologiczne szkoły twórczej. *Ruch Pedagogiczny, 7,* 201–207.

Rowid, H. (1926). *Szkoła twórcza. Podstawy teoretyczne i drogi urzeczywistniania nowej szkoły.* Kraków : Gebethner i Wolff. (1929, 2éd. ; 1931 3éd.).

Rowid, H. (1927). *System Daltoński w szkole powszechnej : z zagadnień współczesnej metodyki.* – Warszawa : skł. gł. Gebethner i Wolff.

Rowid, H. (1932). Rozbrojenie duchowe a nowa szkoła. *Ruch Pedago-giczny, 10,* 289–303.
Rowid, H. (1934). *Jednostka a społeczeństwo w wychowaniu współczesnym : (na tle koncepcji osobowości w Chowannie Trentowskiego).* Kraków : Księgarnia Gebethnera i Wolffa.
Rowid, H. (1926/1998). Szkoła twórcza. In S. Wołoszyn, *Źródła do dziejów wychowania i myśli pedagogicznej* (Recueil de sources), t. 3 (pp. 273–284). Myśl pedagogiczna w XX stuleciu. Kielce : Strzelec.

Bibliographie

Araszkiewicz, F. W. (1978). *Ideały wychowawcze Drugiej Rzeczypospolitej.* Warszawa : Państwowe Wydawnictwo Naukowe.
Chartier, R. (1983). Histoire intellectuelle et histoire des mentalités. Trajectoires et questions. *Revue de Synthèse, 104,* 277–307.
Chaubet, F. (2003). Sociologie et histoire des intellectuels. In M. Leymarie & J.-F. Sirinelli (Éds.), *L'histoire des intellectuels aujourd'hui* (pp. 181–200). Paris : Presse Universitaires de France.
Douki, C. & Minar, P. (2007). Histoire globale, histoires connectées : un changement d'échelle historiographique ? *Revue d'histoire moderne et contemporaine, 5,* 7–21.
Drynda, D. (1987). *Pedagogika Drugiej Rzeczypospolitej. Warunki, orientacje, kontrowersje.* Katowice : Uniwersytet Śląski.
Dzierzbicka, W. & Dobrowolski, S. (1963), *Eksperymenty pedagogiczne w Polsce w latach 1900–1939.* Wrocław-Warszawa-Kraków : Wyd. PAN.
Espagne, M. (1999). *Les Transferts culturels franco-allemands.* Paris : Presses universitaires de France.
Espagne, M. & Werner, M. (1988a). Transferts culturels franco-allemands. *Revue de synthèse, IVᵉ Série* (t. 109), 22, 187–286. (Présentation pp. 187–194).
Espagne, M. & Werner, M. (1988b). *Transferts. Les relations interculturelles dans l'espace franco-allemand.* Paris : Éditions Recherche sur les civilisations.
Fontaine, A. (2015). *Aux heures suisses de l'école républicaine. Un siècle de transferts culturels et de déclinaisons pédagogiques dans l'espace franco-romand.* Paris : Demopolis.
Grochowski, L. (1996). *Studia z dziejów polskiej szkoły i pedagogiki lat międzywojennych w kontekście europejskim.* Warszawa : Wyd. Żak.

Hofstetter, R. (2010). *Genève : creuset des sciences de l'éducation (fin du XIXᵉ siècle – première moitié du XXᵉ siècle)*. Genève : Droz.

Hofstetter, R. & Schneuwly, B. (2006). *Passion, fusion, tension : New Education and Educational Sciences/ Éducation nouvelle des sciences de l'éducation : End 19th – middle 20th century/ fin du XIXᵉ – milieu du XXᵉ siècle*. Berne : Lang.

Hofstetter, R. & Schneuwly, B. (2013). The International Bureau of Education (1925–1968) : a platform for designing « a chart of world aspirations for education ». *European Educational Research Journal, 12*(2), 215–230.

Jakubiak, K. & Maliszewski, T. (2011). *W kręgu dorobku edukacyjnego II Rzeczypospolitej*. Kraków : Wydawnictwo Impuls.

Kabzińska, L. (2001). Udział polskich pedagogów w Międzynarodowych Kongresach Ligi Nowego Wychowania okresu międzywojennego. In A. Kicowska (Éd.). *Kongresy i zjazdy pedagogiczne w Polsce w XX wieku* (pp. 188- 208). Toruń : Wyd. UMK.

Kabzińska, L. & Kabziński, K. (2011). Funkcja wychowawcza szkoły w świetle trendów i nurtów pedagogicznych okresu międzywojennego. In K. Jakubiak. & T. Maliszewski, *W kręgu dorobku edukacyjnego II Rzeczypospolitej* (pp. 36–55). Kraków : Wydawnictwo Impuls.

Kamiński, A. (1965). Pedagogika społeczna H. Radlińskiej w okresie krakowskim (1908–1914), *Zeszyty Naukowe Uniwersytetu Łódzkiego, Nauki Humanistyczno-społeczne, Seria I, 40,* Łódź, 165–181.

Kieniewicz, S. (1976). *Warszawa w latach 1795–1914*. Warszawa : PWN.

Krasuski, W. (1985). *Historia Wychowania*. Warszawa : WSP.

Krochmalska-Gawrosińska, E. (2005). *Henryk Rowid – kreator idei pedagogicznych w Polsce okresu Dwudziestolecia*. Piotrków Trybunalski : Naukowe Wyd. Piotrkowskie przy Filii Akademii Świętokrzyskiej.

Krochmalska-Gawrosińska, E. (2008), *L'activité pédagogique et la propagation de la science chez Henryk Rowid*. Piotrków Trybunalski : Naukowe Wyd. Piotrkowskie przy Filii Uniwersytetu Humanistyczno-Przyrodniczego Jana Kochanowskiego.

Le Bihan, F., Mongin, O., Porret, M. & Vigne, E. (2003). L'Horizon d'attente des Lumières. *Entretien avec Bronisław Baczko, Esprit, 297,* 36–55.

Lepalczyk, I. & Skibińska, W. (1974). Helena Radlińska. Kalendarium życia i pracy. *Roczniki. Biblioteczne, 1–2,* 3–103.

Latała, R. (2019). *L'Institut Rousseau dans la cartographie pédagogique polonaise : affiliations et sociabilités d'entre-deux-guerres*. Document soumis pour publication en ligne (à paraître in F. Mole, *L'Institut Rousseau, un épicentre ?* AIJJR).

Lawn, M. (2018). Transfers and Implementations of a Swedish Manual Work Program : Sloyd and Entrepreneurial Power. *Revue suisse des sciences de l'éducation, 40*(1), 29–47.

Leymarie, M. & Sirinelli, J.-F. (2003). *L'histoire des intellectuels aujourd'hui.* Paris : Presses universitaires de France.

Lipkowski, O. (1968). *Józefa Joteyko. Życie i działalność.* Warszawa : PWN.

Mombert, M. (2001). *L'enseignement de l'allemand en France 1880–1918. Entre „modèle allemand" et „langue de l'ennemi".* Strasbourg : Presses Universitaires de Strasbourg.

Naumiuk, A. (2016). Jane Addams i jej koncepcja pracy w środowisku społecznym. *Pedagogika Społeczna, 3*(61), 37–54.

Prochasson, Ch. (1992). Histoire intellectuelle/histoire des intellectuels : socialisme français au début du XXe siècle. *Revue d'histoire moderne et contemporaine 39*(3), 423–448.

Racine N. & Trebitsch, M. (Éds.) (1992). *Sociabilités intellectuelles. Lieux, milieu, réseaux.* Cahiers de l'IHTP, 20. Paris : CNRS.

Roszkowski, W. (2003). *Najnowsza historia Polski 1914–1945.* Warszawa : Świat książki.

Rzepa, T. & Dobroczyński, B. (2009). *Historia polskiej myśli psychologicznej. Gałązki z drzewa Psyche.* Warszawa : PWN.

Sirinelli, J.-F. (1986). Le hasard ou la nécessité ? Une histoire en construction : l'histoire des intellectuels. *Vingtième Siècle, Revue d'histoire, 9,* 97–108.

Sirinelli, J.-F. (Éd.) (1987). *Générations intellectuelles. Effets d'âge et phénomènes de génération dans le milieu intellectuel français.* Cahiers de l'IHTP, 6, Paris : CNRS.

Sirinelli J.-F. (1988a). Les intellectuels. In R. Rémond (Éd.), *Pour une histoire politique* (pp. 199–231). Paris : Seuil.

Sirinelli J.-F. (1988b). *Génération intellectuelle. Khâgneux et normaliens dans l'entre-deux-guerres.* Paris : Fayard.

Skubała-Tokarska, Z. (1967). *Społeczna rola Wolnej Wszechnicy Polskiej.* Wrocław – Warszawa – Kraków : PAN.

Sobczak, J. (1998). *«Nowe Wychowanie» w polskiej pedagogice okresu Drugiej Rzeczypospolitej (1918–1939).* Bydgoszcz : Wyd. WSP.

Szumski, A. (1977). *W walce o postępową Szkołę. Rzecz o Henryku Rowidzie.* Warszawa : PWN.

Theiss, W. (1997). *Radlińska.* (2e éd.). Warszawa : Żak.

Theiss, W. (2017). Udział Heleny Radlińskiej w europejskim ruchu społeczno-pedagogicznym. *Society Register, 1*(1),153–166. Repéré à http://societyregister.eu / doi:10.14746/sr.2017.1.1.13.

Wawrzykowska-Wierciochowa, D. (1981). *Stefania Sempołowska.* Warszawa : Iskry.

Wołoszyn, S. (1964). *Dzieje wychowania i myśli pedagogicznej w zarysie.* Warszawa : PWN.

Wroczyński, R. (1985), *Pedagogika społeczna.* Warszawa : PWN.

Chapitre 8
Le Service d'aide intellectuelle aux prisonniers de guerre du Bureau international d'éducation (1939–1945)

Cécile Boss et Émeline Brylinski

Résumé Le Bureau international d'éducation (BIE), fondé en 1925 pour promouvoir la paix par la science et l'éducation et fédérer les autres agences internationales qui s'y emploient, devient en 1929 une organisation intergouvernementale pionnière en éducation et collabore activement avec l'UNESCO dès 1948. Tandis que l'on assiste à une exacerbation des nationalismes dans les années 30, le nombre de pays rejoignant le conseil du BIE ne cesse de s'accroitre. Si la Seconde Guerre mondiale impose la fermeture des frontières, le BIE reste actif notamment *via* le Service d'aide intellectuelle aux prisonniers de guerre (SAIP). Comment, dans ce contexte de crise particulièrement restrictif, le BIE parvient-il à maintenir la mission éducative qu'il se donne et son positionnement internationaliste ? Ce chapitre décrit la « naissance », la mise en place et le fonctionnement du SAIP, puis problématise les défis face auxquels le bureau se trouve confronté. Nous démontrons que la mise en œuvre de ce projet n'est pas sans tensions, confrontée à certaines limites des pratiques intergouvernementales, résultant en traitement différencié en fonction de la nationalité des bénéficiaires.

Mots-clés : Bureau international d'éducation (BIE), Service d'aide intellectuelle aux prisonniers de guerre (SAIP), coopération internationale, censure, neutralité

Abstract The International Bureau of Education (IBE) was founded in 1925 to promote peace through science and education, and to federate other international agencies working towards similar goals. In 1929 it became a pioneering intergovernmental organisation in education, actively collaborating with the UNESCO since 1948. Despite exacerbated nationalisms throughout the 1930s, the number of countries that joined the IBE's council steadily grew.

Notwithstanding border closures enforced during the Second World War, the IBE remained active, particularly *via* the Service of intellectual assistance to prisoners of war (SIAP). Within this crisis context of a particularly restrictive nature, how did the IBE sustain its educational mission and its internationalist posture ? This chapter describes the SIAP's « birth », implementation, and operation, then proceeds to problematise the challenges to which the Bureau is confronted. We make the case that the project's implementation is not without tension, as it faces off with certain limits of intergovernmental practices, resulting in differentiated treatment depending on beneficiaries' nationalities.

Keywords : International Bureau of Education (IBE), Service of intellectual assistance to prisoners of war (SIAP), international cooperation, censorship, neutrality

Fondé en 1925 à l'initiative de l'Institut Rousseau pour promouvoir la paix par la science et l'éducation et fédérer les autres agences internationales qui s'y emploient, le Bureau international d'éducation (BIE) devient en 1929, la première organisation intergouvernementale en éducation et collabore activement avec l'Unesco à partir de 1948 jusqu'à son rattachement complet à l'organisation en 1969. Dès sa création, ce Bureau se positionne en tant que plateforme de l'internationalisme éducatif (Hofstetter & Droux, 2015, 2016) et, tandis que l'on assiste à une exacerbation des nationalismes, le nombre de pays rejoignant le conseil du BIE ne cesse de s'accroitre (Hofstetter & Schneuwly, 2013). Pendant la Seconde Guerre mondiale malgré la fermeture des frontières, le BIE reste actif, en particulier *via* le Service d'aide intellectuelle aux prisonniers de guerre (SAIP) alors mis sur pied. C'est près de 600 000 livres qui circuleront vers les camps dès 1940 jusqu'à la sortie de la guerre, dans le but d'offrir des opportunités de formation aux enseignants et les étudiants en captivité.

Comment le BIE, malgré ce contexte de crise, particulièrement restrictif, parvient-il à maintenir la mission éducative qu'il se donne et son positionnement internationaliste ? Tirant profit des riches archives du BIE, la présente contribution[1] rend compte de la mise en place de ce service par le Bureau et des enjeux auxquels doivent faire face les acteurs

---

1   Ce chapitre est le résultat de recherches menées dans le cadre d'un projet de recherche d'ERHISE subventionné par le FNS (Hofstetter & Droux, 2016, N° 100011_169747). Pour de plus amples informations sur le projet : https://

porteurs de ce projet. Ce chapitre s'appuie sur une lecture croisée des archives du SAIP qui contiennent de nombreux documents de communications, des correspondances et des procès-verbaux de réunions datant de la période 1939–1947[2]. Nos recherches sont complétées par l'analyse des procès-verbaux du bureau du Comité de gestion[3] et d'un rapport rédigé en 1951 par le Comité consultatif pour la lecture pour les prisonniers et internés de guerre[4]. Nous avons également utilisé un témoignage d'André Vulliet du Young Men's Christian Association (YMCA), qui apporte des éléments clés sur l'aide aux prisonniers de guerre de l'époque[5].

Ce chapitre décrit la « naissance », la mise en place et le fonctionnement du SAIP, puis problématise les défis face auxquels le Bureau se trouve confronté. Enfin, nous démontrons que la mise en œuvre de ce projet n'est pas sans tensions, confrontée à certaines limites des pratiques intergouvernementales, résultant en traitement différencié en fonction de la nationalité des bénéficiaires.

LE SERVICE D'AIDE INTELLECTUELLE AUX PRISONNIERS DE GUERRE (SAIP) : MISE EN PLACE ET MISSION

Quelques jours après l'annonce de l'entrée en guerre, le Bulletin du BIE annonce la création du SAIP et déclare que « face au fléau destructeur de la guerre, l'institution [le BIE] se donne une mission d'ordre humanitaire » et que « l'éducation demeure la force positive qui, pendant comme après les hostilités, contribuera à relever les ruines morales accumulées »[6]. S'inspirant de diverses initiatives mises en place lors de la

---

www.unige.ch/fapse/erhise/domaines-de-recherche/projets/. Voir aussi le chapitre 2 du présent ouvrage.

2   En particulier les boîtes 66, 80,81, 82,83, 276, A-BIE.

3   Boîte 66, A.3.2.839–982, A-BIE.

4   Comité consultatif pour la lecture des prisonniers et internés de guerre (1951). Rapport sur son activité. Genève. Boîte 80, A.9.0.0846.b, A-BIE.

5   Le corpus que nous utilisons reste à ce jour encore peu exploité, cependant quelques travaux font état de l'histoire du SAIP, voir (Hofstetter, 2015 ; Debons, 2010 ; Suchodolski, Roller, Stock, Avanzini, Egger & Darcy de Oliveira, 1979).

6   *Bulletin du Bureau international d'éducation*, 53, 1939, p. 159.

Première Guerre mondiale, autrement dit munis de l'expérience genevoise, qui constitue « un précieux savoir-faire humanitaire » (Herrmann,
2012), notamment au travers du Comité international de la Croix-Rouge
internationale (CICR), les acteurs du BIE vont exploiter des liens déjà mis
en place lors de la précédente guerre[7]. Il s'agit pour le BIE de collaborer
étroitement avec l'Agence centrale des prisonniers de guerre, organe
dirigé par le CICR et légitimé à centraliser à Genève une grande partie des informations concernant les prisonniers pendant la guerre. Au
départ, c'est en participant au Comité consultatif pour la lecture des prisonniers et internés de guerre que les protagonistes du BIE vont asseoir
l'idée de la création d'un SAIP. Parallèlement, le Bureau se reconfigure
afin de respecter les diverses déclarations, notamment celle concernant
le principe de neutralité, principe incontournable pour assurer la mise
en place du service.

Création du Comité consultatif pour la lecture des prisonniers et internés de guerre

À l'annonce de la guerre, les différents organismes qui désirent mettre
en place des activités humanitaires tentent de s'organiser ensemble afin
d'éviter le dédoublement d'activités similaires, par crainte d'un gaspil-
lage de ressources économiques et humaines. C'est ainsi que, le 30 septembre 1939, la Fédération des Institutions Internationales[8] envoie un
questionnaire à 40 associations membres privées et semi-privées afin

---

7   Le BIE peut compter sur un réseau fortement ancré dans les milieux
    « humanitaires ». Élisabeth Rotten, directrice adjointe du BIE entre 1925
    et 1928, est déjà engagée dans l'aide au prisonnier de la Première Guerre
    aux côtés d'Auguste Frédéric Ferrière, le Vice-président du CICR entre
    1917–1922, qui s'avère être le père d'Adolphe Ferrière, directeur adjoint
    du BIE entre 1925 et 1929. Suzanne Ferrière, cousine d'A. Ferrière, profite
    également de l'héritage familial et devient membre du CICR à la suite de
    son oncle Auguste Frédéric. Elle est également investie au sein de l'UISE
    et du Service international d'aide aux émigrants pendant la Deuxième
    Guerre (Moorehead, 1993).
8   Créée en 1929, la Fédération des institutions internationales rassemble
    des organisations non gouvernementales internationales, des fondations
    et d'autres institutions à but non lucratif et semi-privées à Genève afin de
    faciliter une action coordonnée.

Figure 1. Questionnaire rédigé par la Fédération des institutions internationales, 30 septembre 1939. Dossier A.9.2.853, Boîte 81, A-BIE, Genève.

Aux heures périlleuses que nous traversons, toutes les Associations internationales se voient contraintes d'examiner leur situation et d'étudier de quelle façon elles pourront sauvegarder leur idéal et leurs moyens d'action en vue de la pacification ultérieure de l'Europe. L'entente étroite entre tous ceux qui veulent contribuer à soulager les souffrances de l'humanité semble, en ces circonstances, le meilleur moyen d'atteindre le but indiqué. Tout ce qui peut servir à maintenir les rapports internationaux et à atténuer les conflits et les haines résultant de la guerre doit être fait.

QUESTIONNAIRE

1/ Seriez-vous disposés à nous renseigner sur les intentions de votre association d'initier ou de collaborer à une action destinée à soulager les souffrances physiques et orales des victimes de la guerre?

2/ En cas de réponse affirmative, pourriez-vous nous indiquer si vous avez l'intention d'agir.
      a) dans les pays belligérants ?
      b) dans les pays non belligérants et neutres ?
      c) ou à Genève seulement ?

3/ Estimez-vous possible de recueillir des fonds par l'entremise de vos associations nationales en vue de soulager les souffrances causées par la guerre ?

4/ A titre d'orientation générale, consentiriez-vous à nous renseigner sur l'activité de votre association dans le domaine humanitaire pendant la guerre 1914-1918 ? Avez-vous l'intention de créer une organisation semblable dans les circonstances actuelles ?

Signé :

BERTRAM PICKARD
Secrétaire honoraire

GENEVE, le 30 septembre 1939

de faire un état des lieux des activités prévues pour les prisonniers de guerre[9]. Parmi les 28 associations qui répondent à l'enquête, 11 d'entre elles sont mobilisées pour collaborer sous l'égide du CICR. Ces associations se réunissent pour faire connaître leurs intentions afin d'assurer la répartition des tâches, de renforcer les collaborations et la bonne

---

9   Dossier A.9.2.853, Boîte 81, A-BIE.

coordination des différents services proposés, et ce, pour alléger le travail du CICR[10].

Se décide alors la mise en place d'un Comité consultatif pour la lecture des prisonniers et internés de guerre, placée sous l'égide du CICR, composé du BIE, de l'Alliance universelle des Unions chrétiennes des jeunes gens (UCJG), du Conseil œcuménique des églises (COE) pour l'aide spirituelle aux Prisonniers de Guerre[11], de la Fédération internationale des Associations de Bibliothèques (FIAB), de l'Entr'aide universitaire internationale (EAUI), de la Fédération universelle des associations chrétiennes d'étudiants (FUACE), de Pax Romana[12] et de la Mission catholique suisse en faveur des prisonniers de guerre. Chaque association membre du Comité pour la lecture agit selon ses compétences. À titre d'exemple, tandis que le BIE s'occupe principalement de l'envoi de livres d'études, d'ouvrages techniques et manuels de formation professionnelle, la FIAB fournit les demandes de créations de bibliothèques et renseignements bibliographiques, Pax Romana procure des livres uniquement aux prisonniers catholiques, le COE et la FUACE envoient des livres religieux aux croyants et non-croyants. Chaque institution développe donc une activité spécifique pour un public prédéfini et préalablement « visé » par ces organismes[13]. Dans cette logique, le BIE se voit confier la coordination du SAIP sous la supervision du CICR[14]. Le mandat spécifique du BIE en cette période est ainsi défini collectivement et s'inscrit dans un réseau d'actions de secours humanitaires siégeant pour la plupart à Genève. Il convient donc de respecter les principes

---

10 Relations du Service d'aide intellectuelle aux prisonniers de guerre (S.A.I.P) avec le Comité international de la Croix Rouge, 1939–1947, Boîte 81, A.9.2.853, A-BIE.

11 L'UCJG est la frange francophone des YMCA et le Service d'aide est rattaché au COE.

12 L'EAUI, la FUACE et Pax Romana sont rassemblés sous l'égide du Fonds européen de secours aux étudiants (FESE). Le BIE est aussi en lien avec des organisations des États-Unis et de la Grande-Bretagne qui sont actives dans des actions similaires.

13 Comité consultatif pour la lecture des prisonniers de guerre, 1940–1961, Boîte 82, A.2.6.859, A-BIE.

14 Lettre de Max Huber, Président du CICR à Monsieur le Président [sic] du Bureau international d'éducation, 6 octobre 1939, Boîte 81, A.9.2.853, A-BIE.

de neutralité, à la fois exigés par la Suisse, mais également réitérés par le Président du CICR lorsqu'il confie la gestion et la mission du SAIP au BIE[15].

RECONFIGURATION DU BIE : UN COMITÉ DE GESTION POUR COMPOSER AVEC LE PRINCIPE DE NEUTRALITÉ

Dès le 31 août 1939, le Conseil Fédéral suisse déclare sa neutralité[16] exigeant l'impartialité de tous les organismes qui mènent des activités à but humanitaire depuis le sol suisse. Tandis que le BIE compte 10 ans d'efforts depuis la signature de ses statuts par les États membres fondateurs pour instaurer et institutionnaliser la coopération inter-gouvernementale dans les affaires éducatives, l'annonce du conflit contraint le Bureau à se réorganiser. Par conséquent, les pouvoirs des deux organes principaux du BIE, le Conseil et le Comité exécutif, com-posés des États membres du BIE, sont dorénavant confiés à un Comité de gestion composé uniquement de représentants des États membres non belligérants.

Ce Comité de gestion a pour objectif non pas de marquer une rup-ture dans les activités, mais, au contraire, de procéder à une transition pour mener à bien la coopération intergouvernementale et répondre aux injonctions du Conseil fédéral suisse. Lors de sa première réunion le 16 décembre 1939, le Comité décide d'élire Adrien Lachenal, délégué de la Suisse (présidence), et le Dr. Jesús María Yepes, délégué de la Colombie (vice-présidence), comme les années précédentes. La composition du Comité de gestion reste similaire au Comité exécutif, comptant sur la présence régulière des délégués de l'Argentine, la Colombie, l'Égypte, l'Équateur, l'Espagne, l'Iran, le Portugal, la Roumanie et la Suisse. Et, dans la continuité des précédentes activités du BIE, l'Institut universi-taire des Sciences de l'éducation, représenté par Robert Dottrens, est présent à chaque Comité et siège aux côtés des répondants pour le

---

15 Lettre de Max Huber, Président du CICR à Monsieur le Président [sic] du Bureau international d'éducation, 6 octobre 1939, Boîte 81, A.9.2.853, A-BIE. La neutralité du CICR est « synonyme d'un apolitisme » (Palmieri, 2009, p. 2).
16 Conseil Fédéral, Procès-verbal de la séance du 31 août 1939/1653. Neutra-litätserklärung. Repéré à : http://dodis.ch/46896

secrétariat du BIE, toujours formé par Jean Piaget, directeur du BIE et Pedro Rosselló, directeur adjoint[17].

La Société des Nations (SDN) et l'Organisation de la coopération intellectuelle (OCI) qui sont habituellement présentes dans les réunions du BIE ne sont plus représentées. Car si l'OCI ne se réunit plus à compter de juillet 1939 (Renoliet, 1999), la SDN, quant à elle, est en situation d'échec depuis 1936. Elle se marginalise des affaires internationales, jusqu'à perdre de nombreux États membres en 1939, plongeant l'institution dans une crise budgétaire contraignant à réduire le personnel et ses activités (Edwards, 2013 ; Fleury, 2015 ; Pedersen, 2007, 2015).

La France, l'Allemagne et la Pologne ne siègent plus au Comité de gestion, tandis que l'Italie, la Hongrie, la Belgique et la Roumanie participent seulement aux premières réunions de ce Comité. Cependant, il faut noter que si les acteurs du BIE se positionnent et agissent en accord avec les principes de neutralité, dans les faits, ils n'excluent pas pour autant les États membres belligérants des affaires du BIE, voire, au contraire, composent avec ces principes. Les pays membres sont tenus au courant des activités du Bureau et reçoivent les procès-verbaux des réunions officielles. Ils sont également invités à rencontrer les membres du bureau du Comité de gestion en amont de la réunion décisionnelle. Piaget justifie ces pratiques, précisant dans un mémento à l'attention de l'État de Genève que le Comité de gestion s'engage à « défendre les intérêts des membres belligérants absents, de maintenir en un mot le *statu quo*[18] juridique jusqu'à la fin de la guerre où tous les représentants des Gouvernements pourront s'asseoir à nouveau autour de la table du Conseil »[19]. De plus, le Comité de gestion charge le bureau de ce même Comité de s'entretenir avec les pays belligérants intéressés afin de les informer des activités du SAIP et d'assurer la réussite de l'initiative[20]. Seuls le président, Lachenal, le vice-président, le Dr Yepes, ainsi que

---

17 Procès-verbal du Comité de gestion du BIE, 16 décembre 1939, Fond DIP, cote 1985 va 5 carton 5.3.436, A-AEG.

18 Souligné dans le texte.

19 Note sur le Bureau international d'éducation, s.d. (vers 1942), Boîte 72, A.5.6.713, A-BIE.

20 Procès-verbal de la 1ère Réunion du bureau du Comité de gestion, 19 décembre 1939, Boîte 66, A.3.2.857, A-BIE.

Piaget et Rosselló (en qualité de secrétaires) participent aux réunions du bureau du Comité de gestion, où sont invités les délégués de pays belligérants. Le bureau du Comité s'entretient, entre autres, le 19 décembre 1939 et le 30 avril 1940 avec Paul Barrier, représentant du gouvernement français, le 16 avril 1940 avec M. Metternich, Consul général d'Allemagne, et le 19 février 1941 avec M. Henry Brockholst Livingston, Consul de la Grande-Bretagne[21]. Ces réunions du bureau du Comité n'ont pas le même statut que les réunions du Comité de gestion qui se chargent de l'adoption des résolutions. Cependant, de nombreuses modalités de coopérations sont discutées en amont avec les États concernés, notamment pour faciliter l'accès du SAIP aux prisonniers. Piaget agit avec transparence sur cette question lorsqu'il informe l'ensemble des membres officiels du Comité :

> Je tiens à rappeler enfin que le bureau du Comité de gestion s'est réuni tantôt en présence de M. Metternich, délégué par M. le Consul général Krauel, membre du Conseil, tantôt avec M. l'Inspecteur général Barrier, membre du Conseil, pour mettre au point la collaboration de leurs pays respectifs (Rapport du président du Comité de gestion, 3e réunion du Comité de gestion. Boîte 66, A.3.2.860, A-BIE).

Si le statut de « belligérant » ne permet pas au délégué de l'Allemagne de participer officiellement aux réunions du Comité de gestion, les acteurs du BIE, présents lors de ces réunions, ne font pas l'impasse sur la mention de « membre du Conseil », rappelant ainsi son statut et attachement aux affaires du BIE d'avant la guerre. Et, lorsque l'Allemagne accorde sa subvention pour le SAIP, cet État est gracieusement remercié lors de la réunion du Comité de gestion. Également, ces réunions en amont peuvent influencer la nature des activités du BIE, par exemple une proposition d'enquête sur la gratuité du matériel scolaire est adoptée suite à « une demande d'information formulée par le gouvernement allemand »[22]. Ainsi, les rencontres organisées lors des réunions du bureau du Comité permettent au BIE d'« intensifier son action auprès des représentants des deux pays membres du Bureau qui détiennent actuellement

---

21 1ère à 5e réunions du bureau du Comité de gestion, 1939–1941, Boîte 66, A.5.6.857, A-BIE.
22 Composition du comité, C. G. 35, Boîte 66, A.3.2.878, A-BIE.

des prisonniers »[23] et aux délégués de prendre en compte le point de vue de ces États, de reconnaître leur implication, et ce, malgré leur absence officielle dans les réunions du Comité de gestion. Est-ce un moyen de composer avec le principe de neutralité (voire de le détourner) ? Grâce à ce « consensus »[24] permettant de faire fructifier les relations du BIE avec les pays belligérants et d'entretenir de bonnes relations avec tous ses membres, explique Piaget *a posteriori*, l'institution intergouvernementale a limité d'éventuelles démissions de la part de gouvernements[25] et, de ce fait, maintenir ses activités dans le domaine éducatif à l'échelle internationale.

Le SAIP, une mission avant tout éducative

Lors de la définition de la mission du SAIP, et forts des expériences acquises par le passé, les acteurs du BIE utilisent comme cadre de référence la Convention de Genève adoptée le 27 juillet 1929, relative au traitement des prisonniers de guerre[26]. L'article 17 se prête spécifiquement à leurs activités : « Les belligérants encourageront le plus possible les distractions intellectuelles et sportives organisées par les prisonniers de guerre ». Et l'article 39 légitime l'action : « Les prisonniers de guerre seront autorisés à recevoir individuellement des envois de livres, qui pourront être soumis à la censure », permettant ainsi aux acteurs de justifier et légitimer leur démarche auprès des États belligérants, tels que décrit dans la section précédente, et ce, afin d'obtenir une coopération

---

23 Note sur l'organisation d'un Service d'Aide intellectuelle aux prisonniers de guerre, s.d., Boîte 80, A.9.0.846.b, A-BIE.

24 Note sur le Bureau international d'éducation, s.d., Boîte 72, A.5.6.713, A-BIE].

25 « Mais il ne faudrait pas en conclure qu'aucun problème ne se soit posé et ue la Direction n'ait eu à aplanir une série de questions délicates. Et cela d'autant plus que l'augmentation du nombre des pays belligérants a accru au fur et à mesure la responsabilité de la Direction, ainsi que celle du représentant du Conseil fédéral qui préside le Comité de gestion. » (Note sur le Bureau international d'éducation, s.d. (vers 1942), Boîte 72, A.5.6.713, A-BIE).

26 *Convention relative au traitement des prisonniers de guerre*, Genève, 27 juillet 1929, repéré à https://www.icrc.org/fr/doc/resources/documents/misc/5fzezy.htm Pour l'histoire de sa mise en place, voir Tate (2017). Nous abrégeons pour la suite du texte Conventions de Genève (1929).

de leur part[27]. En conformité avec les principes de neutralité[28], le BIE se donne alors pour mission de mener une activité qui s'adresse aux prisonniers des États belligérants des deux camps.

Dès 1939, le Bulletin du BIE annonce que le SAIP a pour ambition d'« être utile à tous ceux qui auront le devoir de transmettre la culture à la génération de demain et qui pourront utiliser les loisirs forcés de la captivité pour se préparer à leurs tâches futures ou pour se perfectionner »[29]. Cette phrase résonne avec l'idéal du BIE d'avant-guerre : soit, promouvoir la paix par l'éducation (Hofstetter & Droux, 2016 ; Hofstetter & Schneuwly, 2013 ; Magnin, 2002 ; Suchodolski et *al.*, 1979). Pour ce faire, la formation s'adresse avant tout à des professeurs d'université, des maîtres du secondaire et du primaire ou des « étudiants en pédagogie »[30], mais également à tous les autres prisonniers désireux de parfaire leur culture intellectuelle ou leur formation professionnelle[31]. Cet objectif permet au BIE de trouver sa légitimité à mener ses actions en tant que spécialiste de l'éducation, surtout au moment sensible de la mise en place du service.

Les actions du Bureau consistent principalement à préparer des colis de livres envoyés aux camps par l'intermédiaire de représentants des Croix-Rouges nationales, eux-mêmes en lien étroit avec des « hommes de confiance » et des directeurs de centre d'études choisis parmi les hommes internés et prisonniers. Ces colis sont confectionnés soit pour répondre à des demandes individuelles exprimées par les prisonniers puis relayées par les différentes Croix-Rouges nationales, leur gouvernement ou encore directement au BIE, soit pour créer ou alimenter les bibliothèques au sein des camps de prisonniers. Le 13 janvier 1940, le SAIP fait son premier envoi[32].

27 Note sur l'organisation d'un Service d'Aide intellectuelle aux prisonniers de guerre, Boîte 80, A.9.0.846.b, A-BIE.

28 Lettre à Monsieur le Conseiller fédéral Motta, 26 septembre 1939, Fond DIP, cote 1985 va 5.3.436, A-AEG.

29 Bulletin du Bureau international d'éducation, n° 53, 4e trimestre 1939, p. 159.

30 Fond DIP, cote 1985 vas 5.3.436, A-AEG.

31 Activités spécifiques des Organisations représentées auprès du Comité consultatif, Boîte 81, A.9.2.853, A-BIE.

32 Papillon sur les origines du service d'aide intellectuelle aux prisonniers de guerre, s.d., Boîte 80, A.9.0.846.b, A-BIE.

Si le directeur du BIE, Piaget et le directeur adjoint, Rosselló sont reconnus pour la mise en œuvre de cette activité, Anne Archinard et Mad Gysin, secrétaires et responsables de section sont chargées des envois du SAIP[33], et Marie Butts, secrétaire générale du BIE entre 1925 et 1949, œuvre pour la coordination du Service depuis l'Angleterre (Hofstetter, 2015, pp. 162–163). Le BIE doit très vite augmenter son personnel durant cette période, collaborant avec de nombreuses femmes stagiaires et secrétaires qui fournissent un important travail parfois à titre bénévole[34].

Figure 2. Photographie prise pendant les activités du SAIP, s.d. Boîte 276, A-BIE, Genève.

---

33 Procès-verbal de la 7e réunion du Comité de gestion, Boîte 66, A.3.2.890, A-BIE.
34 Dossiers du personnel, Boîte 73 et 74, A-BIE. Une partie des noms de ces femmes restent inconnus, hormis Archinard et Gysin ainsi que ce que les dossiers du personnel du BIE nous permettent de retracer.

La principale tâche est l'acheminement de livres et matériel éducatif. D'autres initiatives sont menées telles l'envoi de colis par des proches passants par le SAIP, l'approvisionnement en ouvrages et la mise en place de bibliothèques communes, mais également l'organisation de « concours de la captivité », d'« universités de captivité » (encadré 1) et de cours par correspondance[35]. Ces activités permettent ainsi aux acteurs du BIE de continuer à disséminer leurs valeurs et causes, et, par conséquent, de démontrer leur volonté à poursuivre la mission éducative initiale du Bureau dans un contexte tout particulièrement hostile.

ENCADRÉ 1 : LES UNIVERSITÉS DE CAPTIVITÉS

Dans le cadre du SAIP, le BIE collabore avec d'autres organismes dont l'Aide aux prisonniers de guerre des Unions chrétiennes de jeunes gens (YMCA) et le Fonds européen de secours aux étudiants (FESE), pour mettre en place des « Universités de captivité », soit un ensemble de cours organisés pour les prisonniers. Ces universités éphémères ont une valeur culturelle et scientifique pour le BIE et permettent d'assurer l'accès à la formation, valeur principalement portée par le BIE. Lors des leçons données dans les universités de captivité auxquelles le BIE apporte sa contribution à distance, des enseignements de tous types sont proposés. Le BIE s'engage tout particulièrement dans l'organisation de cours qui ont trait à des thématiques éducatives et pédagogiques. Les enseignements mettent en avant les pédagogies nouvelles, la psychologie et le développement de l'enfant, l'éducation physique et l'école en plein air, les méthodes de l'imprimerie à l'école, du scoutisme et du théâtre scout, et de l'hébertisme. La question des réformes scolaires et de la formation des enseignants tient aussi une place importante dans les programmes avec des cours sur la définition de l'enseignement primaire, secondaire et supérieur, sur la formation pédagogique du maître primaire, l'action morale et sociale du professeur de l'enseignement supérieur ainsi que sur les réformes de l'enseignement dans le monde. Les programmes des cours proposés attestent ainsi des « causes » Saunier, 2012) dont le BIE se fait depuis longtemps le promoteur. Est-ce à nouveau un moyen pour les « pédagogues de Genève » de défendre et porter à l'échelle internationale les valeurs et la mission éducative qu'ils se donnent ? *

*Pour de plus amples informations sur les liens entre Éducation nouvelle et BIE ainsi que la diffusion à l'échelle internationale du mouvement : se reporter aux travaux de Laurent Gutierrez, Daniel Hameline, Rita Hofstetter et ceux de l'équipe Erhise (notamment Hofstetter & Mole, 2018).

---

35 Sujet à part entière, non traité dans le cadre de ce chapitre.

Le SAIP mis à l'œuvre, mis à l'épreuve ?

Au 1er juillet 1940, c'est près d'un millier de volumes qui sont envoyés, tandis qu'un an plus tard le Bureau cumule près de 50 000 envois, dont un tiers en réponse à des demandes individuelles. Ce chiffre quadruple en 1942 atteignant 200 000 ouvrages. À la fin de la guerre, le SAIP évalue un total cumulé de 587 020 livres qui auraient circulé dans des camps. Les listes de livres comptent une grande diversité de sujets, touchant aux domaines traditionnellement enseignés dans les écoles et universités occidentales. Également, les listes attestent de nombreux ouvrages sur l'enseignement des méthodes éducatives progressistes telles que l'Éducation nouvelle et les méthodes actives[36]. Ces envois témoignent d'une circulation de savoirs propres aux thèmes éducatifs alors fer-de-lance du BIE et de l'Institut des sciences de l'éducation de l'Université de Genève[37].

Mobiliser la coopération internationale ? Le financement du SAIP

Comment une telle entreprise, qui s'effectue à l'échelle internationale, se met-elle en place pour répondre à la demande ? Sur quel financement le BIE compte-t-il ? Dès la création du SAIP, les États et leurs ministères de l'Instruction publique sont démarchés par le BIE pour contribuer de « façon exceptionnelle », c'est-à-dire en plus de leur cotisation, au SAIP. Dans les faits, nombre d'États non membres du BIE ont également été démarchés sur le principe de « la solidarité internationale »[38].

Au départ, c'est grâce à un don national de 10 000 CHF de la Suisse que le service se met en place. Par la suite, le Luxembourg, la France, l'Italie et l'Allemagne vont contribuer à financer le projet et le gouvernement roumain octroie une partie des bénéfices de ses timbres au SAIP[39].

---

36 Sur l'Éducation nouvelle, se rapporter au chapitre suivant, de A. Nóvoa, qui met en lumière ses principes fondateurs (autonomie, liberté, internationalisme) et certaines des controverses qu'elles occasionnent.

37 Relations avec la Croix-Rouge, Boîte 80, A.9.0.700, [A-BIE]. Voir également Hofstetter (2015, p. 44).

38 Voir correspondances, Boîtes A.9.1.847–852, [A-BIE].

39 Procès-verbal de la 10e réunion du Comité de gestion, 30 juin 1943, Boîte 81, A.9.2.1.847.852, [A-BIE].

La Suisse est le financeur le plus régulier et stable avec un versement de 10 000 CHF quasi annuel. Les gouvernements de la France et de la Pologne accordent plusieurs dons importants (tableau 1) et l'Allemagne finance 17 000 CHF en 1942[40]. Vont également se joindre aux États pour assurer le financement de cette action, les Croix-Rouges polonaise, anglaise et française. Ainsi les sources de financement sont diverses, mais sont principalement attribuées par des États belligérants, et leurs Croix-Rouges nationales, une réalité avec laquelle le BIE compose tandis qu'il tend à inviter « les Ministères de l'Instruction publique des pays non belligérants à contribuer à l'œuvre humanitaire entreprise par le BIE »[41].

D'autres États, tels que le Costa Rica, les États-Unis, le Venezuela, l'Équateur, la Belgique, et l'Iran refusent de participer. La raison principale évoquée est le manque de ressources budgétaires pouvant être allouées à ce type d'activité. La république du Costa Rica, par exemple, explicite que ce manque fait suite aux conséquences économiques infligées par « la guerre Européenne »[42]. L'Iran et les États-Unis, quant à eux, évoquent brièvement des enjeux politiques faisant référence soit à des faits concrets tels que la loi sur la restriction des devises[43], soit au climat général : « with the present temper of our National Congress, I think it is doubtful that any funds can be approriated for the purpose »[44], précisant que le contexte « n'est pas favorable » pour prendre cet engagement[45].

---

40 Procès-verbal de la 7ᵉ réunion du Comité de gestion, Boîte 66, A.3.2.890, [A-BIE].

41 Procès-verbal du Comité de gestion du BIE du samedi 16 décembre 1939, Fond DIP, cote 1985 va 5 carton 5.3.436, [A-AEG].

42 Lettre d A. Aguilar, *Secretario de Educacion*, à J. Piaget, directeur du BIE, le 26 février 1940, Boîte 81, A.9.1.852, A-BIE.

43 Lettre du Directeur de l'Office Scolaire de la Légation impériale de l'Iran au directeur du BIE, le 6 décembre 1939, Boîte 81, A.9.1.852, A-BIE.

44 Lettre du *Federal Security Agency* adressée à M. Piaget, directeur du BIE, le 20 mars 1940, Boîte 81, A.9.1.852, A-BIE.

45 Boîte 81, A.9.2.1.852, A-BIE. Vers la fin de la guerre, le BIE est en relation avec des fondations et organismes privés américains qui contribuent au SAIP par des apports matériels et financiers à destination des prisonniers américains (voir collaboration avec l'American Council on Education, Procès-verbal de la 12ᵉ réunion du Comité de gestion, 6 juillet 1944, Boîte 66, A.3.2.930, A-BIE).

Tableau 1 : Dons accordés par les gouvernements pour le SAIP[a].

Gouvernement de la Suisse	10 000 Francs suisses	15 avril 1940
Gouvernement du Luxembourg	3 000 Francs luxembourgeois	15 avril 1940
Gouvernement de la Suisse	10 000 Francs suisses	28 mai 1941
Gouvernement de la France	100 000 Anciens francs français	28 mai 1941
Ministère de l'Éducation nationale de Roumanie	20 000 Lei roumains	28 mai 1941
Croix-Rouge britannique	100 Livres sterling	26 mai 1941
Gouvernement du Reich	17 000 Francs suisses	28 février 1942
American Library Association	400 Dollars	28 février 1942
Gouvernement de la Suisse	10 000 Francs suisses	10 juillet 1942
Croix-Rouge française	50 000 Anciens francs français	10 juillet 1942
Gouvernement de la Suisse	10 000 Francs suisses	10 juillet 1942
Gouvernement de la Suisse	10 000 Francs suisses	30 juin 1943
Gouvernement de la Pologne	10 000 Francs suisses	18 décembre 1943
Gouvernement de la Suisse	10 000 Francs suisses	6 juillet 1944
Source : état des dons reconstitué à partir des rapports et procès-verbaux des réunions du bureau du Comité de gestion, Boîte 66 Réunion du Comité de gestion A.3.2.839–982, A-BIE[b].		

[a] Divers fonds d'archives témoignent d'autres traces de financement, ici ne sont retenus que les montants reconnus lors des réunions du Comité de gestion et le rapport du SAIP rédigé à cette occasion. Par exemple, Lachenal indique dans une lettre au Conseiller fédéral suisse, M. Marcel Pilet-Golaz, que le SAIP a reçu un soutien de 30 000 lires du Ministère de l'Éducation d'Italie. (26 mars 1943, Fond DIP, cote 1985 va 5 carton 5.3.436, [A-AEG]).

[b] Ce tableau résume les dons mentionnés dans les rapports du SAIP et procès-verbaux du Comité de gestion. Les adhésions annuelles des États ne sont pas reportées ici, bien que nous souhaitions émettre une réserve sur cette distinction : il est fort possible que l'adhésion annuelle d'un État au BIE soit attribuée au SAIP, comme le suggère les sommes versées annuellement par la Suisse et la Pologne en 1943. Ce tableau n'inclut par la vente de timbres par le gouvernement roumain qui en dédie une partie pour le SAIP (soit l'équivalent de 68 696,93 CHF) ainsi que la donation de 18 000 timbres et 1 500 blocs d'une valeur de 960 000 lei. N'ayant pas d'information sur le budget dédié au départ à la production de ce timbre, cette somme symbolique ne peut être comparée aux donations monétaires pour le SAIP.

Enfin, un certain nombre de pays n'ont pas répondu à la demande de financement. Archives égarées ou impossibilité de formuler un refus ? Cela ne les empêche pas d'être actifs pour la mobilisation de livres dans différentes langues et le renforcement de liens avec les commissions nationales de la Croix-Rouge. Car si les commissions nationales de la Croix-Rouge contribuent financièrement, elles agissent également en tant qu'intermédiaires, garantes de la bonne communication des besoins nationaux au Bureau, de la coordination du projet et, par conséquent de la circulation des livres.

Enfin, ces financements sont complétés grâce à des dons individuels philanthropiques monétaires et de livres collectés. Pour encourager les dons individuels, le Bureau crée le timbre Pestalozzi. Ce timbre vise à attirer les collectionneurs de timbres pour obtenir davantage de donations individuelles. Il sert également à faire connaître le BIE, et à démontrer la continuité des activités du Bureau (Suchodolski *et al.*, 1979, pp. 80–81). L'usage de ce timbre est donc utilisé à la fois comme une technique de récolte de fonds, mais aussi de communication, rendant le BIE visible dans son action sur la scène internationale.

Ainsi le BIE tente de mobiliser la coopération intergouvernementale, mais nous pouvons questionner comment le BIE maintient son approche internationale ancrée dans la neutralité si une majorité des financeurs sont impliqués dans le conflit. Malgré cela, le service se met en place et le nombre de livres envoyés paraît particulièrement important en comparaison du nombre d'employés alors dédiés à cette tâche, et ce, malgré le système de censure et de contrôle mis en place par les autorités du Reich.

LA CENSURE DES LIVRES IMPOSÉE PAR LES AUTORITÉS DU REICH

La censure pendant la guerre peut être pratiquée par l'ensemble des pays belligérants, comme le définit la Convention de 1929. Néanmoins, les archives témoignent de nombreux échanges entre le SAIP, le Comité pour la lecture et l'OKW de Berlin (Haut Commandement des Forces armées allemandes)[46]. Les documents que nous avons à disposition concernent des échanges avec les autorités du Reich et visent à une censure des livres lus dans les camps allemands, c'est-à-dire par des

---

46 L'*Oberkommando der Wehrmacht* (OKW) est l'organe qui est en charge entre autres de représenter l'Allemagne pour le contrôle et la censure des livres.

détenus faits prisonniers par l'armée allemande. Tout cela n'exclut pas des mesures de censure dans les camps adverses, même si toutefois les archives à disposition ne témoignent pas que le SAIP est confronté à cette difficulté.

Six années après la fin de la guerre, en 1951, le Comité pour la lecture, comptant le BIE et d'autres organismes rattachés susmentionnés, publie un rapport[47] sur les activités menées pendant la guerre. Dans ce rapport, le Comité pour la lecture déclare que la censure un travail de recensement considérable et que les contraintes imposées étaient en opposition aux Conventions de Genève. Le rapport cite pour exemple la limitation des envois de toute nature à deux par mois pour les prisonniers de guerre polonais, contraignant ces derniers à choisir entre des colis de secours divers et des colis de livres[48]. Il est fort probable que durant les hostilités, une critique forte à l'égard de la censure peut péjorer les possibilités d'actions et aller à l'encontre de la neutralité postulée par les organisations. Ainsi cette critique de la censure établie *a posteriori* se formule plus aisément après les hostilités. D'ailleurs durant tout le conflit le BIE doit composer avec la censure allemande et adopte un discours lissé, comme en témoignent les échanges de courriers[49].

Ce contrôle de la censure au début des hostilités s'effectue au moyen de listes d'auteurs autorisés, régulièrement mises à jour. Celles-ci permettent de tenir informés les différents services des livres qu'ils sont autorisés à transmettre. Pour mettre en place cette administration de la censure, Genève reçoit un fonctionnaire de la censure allemande délégué par l'Allemagne. Très vite de nombreuses listes d'auteurs interdits vont finalement être mises en place afin de « simplifier » le travail depuis Genève[50].

Si les archives du SAIP ne rendent compte de la manière dont sont constituées ces listes, et à quel degré celles-ci sont respectées, quelques directives sont explicitées. Parfois, les ouvrages sont interdits en fonction

---

47 Comité consultatif pour la lecture des prisonniers et internés de guerre (1951). *Rapport sur son activité*. Genève. Boîte 80, A.9.0.0846.b, A-BIE.

48 Comité consultatif pour la lecture des prisonniers et internés de guerre (1951). *Rapport sur son activité*. Genève. Boîte 80, A.9.0.0846.b, A-BIE.

49 Dossier Relations avec le Gouvernement allemand, Boîte 81, A.9.1.848, A-BIE.

50 Lettre de J. Piaget au Consul Krauel, Lettre du 3 avril 1941, Boîte 81, A.9.1.848, A-BIE.

de l'identité de l'auteur[51] : par exemple, tout ouvrage rédigé par un auteur ou musicien juif est proscrit. Ce sont aussi des noms d'éditeurs ou des maisons d'édition entières comme les maisons Nelson, Simon, Gründ, les *Livres modernes illustrés* et le *Livre de demain* ainsi que des maisons d'édition américaine qui sont proscrits[52].

La censure est également appliquée directement au contenu et interdit tout sujet d'actualité, toute critique du Reich, tout sujet traitant des pays alliés : les ouvrages faisant allusion à des sujets politiques sur le conflit, contenant des allusions aux régimes politiques existants, de littérature de guerre ou d'histoire contemporaine sont bannis. Les ouvrages sur les services secrets ou l'espionnage, les traités de techniques aéronautiques, de radiophonie et de téléphonie, mais aussi les mots croisés, les cartes de géographie, et le papier carbone sont eux aussi interdits, car ils sont suspectés de menacer la « sécurité interne » des camps. Finalement, avec en première ligne *Le capital* de Karl Marx, les livres d'orientation socialo-marxistes sont régulièrement mentionnés dans les listes d'ouvrages interdits[53]. Les revues pédagogiques issues des mouvements internationaux du scoutisme n'échappent pas non plus à cette censure politique, cependant, des photographies prises dans les bureaux du BIE de colis prêts à l'envoi (figure 4) montrent que les employés au SAIP parviennent à envoyer des ouvrages outrepassant les principes de la censure.

D'après les travaux de Debons (2010, pp. 351–352), la mise en œuvre de la censure par l'Allemagne à l'égard de l'ensemble des organismes de l'Agence centrale était très forte au début, puis s'est relâchée. Ce relâchement n'est pas intentionnel, mais s'explique surtout par l'augmentation massive du nombre de prisonniers et les difficultés qui s'ensuivent de pouvoir contrôler l'ensemble des colis qui arrivent dans les camps de détenus. Pour le cas du SAIP, l'étude de l'ensemble des listes de livres commandés et envoyés depuis le Bureau indique que la majorité conviennent aux exigences de la censure : ces ouvrages d'ordre

---

51 Listes de censure et lettres touchantes, Boîte 80, dossier A.9.0.701, A-BIE. Listes présentes dans le cahier recensant les livres envoyés, Boîte 80, A.9.0.704, A-BIE.

52 Lettre de J.H. Jungkunst à P. Rosselló du 24 octobre 1940, Boîte 81, dossier A.9.3.854, A-BIE.

53 Büchersperrliste 8, 8 mars 1941, Boîte 80, dossier A.9.0.701, A-BIE.

techniques et éducatifs ne contiennent pas de point de vue politique explicité. Toutefois on observe que certains font exceptions et sont contraires aux listes allemandes. Les ouvrages en question, ainsi que leurs auteurs, sont liés aux méthodes progressistes de l'Éducation nouvelle, et adoptent un ancrage internationaliste certain : notamment, des ouvrages de pédagogues comme John Dewey, Ovide Decroly, Amélie Hamaïde, Adolphe Ferrière ou de psychologues, Jean Piaget, André Rey, Henri Wallon et Pierre Janet[54]. On trouve également des ouvrages d'histoire contemporaine ainsi que des livres de propagande du scoutisme.

Figure 3. Des livres et brochures sur les mouvements scouts prêts à être envoyés, s.d. Boîte 276, A-BIE. Imprimé sur les concours de la captivité, s.d., Boîte 82, A.8.984, A-BIE.

---

54 Cahier « Livres envoyés », Boîte 80, A.9.0.704, A-BIE.

ENTRE PACIFISME ET NEUTRALITÉ : COOPÉRATION INFORMELLE AVEC DES RÉSEAUX DE SOLIDARITÉ

Dans les archives consultées, nous ne trouvons aucune déclaration officielle du BIE qui mentionne une prise de position politique ou militante à l'encontre du conflit en cours. Ceci peut être attribué à un choix stratégique de l'organisation réitérant ainsi son rôle d'agence technique et sa neutralité assumée en faveur de la paix via la science et l'éducation. Cependant, malgré ce postulat, les acteurs du BIE montrent un engagement militant pacifiste dès la fondation du BIE en 1925 ; argument qui se voit renforcé lorsque l'on étudie la genèse du BIE ainsi que ses réseaux de sociabilités[55].

Durant le conflit, cet engagement persiste, mais se lit davantage dans les coulisses de l'organisation, notamment dans les correspondances personnelles de Butts. Alors que cette dernière est contrainte de rester en Angleterre à cause de la fermeture des frontières, elle écrit quotidiennement au BIE ainsi qu'à de nombreuses relations pour prendre des nouvelles ou pour s'informer d'amis dispersés aux quatre coins de l'Europe à cause du conflit[56]. L'étude de ces correspondances permet de repérer que plusieurs relations affinitaires avec des pacifistes et féministes sont maintenues pendant la guerre. Certaines lettres de Butts au personnel du BIE, comme c'est le cas dans une lettre de Butts à l'attention de Rachel Gampert, alors responsable de section et en charge du secrétariat, attestent d'un point de vue critique sur la situation. L'engagement pacifiste et l'espoir porté à Genève sont soumis à large épreuve dès l'entrée en guerre et la désillusion se fait ressentir :

> The old life is gone forever. Geneva will never be the same again even when the war is ended [...] What you must have lived through when the German entered Paris, got Bellegarde, when France collapsed, when so many British

---

55   Cf. travaux sur les entrelacements entre science et militance des réseaux de sociabilités genevois de l'époque ainsi que leur ancrage pacifiste (Hofstetter 2010, 2015 ; Haenggeli-Jenni, 2017) et les recherches sur les réseaux d'acteurs du BIE menées par Erhise (Hofstetter & ERHISE, à paraître).

56   En Angleterre au moment où la guerre éclate, son visa n'est plus renouvelé et elle ne peut rentrer à Genève. Voir travail de Hofstetter (2015) et l'ensemble des correspondances personnelles de Butts (Boîte 2008, dossier 2008/3/A/1–5, AIJJR).

friends left Geneva suddenly, I can imagine. […] How I wonder how Switzerland is faring as a tiny neutral island in the midst of totalitarian States. (Lettre de M. Butts à R. Gampert, 5 août 1940, Fond Hamori, Marie Butts, dossier 2008/3/A/4, AIJJR).

Malgré tout, des liens affinitaires sont maintenus entre le BIE et différents acteurs pacifistes et militants pendant toute la durée du conflit. C'est donc fort de cet engagement aussi que le BIE met en place l'aide aux prisonniers et collabore avec des organismes qui œuvrent dans le même esprit que lui[57]. Ces différents organismes prennent une part très active dans la contestation de la guerre et dans le secours aux prisonniers, qu'ils soient captifs de guerre, prisonniers civils ou réfugiés. Il a été montré également que parmi eux se sont constitués des réseaux majeurs de résistance et d'aide aux réfugiés en Suisse[58]. Du côté du BIE, c'est notamment par le biais de correspondances, rapports ou articles de journaux, que le secrétariat reçoit de la part de ces organismes ou de l'étude des correspondances entre les acteurs, qu'il est possible de mieux appréhender leurs liens réciproques.

Par exemple, le BIE est en lien étroit, pour organiser des actions de solidarité en faveur des étudiants, avec le Fonds européen de secours aux étudiants (FESE), par l'intermédiaire entre autres d'André de Blonay[59]. Parallèlement à ses activités officielles, le FESE est alors activement engagé pour aider un nombre important d'étudiants réfugiés, dont des

---

57 Il s'agit des organisations membres du Comité pour la lecture ainsi que des associations « amie » du BIE, à savoir la Société des amis (quakers) ou l'Union internationale de secours aux enfants (UISE) (Lettre d'une secrétaire du BIE à M. Butts, 16 septembre 1940, Fond Hamori, Marie Butts, dossier 2008/3/A/4, AIJJR). Sur l'UISE, voir Droux (2012, 2014).

58 Cf. travaux sur l'engagement des organisations de ce type, sous l'angle d'un pacifisme à la croisée des mouvements œcuméniques et internationalistes (Engel, Kennedy & Reynolds, 2018). Concernant les organismes rattachés au Comité de Nîmes, dont l'UCJG, le YMCA et le FESE, voir Turcotte, 2018 ; Grynberg, 1999, pp. 194–197. Fivaz-Silbermann (2017), dans sa thèse sur l'aide aux réfugiés juifs à la frontière suisse pendant la guerre a montré l'engagement parfois semi-clandestin d'organisations en Suisses comme les quakers, le FESE, organisations alors en étroite proximité de pensée avec le BIE.

59 Courrier de J. Piaget à A. de Blonay, 10 juin 1942, Boîte 82, A.9.2.889, A-BIE.

étudiants juifs, et participe à dénoncer la situation, par le biais d'articles qui sont transmis au BIE[60]. Le BIE est également en lien avec des Suisses visiteurs de camps d'internement comme Rodolfo Olgiati[61] qui, en tant que représentant du Service civil international au camp d'internement de Gurs, transmet au BIE un rapport « confidentiel », qui dénonce les terribles conditions dans le camp dès 1940 :

> Si par un jour ensoleillé, un visiteur arrête son auto sur la belle route large, il contemplera avec admiration ce pays de montagnes. S'il n'a pas de bonnes chaussures — c'est-à-dire des bottes de caoutchouc — s'il est pressé et n'a ni l'autorisation, ni peut-être le courage de pénétrer dans les îlots ou dans les misérables huttes, il n'aura aucune idée de l'indescriptible misère des internés. (Visite au camp de Gurs. s.d., Boîte 80, A.9.0.700, A-BIE).

De même, le BIE entretient des liens étroits avec le YMCA, organisation majeure pour l'aide intellectuelle et matérielle aux prisonniers de guerre de cette période[62]. Les échanges sont encore plus resserrés avec l'UCJG, la section genevoise du YMCA. Leurs relations, en deçà de la coordination pour l'envoi de livre aux prisonniers, consistent également en des activités plus « officieuses » lorsque notamment le BIE prend part à des « séances privées » de l'UCJG où des visiteurs de camps échangent des informations sur la situation dans les camps en Allemagne[63]. Certaines des organisations jouent un rôle important au sein des camps, ayant des délégués qui peuvent y intervenir, ou étant en lien avec des

---

60 Le FESE communique un appel de Grèce « Les universitaires de Salonique en danger » le 24 février 1943 qui dénonce les difficultés que connaissent les étudiants et professeurs grecs et réfugiés (Boîte 80, A.9.0.703, A-BIE) ainsi qu'un article : « En France les déportations de réfugiés et leurs répercussions sur l'action du F.E.S.E », 30 novembre 1942, paru dans Journaux – Intl Student Service, Boîte 80, A.9.0.703, A-BIE.

61 Olgiati est à cette période secrétaire du Service civil international (1935–1941) et du Cartel suisse de secours aux enfants victimes de la guerre (1940–1942) et secrétaire de la Croix-Rouge suisse (Schmidlin, 2009).

62 Lettre de Blanche Weber à Piaget 9 novembre 1940, Boîte 74, A.6.1.261, A-BIE. J. Goodman évoque aussi l'étendue des réseaux de l'YMCA déjà dans l'entre-deux-guerres (voir chapitre 3).

63 Lettre de Henri Johannot à P. Rosselló, 10 novembre 1943, Boîte 81, A.9.3.8.5.4, A-BIE.

infirmières de la Croix-Rouge suisse[64], ce qui n'est pas le cas du BIE qui agit depuis Genève seulement. Mais en reconstituant certaines des correspondances, on constate que les liens entre eux dépassent le seul cadre d'une bonne coordination dans l'envoi de livres et que le BIE fait partie intégrante de ce large réseau. Bien qu'on n'en sache pas plus sur le cas du SAIP, nous relevons que l'engagement humanitaire en faveur des prisonniers de guerre est parfois pris en contradictions avec d'un côté un cadre défini par les conventions internationales et une exigence de neutralité et d'impartialité et de l'autre, l'engagement militant des uns et des autres[65].

TENSIONS ET LIMITES DES PRATIQUES INTERGOUVERNEMENTALES AU PRISME DE LA SECONDE GUERRE MONDIALE : DIFFÉRENCES DE TRAITEMENT ET CIBLAGE NATIONAL

Après avoir étudié la mise en place du service et les différentes contraintes auxquelles il se voit confronté, la partie qui suit nous amène à questionner les limites du SAIP. Nous mettons ici l'accent sur deux tensions : d'un côté, des différences de traitement entre prisonniers (notamment concernant l'accès aux camps et aux ressources matérielles et financières) découlent du projet et restreignent le champ d'action du SAIP. De l'autre, la distribution des ressources allouées par les donateurs, parce qu'elle s'effectue selon une logique de redistribution nationale, restreint les possibilités d'une aide qui suit une logique internationale, et sous-tend ainsi une logique de « ciblage national ».

---

64 Voir la notice sur la sœur Elsbeth Kasser (Schmidlin, 2014).

65 Une vaste littérature sur l'histoire de la Deuxième Guerre mondiale et l'intervention humanitaire dans les camps de prisonniers et concentrationnaires montre ces contradictions. Nous renvoyons aux travaux d'Irène Herrmann (2018) mais aussi de Jean-Claude Favez, Irène Herrmann, Hans-Ulrich Jost, Daniel Palmieri et Isabelle Vonèche Cardia.

AIDER LES PRISONNIERS PROTÉGÉS PAR LA CONVENTION DE
GENÈVE DE 1929 : QUELLE PLACE POUR LES CIVILS ?

Tel que cela a été énoncé ci-dessus, l'action du SAIP s'inscrit dans le cadre
plus large défini par la Convention de Genève de 1929, sous l'égide du
CICR. Dans ce cadre, le SAIP peut collaborer et envoyer des livres dans
les camps contrôlés par les gouvernements qui ont signé la Convention
de Genève de 1929. Le CICR et ses « antennes » agissent donc en tant
qu'intermédiaires légaux permettant ainsi à l'action du SAIP d'atteindre
une partie des camps. De plus la dénomination de « prisonniers de
guerre » ne comprend que les prisonniers protégés par le droit international humanitaire de l'époque concernée, soit « toutes les personnes
appartenant aux forces armées des parties belligérantes »[66]. L'action du
SAIP se limite donc aux militaires capturés ayant été reconnus par l'État
détenteur et détenus dans des camps militaires. Ces prisonniers militaires, soldats, sous-officiers et officiers, sont internés dans différents
types de camps : les *Stalags* (camp ordinaire de soldats et sous-officiers)
et les *Oflags* (camp d'officiers)[67].

En 1939, le SAIP ne peut donc adresser de livres aux civils internés,
car le CICR n'autorise pas l'Agence centrale à acheminer des colis à des
civils internés[68]. Si la tâche principale de l'assistance aux prisonniers est
bien de s'adresser à des prisonniers militaires, cependant, vers 1940, le
cadre du CICR est précisé. Ce changement permet au BIE d'annoncer
qu'il est dorénavant possible d'envoyer des colis de livres à des internés civils comme l'annonce le Bulletin d'information du Bureau : « Les
familles peuvent dorénavant aider le service en transmettant des
ouvrages à leurs proches par l'intermédiaire du SAIP »[69]. Ce changement s'explique par des tractations politiques en amont entre les pays
belligérants détenteurs des camps et le CICR. Le 12 janvier 1940, Rosselló remercie le CICR pour avoir relayé l'information de l'existence du

---

66 Article premier, alinéa 2, Convention de Genève, 1929.
67 À l'exception, certains colis sont envoyés dans les *Frontstalags* et *Dulags*,
    camps de passage ou de transit des prisonniers (cf. Accords officiels entre
    le CICR, le BIE et l'Agence centrale, Boîte 81, A.9.2.853, A-BIE ; Tate, 2017 ;
    Debons, 2010.
68 Article de journal « Envoi postaux pour prisonniers de guerre et internés
    civils », 7 octobre 1939, Boîte 80, A.9.0.846.a, A-BIE]
69 Bulletin d'information du BIE, n⁰ 56 du 3ᵉ trimestre 1940.

SAIP auprès des pays belligérants et demande à recevoir les listes de
prisonniers pour les premiers envois de livres. Dans une lettre adressée
à Monsieur le Ministre Barbey (France), Rosselló exprime sa satisfaction
suite à l'accord prononcé par les États belligérants et requiert les adresses
des camps de civils internés de guerres[70]. Bien que l'état des recherches
actuelles ne permette d'estimer l'ampleur de ces démarches, la lecture
croisée des archives du BIE comprenant les rapports du SAIP, de nombreuses lettres de remerciement écrites de la main de civils internés, et
les listes de prisonniers, témoignent que le SAIP mène son action auprès
des civils en accord avec l'action du CICR.

« CIBLAGE » NATIONAL ET DIFFÉRENCES DE TRAITEMENT

Les acteurs du SAIP auraient souhaité que le nombre de livres envoyés
soit encore plus important, mais la difficulté de se procurer des ouvrages
qui s'accentue avec la guerre ainsi que le nombre croissant de prisonniers
limitent grandement leurs possibilités. Également, les correspondances
entre le BIE et les États[71] et les procès-verbaux du Comité de gestion[72]
attestent que, à l'exception de la Suisse, les fonds nationaux perçus par
le SAIP sont conditionnés à être destinés spécifiquement pour les ressortissants du pays donateur. Par exemple, la Pologne finance pour servir
les prisonniers polonais, la France en faveur des prisonniers français,
les Italiens pour les ressortissants de l'Italie, le Gouvernement du Reich
en faveur des Allemands. Ajouté au fait que la censure évoquée ci-dessus rend la tâche plus compliquée pour satisfaire de manière équitable
les besoins de différentes nationalités, les contraintes formulées par les
financeurs sur le public cible ne font qu'encourager une forme de ciblage
national[73]. Enfin, afin de satisfaire la demande des financeurs, il faut

---

70 Lettre de P. Rosselló à Monsieur le Ministre Barbey, 12 janvier 1940, Boîte
    81, A.9.2.853, A-BIE.
71 Relations du Service d'aide intellectuelle aux prisonniers de guerre (S.A.I.P),
    Boîte 81, A.9.1.847–852, A-BIE.
72 Procès-verbal de la 7ᵉ Réunion du Comité de gestion, 28 février 1942, Boîte
    66, A.3.2.890 ; Procès-verbal de la 8ᵉ Réunion du Comité de gestion, 10 juillet
    1942, Boîte 66, A.3.2.919, A-BIE.
73 X. Riondet (chapitre 5) montre lui aussi comment des initiatives internatio-
    nalismes peuvent déboucher sur des logiques nationalistes et même être
    récupérées à de telles fins.

prendre en compte la dimension « mondiale » de cette seconde guerre, soit la distance géographique de certains camps, source de difficultés pour l'acheminement des colis, comme nous le démontrons avec le cas de l'Italie (figure 4).

Figure 4. Demandes et envois de livres : le cas de l'Italie (1941).

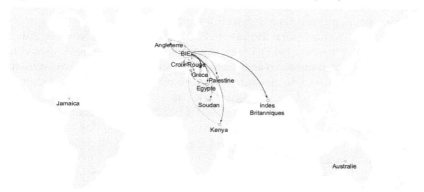

Graphique élaboré par Émeline Brylinski à partir de données recueillies dans le dossier A.9.1.866, « Demande de livres pour les prisonniers italiens », 24 juin 1942, boîte 82, A-BIE. Les prisonniers italiens séjournent dans un premier temps dans des camps dits « de triage » avant d'être transférés dans des camps en Égypte, aux Indes, etc. (Lettre de Martin Bodmer, 25 février 1941, Boîte 81, A.9.2.853, [A-BIE]). Source : Demande de livres pour les prisonniers italiens (24.6.42), Boîte 82, A.9.1.866, A-BIE.

La figure 4, reconstituée à partir d'un rapport concernant les envois de livres pour les prisonniers italiens en 1941 permet de mettre en évidence les difficultés auxquelles se confronte le BIE. D'une part, la demande est plus grande que les moyens du BIE. Un certain nombre de demandes et d'envois sont enregistrés permettant aux prisonniers italiens internés dans des camps situés sur différents continents d'en bénéficier. Au total, la Croix-Rouge italienne recense 26 demandes qu'elle transmet aussitôt au BIE. Certaines demandes sont directement formulées auprès du Bureau, principalement des demandes individuelles utilisant leurs réseaux de connaissances, ainsi le BIE recense 5 demandes directement adressées. Au total, c'est 31 demandes sur une année qui sont comptabilisées, pour seulement 16 envois de colis.

La difficulté d'approvisionnement ou d'accès aux camps de prison-niers est centrale dans l'analyse des services d'aide pour les prisonniers de guerre entre 1939 et 1945, comme l'ont démontré de nombreux tra-vaux[74]. La localisation géographique des camps, étendus aux quatre coins du monde, peut être à l'origine de différence de traitement entre les pri-sonniers. Ainsi c'est seulement certains Stalag et Oflag qui bénéficient de l'apport du SAIP, car certains camps sont peu accessibles ou ne peuvent être desservis par les agents des différents organismes actifs reconnus au sein de l'Agence internationale (CICR) (Dubois, 1989 ; Kovner, 2017 ; Mabon, 2011 ; Vulliet, 1947). De ce fait, lorsqu'il est difficile de pouvoir accéder à un camp pour ces agents, le SAIP peut s'en trouver directement affecté, car il dépend de ces autres organismes pour pouvoir assurer la communication. De plus, comme c'est le cas pour plusieurs pays, l'URSS n'a pas signé la Convention de Genève de 1929 relative aux prisonniers de guerre, par conséquent l'Agence internationale n'est pas reconnue et aucun délégué du CICR n'intervient dans les camps de prisonniers se situant dans le pays (Fayet, 2015, p. 65).

Les différences de traitement – voire l'impossibilité d'accès pour certaines régions du monde — qui en découlent ne sont pas seulement évidentes au travers de cette question de localisation géographique, mais également à cause du manque de ressources matérielles. Le cas des livres pour les prisonniers polonais figure un exemple intéressant. Parce que la censure allemande oblige les prisonniers à lire seulement dans leurs langues d'origine[75], il est très difficile pour le SAIP de s'approvisionner en livre, particulièrement en ce qui concerne les livres en polonais. Pour pallier cette contrainte, le SAIP, comme d'autres organismes tel que le YMCA, s'organise pour la traduction de livre en polonais ou leurs réim-pressions[76]. Les sources publiées *a posteriori* par le rapporteur du YMCA témoignent d'un problème similaire : c'est davantage les prisonniers

---

74 Voir l'état des lieux proposé par Kovner (2017) et les différents travaux qui montrent les inégalités de traitement subies par les prisonniers nord-afri-cains et coloniaux français en comparaison des prisonniers issus de la France métropolitaine (Mabon, 2011).

75 Document constitutif du Comité consultatif pour la lecture des prisonniers et internés de guerre, 1951, Boîte 80, A.9.0.846.b, A-BIE.

76 Document constitutif du Comité consultatif pour la lecture des prisonniers et internés de guerre, 1951, Boîte 80, A.9.0.846.b, A-BIE.

francophones, anglophones, et allemands qui ont accès à des envois de livres dans leurs langues et bénéficient des services de l'Agence centrale :

> De tous les prisonniers, ceux qui eurent sans doute le plus à souffrir du manque de livres, dû à la difficulté ou à l'impossibilité de s'en procurer en dehors de leur pays natal, furent en premier lieu les Japonais. Je ne cite que pour mémoire les Sénégalais et autres troupes coloniales, les Kurdes, Azerbaïdjians [sic], irrémédiablement dépourvus de lecture sous des ciels inconnus d'eux ; puis les Serbes, les Polonais, les quelques milliers de Russes internés en Suisse ; puis les Italiens, constamment assoiffés de littérature, en Amérique du Nord, en Angleterre et aux quatre coins de l'Empire. (Vulliet, 1947, pp. 331–332)[77].

L'idéal du BIE de pouvoir apporter une aide intellectuelle à tous, quelle que soit la nationalité du prisonnier et la raison de son emprisonnement, atteint ses limites lorsque les conditions à la circulation internationale sont ainsi bouleversées. Dans ce sens, des périodes de crise de l'édition causées par la guerre, le manque de papier et de main-d'œuvre, les difficultés de moyens de communication entravent fortement les possibles. D'autant plus que le SAIP dépend de plusieurs maisons d'édition, en plus des dons d'Université et de dons privés. Et malgré le travail mené par les employés du BIE au SAIP, le manque de personnel, le manque de fond et la surcharge de travail se font ressentir[78]. Tout cela ne va pas sans influer sur les moyens de récolter les livres souhaités : les acteurs de l'époque sont alors confrontés à un décalage entre leurs envies et les moyens à disposition.

Ainsi, tandis que le BIE a su maintenir sa mission éducative et mobiliser son action dans une approche internationaliste, le Bureau doit cependant s'adapter aux contraintes imposées à la fois par la réalité de la

---

77 Le rapporteur du YMCA renforce ce propos en dénonçant des différences notables dans l'approvisionnement en livre d'après son expérience au sein du YMCA. Il explique « qu'à côté de camps en Allemagne, fiers de leurs bibliothèques comptant 40 000 ou 24 000 ou 15 000 volumes, d'autres camps et la majorité des petits camps ou détachement de travail dans tous les pays du monde, furent et demeurent réduits à la portion congrue » (Vulliet, 1947, p. 331).

78 Nos propos sur les difficultés matérielles et la surcharge de travail sont issus d'une une analyse des Rapports du directeur et des Bulletins d'informations du Bureau international d'éducation (1939 à 1945).

guerre et de la réduction de ressources, mais également aux demandes formulées par les États membres. Cela génère des paradoxes significatifs des limites de leur action, paradoxes avec lesquels ils composent afin de maintenir le BIE en activité dans une période où d'autres organisations internationales ne peuvent agir[79]. Cet effort est mis en valeur lors de la Conférence des Ministres alliés de l'Éducation (CAME) (1942–1945), réunissant les fondateurs de la future Unesco (Mylonas, 1976), à laquelle le BIE se verra rattaché en 1969.

Conclusion

La richesse des archives du SAIP nous permet d'historiciser les grandes lignes de l'activité du BIE pendant la Seconde Guerre mondiale. Sous la coordination du Comité international de la Croix-Rouge, mais aussi dans la lignée de différents organismes œuvrant en faveur des victimes de la guerre, les acteurs du BIE tissent des relations avec différents gouvernements, et de nombreuses institutions, afin de pouvoir collecter et envoyer des livres aux prisonniers, et ce dans une logique de formation. Ainsi, le Service d'aide intellectuelle aux prisonniers de guerre permet au BIE de maintenir ses activités et notamment son objectif de traiter les questions éducatives par une approche intergouvernementale, malgré un contexte particulièrement hostile à l'internationalisme.

Cette activité n'est pas sans faire face à de nombreux défis dans sa mise en place. Les acteurs porteurs du projet doivent composer avec les principes de neutralité, et les contraintes liées à la pratique de la censure. Rapidement, les stratégies déployées par les acteurs afin de parfaire leurs activités, révèlent certaines tensions, voire limites, de leur action. D'un côté, le service établit un discours cohérent par rapport aux idéaux portés par le BIE et ses acteurs, en visant à rendre accessible une aide intellectuelle à tous les prisonniers sans prise de parti et en accord avec le principe de neutralité fédérale. Cependant dans les faits, cet idéal est inévitablement confronté aux difficultés concrètes de ne pouvoir mener la tâche de façon égalitaire, contraintes imposées par le

---

[79] La configuration du SAIP en tant qu'action internationale, semble dans les faits davantage servir les causes nationales. Une approche similaire de « l'internationalisation » est employée par l'« Union internationale de secours aux enfants » (UISE) lors de la Première Guerre mondiale (Droux, 2011).

contexte restrictif et les modalités résidant dans la définition du SAIP. Notamment, les modalités d'accès aux camps, ainsi que les financements des donateurs, comptant des États belligérants parmi eux, contraignent et conditionnent le BIE à entrer dans une démarche de ciblage national. Cet effet s'avère paradoxal d'un mode d'action intergouvernemental qui, au travers des pratiques effectives, renforce les nationalismes et créait subséquemment une différence de traitement des prisonniers en fonction de leur nationalité. Le BIE a ainsi agi stratégiquement pour garder son autonomie et son statut d'organisation neutre et à but technique, au prix de certains paradoxes, pour garantir son action, s'assurer des bonnes relations avec tous les pays membres et, par-là, continuer à mener sa politique de coopération internationale pour permettre à tous les représentants des Gouvernements de « s'asseoir à nouveau autour de la table du Conseil » à la fin de la guerre.

RÉFÉRENCES

SOURCES

A-BIE : Archives du Bureau international d'éducation (Genève) : Boîtes n⁰ 66, 72, 80, 81, 82, 83, 85, 276.

AEG : Archives État de Genève (Fond Département de l'Instruction publique) : cote 1985 va 5.3.436.

Bulletins d'informations du Bureau international d'éducation (1939–1945). Genève : BIE.

Rapports du Directeur du BIE (1939–1945). Genève : BIE.

Comité consultatif pour la lecture des prisonniers et internés de guerre (1951). *Rapport sur son activité*. Genève

« Convention relative au traitement des prisonniers de guerre, Genève, 27 juillet 1929 », repéré à https://www.icrc.org/fr/doc/resources/documents/misc/5fzezy.htm.

Suchodolski, B., Roller, S., Stock, R., Avanzini, G., Egger, E. & Darcy de Oliveira, R. (1979). *Le Bureau international d'éducation au service du mouvement éducatif*. Genève : UNESCO.

Vulliet, A. (1947). L'aide aux prisonniers de guerre des Unions Chrétiennes de Jeunes Gens. *International Review of the Red Cross, 29*, 323–342.

Bibliographie

Debons, D. (2010). *L'assistance spirituelle aux prisonniers de guerre : un aspect de l'action humanitaire durant la Deuxième Guerre mondiale (1939–1948)* (Thèse de doctorat inédite). Université de Genève.

Droux, J. (2011). L'internationalisation de la protection de l'enfance : acteurs, concurrences et projets transnationaux (1900–1925). *Critique internationale, 52*(3), 17–33. doi:10.3917/crii.052.0017.

Droux, J. (2012). La tectonique des causes humanitaires : concurrences et collaborations autour du Comité de protection de l'enfance de la Société des Nations (1880–1940). *Relations internationales, 151*, 77.

Droux, J. (2014). From Child Rescue to Child Welfare : The Save the Children International Union Facing World Warfare (1939–1947). *Journal of Modern European History, 12*(3), 377–397.

Dubois, C. (1989). Internés et prisonniers de guerre italiens dans les camps de l'empire français de 1940 à 1945. *Guerres mondiales et conflits contemporains, 39*, 53–71.

Edwards, E. M. (2013). *The wartime experience of the League of Nations, 1939–47* (Thèse de doctorat en histoire). Université de Maynooth. Repéré à http://eprints.maynoothuniversity.ie/7687/

Engel, E., Kennedy, J. & Reynolds, J. (2018). Editorial – the theory and practice of ecumenism : Christian global governance and the search for world order, 1900–80. *Journal of Global History, 13*, 157–164.

Fayet, J.-F. (2015). Le CICR et la Russie : Un peu plus que de l'humanitaire. *Connexe : les espaces postcommunistes en question (s), 1*, 55–74.

Fivaz-Silbermann, R. (2017). *La fuite en Suisse : migrations, stratégies, fuite, accueil, refoulement et destin des réfugiés juifs venus de France durant la Seconde Guerre mondiale.* Université de Genève. Repéré à l'adresse https://archive-ouverte.unige.ch/unige:96640

Fleury, A. (2015). La Société des Nations in *Dictionnaire historique de la Suisse en ligne.* Repéré à http://www.hls-dhs-dss.ch/textes/f/F26468.php.

Grynberg, A. (1991). *Les camps de la honte : les internés juifs des camps français (1939–1944).* Paris : La Découverte.

Haenggeli-Jenni, B. (2017). *L'éducation nouvelle, entre science et militance : Débats et combats à travers la revue* Pour l'ère nouvelle, *1920–1940.* Berne : Peter Lang.

Herrmann, I. (2012). Décrypter la concurrence humanitaire : le conflit entre Croix-Rouge(s) après 1918. *Relations internationales, 151*, 91.

Herrmann, I. (2018). *L'humanitaire en questions : réflexions autour de l'histoire du Comité international de la Croix-Rouge*. Paris : Les Éditions du Cerf.

Hofstetter, R. (2010). *Genève : creuset des sciences de l'éducation : (fin du XIXᵉ siècle – première moitié du XXᵉ siècle)*. Genève : Droz.

Hofstetter, R. (2015). Dans les coulisses du Bureau international d'éducation (1925–1946) : relier le particulier et l'universel pour édifier un « Centre mondial d'éducation comparée ». In J. Droux & R. Hofstetter (Éds.), *Globalisation des mondes de l'éducation : circulations, connexions, réfractions. XIXᵉ et XXᵉ siècles* (pp. 145–168). Rennes : Presses universitaires de Rennes.

Hofstetter, R. & Droux, J. (Éds.) (2015). *Globalisation des mondes de l'éducation. Circulations, connexions, réfractions, XIXᵉ et XXᵉ siècles*. Rennes : Presses universitaires de Rennes.

Hofstetter R. (requérante) & Droux, J. (co-requérante) (2016). « Le Bureau international d'éducation (BIE) : un laboratoire de l'internationalisme éducatif (1919–1952) », Subside FNS N° 100011_169747.

Hofstetter, R. & Mole, F. (2018). La neutralité revendiquée du Bureau international d'éducation. Vers une éducation nouvelle généralisée par la science piagétienne (1921–1934). In X. Riondet, R. Hofstetter & H.-L. Go (Éds.), *Les acteurs de l'éducation nouvelle au xxᵉ siècle. Itinéraires et connexions* (pp. 195–223) Grenoble : Presses universitaires de Grenoble.

Hofstetter, R. & Schneuwly, B. (2013). The International Bureau of Education (1925–1968) : A Platform for Designing a 'chart of World Aspirations for Education'. *European Educational Research Journal, 12*, 215–230.

Hofstetter, R. & ERHISE (à paraître). *Le Bureau international d'éducation, matrice de l'internationalisme éducatif (premier 20e siècle)*. Bruxelles : Peter Lang.

Kovner, S. (2017). A War of Words : Allied Captivity and Swiss Neutrality in the Pacific, 1941–1945. *Diplomatic History, 41*, 719–746.

Mabon, A. (2011). Solidarité nationale et captivité coloniale. *French Colonial History, 12*, 193–207.

Magnin, C. (2002). *Un survol de l'histoire du BIE, de sa fondation en 1925 jusqu'à aujourd'hui*. Exposé présenté à Genève, 49ᵉ Session du Conseil du BIE. Genève.

Moorehead, C. (1993). *Dunant's dream : war, Switzerland and the history of the Red Cross*. London: HarperCollins.

Mylonas, D. (1976). *La Conférence des ministres alliés de l'éducation (Londres 1942–1945) : De la coopération éducative dans l'Europe en guerre à la création d'une organisation internationale*. Bruxelles : E. Bruylant.

Palmieri, D. (2009). Une neutralité sous influence ? : Le CICR, Franco et les victimes. *Revue suisse d'histoire*, 59(3), 279–297.

Pedersen, S. (2007). Back to the League of Nations. *The American Historical Review, 112*(4), 1091–1117.

Pedersen, S. (2015). *The Guardian. The League of Nations and the Crisis of Empire*. Oxford : Oxford University Press.

Renoliet, J.-J. (1999). *L'UNESO oubliée. La Société des Nations et la coopération intellectuelle (1919–1946)*. Paris : La Sorbonne.

Saunier, P.-Y. (2012). La secrétaire générale, l'ambassadeur et le docteur. *Monde (s). Histoire, Espaces, Relations, 1*, 29–47.

Schmidlin, A. (2009). Rodolfo Olgiati. In *Dictionnaire historique de la Suisse (DHS)*, version du 08.09.2011. Repéré à https://beta.hls-dhs-dss.ch/Articles/009050/?language=fr.

Schmidlin, A. (2014). Elsbeth Kasser. In *Dictionnaire historique de la Suisse (DHS)*, version du 08.09.2011. Repéré à https://beta.hls-dhs-dss.ch/Articles/032120/?language=fr.

Tate, H. (2017). Le Comité international de la Croix-Rouge comme architecte du droit international : vers le Code des prisonniers de guerre (1929). *Monde(s), N° 12*, 203–220.

Turcotte, J.-M. (2018). Comment traiter les « soldats d'Hitler » ? la détention des prisonniers de guerre allemands au Canada, aux États-Unis et en Grande-Bretagne (1939–1945) : divergences et enjeux dans les relations interalliées. Repéré à l'adresse : https://corpus.ulaval.ca/jspui/handle/20.500.11794/31744

Chapitre 9
L'Éducation nouvelle
Trajectoires à l'échelle
intercontinentale

António Nóvoa[1]

Résumé La construction de l'Éducation Nouvelle et son influence mondiale ne peuvent être pleinement saisis sans référence aux réseaux internationaux qui se nourrissent à l'échelle intercontinentale.Des personnes venant de tous les continents, de traditions éducatives et culturelles très distinctes, partagent une même volonté de renouveler l'éducation et la pédagogie. Cette diversité est l'une des forces de l'Éducation nouvelle, mais produit aussi une « appropriation » des idées et des principes novateurs à partir de regards filtrés par les différents enracinements.Cet aspect a déjà été mis en lumière par une série de recherches et de travaux menés en Europe et plus particulièrement à Genève. On connaît bien l'impact que le « noyau dur » de l'Éducation nouvelle, notamment les éducateurs rattachés à l'Institut Jean-Jacques Rousseau, a exercé dans le monde.Mais on connaît moins bien le phénomène inverse, c'est-à-dire la façon dont les multiples présences intercontinentales ont influencé le processus historique de production de l'Éducation nouvelle. C'est bien la dimension que nous nous proposons de mettre en lumière dans ce chapitre, dont la réflexion est organisée autour de la trilogie de l'estrangement, l'intercession et la résonance.

Mots clés : Éducation Nouvelle, réseaux transcontinentaux, estrangement, intercession, résonance

---

1   Transcription de la conférence prononcée dans le cadre du Colloque international « Genève, une plateforme de l'internationalisme éducatif au 20e siècle », le 14 septembre 2017. Le texte garde certaines marques d'oralité.

Abstract The construction of Progressive Education and its worldwide influence cannot be fully understood without reference to international networks that sustain themselves on an intercontinental scale. Individuals hailing from all continents, and from very distinct educational and cultural traditions, share a willingness to renew education and pedagogy. This diversity is one of the main strengths of Progressive Education, but also leads to the "appropriation" of innovative ideas and principles through viewpoints that are filtered by various rootings. This aspect has been previously highlighted by a series of studies carried out in Europe, more specifically in Geneva. We are well aware of the impact that the "core actors" of Progressive Education, namely the educators affiliated to the Jean-Jacques Rousseau Institute, made throughout the world. But we possess far less knowledge on the reverse phenomenon, i.e. the way in which multiple intercontinental presences influenced Progressive Education's historical process of production. This is precisely the dimension that we propose to shed light on in this chapter, which thought process is organised around the trilogy of estrangement, intercession and resonance.

Keywords : Progressive Education, transcontinental networks, estrangement, intercession, resonance

> En hommage au Professeur Daniel Hameline, qui m'a appris tout ce que je sais sur l'Éducation nouvelle, et beaucoup plus...

Je me propose ici de lire et relire des matériaux sur l'Éducation nouvelle – que documentent des milliers de recherches – en mettant en lumière un regard qui pense ses *épicentres* à partir du dehors. Mon intention n'est pas de réverbérer un discours produit à l'intérieur de ces centres diffuseurs, parmi lesquels figure Genève, mais plutôt de repérer la présence de l'Éducation nouvelle dans des endroits « lointains ».

Je m'inspire d'un auteur fondamental dans ma trajectoire, Michel Serres, dont *Le tiers-instruit* a le plus marqué ma pensée :

> Partir. Sortir. Se laisser un jour séduire. Devenir plusieurs, braver l'extérieur, bifurquer ailleurs. Voici les trois premières étrangetés, les trois variétés d'altérité, les trois premières façons de s'exposer. Car il n'y a pas d'apprentissage sans exposition, souvent dangereuse, à l'autre. (1991, p. 29).

Ce qui est vrai pour les personnes est vrai aussi pour les idées, pour les mouvements. Il faut partir, se laisser un jour séduire : devenir plusieurs, ce qui n'est possible qu'à travers des processus de *circulation* ; braver l'extérieur, c'est-à-dire affronter la vie grâce à une culture de la *rencontre* ; bifurquer ailleurs, parcourir les multiples chemins dans lesquels se définissent différentes *appropriations*.

La circulation, la rencontre, les appropriations : voilà la trilogie qui organise mon argumentation. Dans un premier moment, introductoire, je reprends une conférence récente, prononcée aux États-Unis, en Atlanta, sur les chemins de la comparaison ou, mieux dit, de l'histoire comparée[2]. Par la suite, sur la base de ce triple geste, je m'arrête sur un « événement » bien connu, le Congrès de Locarno de la Ligue internationale pour l'Éducation nouvelle de 1927. Je me sers de ce congrès comme un « exemple » des trajectoires de l'Éducation nouvelle à l'échelle intercontinentale. Le commentaire final porte sur l'idée de paix comme possible « dénominateur commun » de ce moment de l'internationalisme éducatif.

LES SPATIALITÉS DE L'ESPACE, LES TEMPORALITÉS DU TEMPS

La conférence d'Atlanta avait comme matrice le besoin de penser les différentes spatialités et temporalités qui existent dans l'espace et dans le temps. En effet, il est impossible d'approfondir les histoires connectées, partagées ou croisées, telles qu'elles se sont développées pendant les dernières années, sans une redéfinition des concepts traditionnels, fixes et figés, d'espace et de temps.

Contrairement aux sciences physiques, les sciences humaines et sociales restent renfermées dans une vision « géographique » de l'espace et dans une conception « chronologique » du temps. C'est pourquoi il convient d'identifier les différentes spatialités qui coexistent dans un même espace, afin d'appréhender la multiplicité des « emplacements » à partir desquels se construisent des discours et des identités, aux niveaux personnel et social. Et il nous faut comprendre les différentes temporalités présentes dans un même temps, faute de quoi il est impossible de saisir la complexité des rapports que les personnes et les sociétés entretiennent avec l'histoire.

---

2   La conférence intitulée « Comparative Education Disillusions : Politics and Knowledge » a été prononcée dans le congrès de CIES (Comparative and International Education Society), à Atlanta, le 7 mars 2017 (cf. Nóvoa, 2018).

Ce n'est que dans un tableau que le « proche » et le « lointain » sont physiquement à la même distance de nous. L'interprétation comparée demande des conceptions de l'espace et du temps qui ne soient pas limitées à leurs marges physiques, visibles, « touchables ». Pour construire une pensée historico-comparative, nous devons nous libérer des cartes physiques ainsi que des horloges et des calendriers. L'espace que nous voyons et le temps que nous ressentons ne sont pas suffisants. Il importe de les ouvrir, les multiplier. C'est ce processus de déploiement, de redoublement, qui ouvre la possibilité du geste comparatif.

Ce mouvement est perçu, depuis longtemps, dans l'art ou dans la littérature. Prenons comme seul exemple *Le livre de sable* de Jorge Luis Borges (1978). La ligne est formée par un nombre infini de points, le plan par un nombre infini de lignes, le volume par un nombre infini de plans, l'hypervolume par un nombre infini de volumes… *Le livre de sable* n'a pas de commencement ni de fin, n'a pas la première page, ni la dernière, l'espace et le temps sont infinis.

Ce qui importe dans le travail comparatif, ce ne sont pas les nouveaux « territoires » à découvrir, mais la possibilité de regarder autrement ce qui est déjà connu. Sans un redoublement spatial et temporel, nos interprétations se limiteraient à reproduire une vision homogène, uniformisée, qui interdit tout effort de comparaison. Roland Barthes l'a écrit dans un commentaire précis : « il n'y a de science que de la différence » (1975, p. 164).

Je ne prétends pas approfondir ce débat, mais il est utile de continuer avec Barthes quand il affirme, contrairement au dit populaire, que *Comparaison est raison* :

> Il n'invente pas, il ne combine pas, il translate : pour lui, comparaison est raison : il prend plaisir à *déporter* l'objet, par une sorte d'imagination qui est plus homologique que métaphorique (on compare des systèmes, non des images). (1975, p. 62).

Oui, des systèmes, non des images, non des faits. Mieux dit : des systèmes en tant que problèmes localisés, délocalisés et relocalisés en différents espaces-temps, en différentes spatialités et temporalités. Voilà le geste qui permettra d'approfondir nos approches historiques connectées ou croisées. La comparaison n'existe que dans la différence.

Pour cela – et c'est bien ce que je veux souligner – il convient de multiplier le geste de Barthes en trois autres : *l'estrangement, l'intercession* et *la résonance*. C'est la trilogie qui organise ma réflexion.

Commençons par *l'estrangement*, au sens qui lui confère Carlo Ginzburg (2001) : « il straniamento »[3].

Prendre des distances. S'éloigner de ce qui nous paraît familier. Acquérir d'autres yeux. Voilà le véritable voyage de la compréhension. D'abord, il faut oublier qu'on connaît, il faut mé-connaître, pour ensuite re-connaître. Si on connaît déjà tout, on se limite à projeter nos regards sur ce qui existe ailleurs. Nos yeux ne feront que répéter ce que nous savons déjà. Ils amalgament. Ils n'ouvrent pas, ils n'œuvrent pas à la connaissance. C'est l'exercice de l'ignorance : répéter, projeter, au lieu de voir, de re-voir, de connaître avec les yeux de cent autres. L'histoire comparée n'existe qu'à partir d'un point de vue « estrangeant » sur le monde. Si nous plaçons notre regard uniquement à l'intérieur des « épicentres » de l'Éducation nouvelle, nous serons incapables de saisir la complexité d'un mouvement qui se définit, avant tout, par les rapports entre différentes spatialités et temporalités.

Continuons par *l'intercession*, au sens que lui donne Gilles Deleuze. D'autres en ont parlé, de Foucault à Serres, mais je retiens pour ma part trois passages de Deleuze :

> Il ne s'agissait plus de partir, ni d'arriver. La question était plutôt qu'est-ce qui se passe *entre* ? (1990, p. 165).
>
> Ce qui est essentiel, c'est les intercesseurs. La création, c'est les intercesseurs. Sans eux il n'y a pas d'œuvre. […] On travaille toujours à plusieurs, même quand ça ne se voit pas » (p. 171).
>
> Alors, aux fictions préétablies qui renvoient toujours au discours du colonisateur, opposer le discours de minorité, qui se fait avec des intercesseurs (1990, p. 172).

---

3 « Le mot *estrangement* n'existe pas dans le français contemporain. Ginzburg utilise en italien le mot *straniamento*, qui est en réalité un calque du russe *ostranienie*, dans le titre du premier essai de son ouvrage. Cependant, le mot *estrangement*, utilisé par le traducteur français de Ginzburg, n'est pas un simple calque de l'italien puisqu'il existe en Moyen Français. *Le Trésor de la langue françoise de Jean Nicot* (1606) enregistre en effet le verbe *estranger*, à savoir séparer et mettre hors de soi quelque chose, et la réduire en respect et condition de chose étrange » (Landi, 2013, p. 10).

D'abord, l'influence de ce qui est *entre* ou, pour revenir à notre question, l'importance du dialogue entre les centres et les périphéries de l'Éducation nouvelle. Les pôles sont importants, personne n'en doute, mais les flux entre eux ne le sont pas moins. Après, le rôle des intercesseurs, car, bien que cela ne se voit pas, les discours de l'Éducation nouvelle ne sont pas faits uniquement d'émetteurs et de récepteurs, mais aussi d'interactions qui définissent une « communauté d'affiliations » même avec leurs divergences et dissemblances[4]. Finalement, la critique aux fictions préétablies, dans ce cas aux thèses élaborées dans les « épicentres », sous peine d'une répétition des mêmes dichotomies et manières de penser, c'est-à-dire des mêmes rapports de pouvoir entre « créateurs » et « créatures ». Voilà mon deuxième geste, expliqué à travers Deleuze. Faire de l'histoire croisée n'est possible qu'en valorisant l'intercession.

Et pour conclure cette introduction, *la résonance*, telle que présentée par Pierre Torreilles : « Écouter l'écriture du silence, c'est mettre en scène les stances faisant résonner l'absence » (2004, p. 8). L'expression est forte pour expliquer que la résonance nécessite un espace ou, mieux dit, un *espacement*, selon Jacques Derrida (1967), qui affecte aussi bien l'espace que le temps. Mais résonance n'est synonyme ni de retentissement ni de répercussion.

Nous nous posons la question de savoir comment les événements éducatifs résonnent dans le monde, même dans les espaces-temps qui semblent « absents » des centres. Comment les sons se propagent-ils dans le monde, dans différents milieux et à différentes vitesses, tout en sachant que les « ondes sonores » n'arrivent pas avec la même intensité partout ? Dans certains cas, il s'agit uniquement d'entendre « le poème ». C'est la résonance. Mais il arrive que « le poème » soit approprié et devienne nôtre. C'est le retentissement (Bachelard, 1957).

---

4   La contribution de R. Latała (chapitre 7) en témoigne, démontrant comment les pédagogues polonais se réapproprient des théories et pratiques pédagogiques initiées en d'autres contrées du globe, et tout à la fois comment certains d'entre eux, des femmes notamment, contribuent à la circulation des savoirs et à la construction d'organismes internationalistes dans le champ éducatif (non seulement en Pologne mais aussi à Bruxelles, à Paris, à Genève).

Des ondes sont absorbées et durent dans un certain espace-temps, tandis que d'autres sont réfléchies et partent ailleurs ou retournent à la source, interférant et transformant l'émetteur. Nous sommes devant des répercussions qui touchent différents lieux, dans un jeu d'influences parfois inattendues. Alors, on peut parler d'entrer en résonance, ce qui oblige, comme ce fut le cas de l'Éducation nouvelle, à un effacement des différences au profit d'un consensus mou. On s'approprie des mêmes mots, brandis comme des drapeaux, pour prendre des positions très différentes.

À partir de ces trois gestes – *l'estrangement, l'intercession, la résonance* – il est possible de penser l'Éducation nouvelle dans ses trajectoires intercontinentales. Voilà ce que je vais essayer de faire à partir d'un « évènement », le Quatrième Congrès de la Ligue internationale pour l'Éducation nouvelle, qui se tient à Locarno, en 1927.

LE CONGRÈS DE LOCARNO DE 1927

À Locarno se réunissent quelque 1 200 personnes : « Ce n'étaient point des politiciens, des diplomates, des avocats, des faiseurs de phrases. C'étaient de modestes instituteurs, des chercheurs, des idéalistes pratiques, des psychologues et, parmi eux, plusieurs Ministres de l'Instruction publique », nous dit Adolphe Ferrière (1927a, p. 262), lui-même un « faiseur de phrases » pas toujours très précises.

En effet, ce n'est pas tout à fait vrai. Les coûts de participation au congrès n'autorisent pas une présence significative des « modestes instituteurs », comme le reconnaissent les organisateurs en créant un fond spécial qui ne résout pas le problème : « En raison des conditions susmentionnées, il est presque impossible pour les enseignants de certains pays européens d'assister à la Conférence sans une aide financière ». (Brochure du Congrès de Locarno, publiée par *The New Education Fellowship*, 1927, p. 4).

Cela n'empêche pas la réunion d'un groupe important d'éducateurs, dans une atmosphère conviviale, mélangeant le sérieux des conférences avec des moments de musique et de loisir. Adolphe Ferrière parle d'un « air de famille », affirmant même que le mot « tribu » serait plus juste (1927a, p. 262).

Si j'étais le Professeur Daniel Hameline, en ce moment, je me serais mis à l'orgue et je jouerais, avec vous tous, les chansons entonnées en

chœur par les participants durant le Congrès. Mais, je n'ai pas son talent.
Je reste sur la récitation[5] :

> Dans la ville de Locarno il y avait un grand Congrès.
> Il y avait des conférences en allemand et en anglais.
> On discutait le problème d'avoir de la Liberté.
> L'Institut et ses élèves aimaient mieux de se baigner.
> Oh Locarno qu'il est beau.
> Oh son Congrès qu'il me plaît.
> On se baignait tous les jours.
> Je m'en souviendrai toujours.

On sait d'où viennent les participants. La cartographie des présences est
facile à établir. En voici les pourcentages approximatifs :

- Plus de la moitié des participants (autour de 52 %) viennent du centre
  de l'Europe, avec une forte présence d'Allemands et de Suisses (environ 40 % du total) ;
- Presque un cinquième (autour de 17 %) arrivent de l'Amérique
  du Nord ;
- Il y a une significative participation du Royaume-Uni (15%) et de la
  Scandinavie (8 %), ainsi qu'une faible participation française (4 %).

Le tout représente environ 96 % des participants. Le reste s'étale sur
une série de pays et de continents, dont l'Inde, le Japon, la Chine, l'Australie, la Nouvelle-Zélande, la Turquie, l'Afrique du Sud, l'Espagne, le
Portugal, l'Amérique du Sud (Brésil, Argentine, Pérou, etc.). La carte est
assez parlante sur les noyaux durs de l'Éducation nouvelle : l'axe Alle-
magne-Suisse, les États-Unis, le Royaume-Uni[6].

   Ces noyaux sont encore plus clairs en ce qui concerne les 19 personnalités mises en évidence dans la brochure du Congrès : 12 viennent
de la Suisse et de pays proches (Allemagne, Autriche, Belgique, Italie),

---

5   Les musiques chantées à Locarno, ainsi qu'une collection de photographies,
    sont annexées au rapport du Congrès présenté par Laura Lacombe à l'Asso-
    ciation Brésilienne d'Éducation (1927).
6   Voir les comptes rendus du Congrès publiés dans la revue *Pour l'ère nouvelle*,
    n° 31 et n° 32, 1927.

4 des États-Unis d'Amérique et 3 de l'Angleterre[7]. Après la présentation de ces noms, les organisateurs ressentent le besoin d'inclure une
observation, presque une excuse, étant donné l'ambition mondiale du
Congrès : « Contrairement à la pratique habituelle, le Comité d'organisation n'a pas cherché à trouver un conférencier dans chaque pays ;
les orateurs ont plutôt été invités en raison de leurs qualifications par
rapport au thème spécifique du Congrès »[8].

Pour ce qui est de ce chapitre, je vais me concentrer sur la réverbéra-
tion de l'Éducation nouvelle à l'échelle intercontinentale (les États-Unis,
l'Amérique du Sud, l'Afrique) et aux périphéries européennes (le Portugal, la Turquie, etc.). Mon intérêt ne porte pas sur un discours construit
à l'intérieur de l'Éducation nouvelle, dans son centre géographique et
politique, mais plutôt sur la manière dont elle est perçue et mobilisée
en dehors du contexte européen et de son épicentre, Genève. Mais je
ne tenterai pas, non plus, de voir comment ces appropriations « péri-
phériques » finissent par avoir des conséquences dans la perception de
l'Éducation nouvelle dans ses emplacements traditionnels.

L'estrangement

À Locarno, on parle de l'Éducation nouvelle comme si on parlait tous la
même « langue », mais ce n'est pas vrai. Dans son rapport sur le Congrès,
l'éducateur portugais Álvaro Viana de Lemos écrit :

> La diversité des langues n'a guère gêné les travaux du Congrès. Les demi-
> mots, pour ainsi dire, suffisaient à transmettre nos pensées, si identifiés
> nous étions tous, car on partageait les mêmes idéaux et aspirations d'amour
> et de beauté. (1927, p. 9).

La phrase est belle, mais les différents espaces-temps la contredisent.
Ainsi, dans les paragraphes suivants, Lemos s'interroge – à vrai dire,

---

7   Selon l'ordre de présentation dans la brochure : Alfred Adler, Pierre Bovet,
    M. Boschetti-Alberti, Ovide Decroly, Paul Dengler, Beatrice Ensor, Adolphe
    Ferrière, Basil Gimson, Marietta Johnson, G. Lombard-Radice, J. Mackinder,
    Paul Otlet, Wilhelm Paulsen, Giuseppina Pizzigoni, Elisabeth Rotten, Car-
    son Ryan, Carleton Washburne, Karl Wilker et Lucy Wilson.
8   Brochure du Congrès de Locarno, publiée par *The New Education Fellowship*,
    1927, p. 3. Archives Unesco, Paris.

il s'indigne – du prix des mensualités imposées par les « écoles nouvelles » qu'il a visitées, notamment en compagnie d'Adolphe Ferrière.
Est-ce que tout ceci est fait pour la bourgeoisie[9], se demande-t-il. Et les
écoles publiques ? Et les systèmes publics d'éducation ?

La question mérite d'être posée, car, dans son rapport sur le
Congrès, Ferrière divise les participants en deux catégories : ceux qui
appartiennent aux « écoles nouvelles » (privées) et ceux qui appartiennent aux « écoles rénovées » (publiques) (1927a, p. 263). Ce n'est pas
un simple détail linguistique. Pour lui, les écoles nouvelles s'adressent
à la formation d'une élite dans des écoles privées, libérées de l'emprise
de l'État qui, « trop souvent », dit-il, « écrase l'individualité et décourage
les initiatives » dans les pays latins (1927b, p. 211).

D'ailleurs, ce thème est déjà présent dans la *Charte de l'Éducation
nouvelle*, les fameux trente points d'une école nouvelle type, publiée,
pour la première fois en 1915, dans l'ouvrage de Faria de Vasconcellos, le
portugais, directeur de l'école nouvelle de Bierges-les-Wavre, qui s'était
exilé chez Ferrière à la suite de l'offensive allemande en Belgique. Les
trois premiers points sont clairs :

1. L'école nouvelle est un *laboratoire de pédagogie pratique*. Elle cherche à
    jouer le rôle d'éclaireur ou de pionnier des écoles d'État.
2. L'École nouvelle est un *internat*.
3. L'École nouvelle est située à la *campagne*. (Ferrière, 1915, pp. 9–10).

Traduction : ce sont des écoles expérimentales, presque toujours privées, pourvues de bonnes conditions, lesquelles, plus tard, verseront
les résultats de leurs découvertes sur les systèmes publics d'éducation.
Cette vision ne convient pas à la plupart des participants qui viennent de
l'extérieur des épicentres européens (Allemagne – Suisse et Grande-Bretagne).

L'estrangement de Ferrière vis-à-vis des autres pays est le même
estrangement des ressortissants de ces pays vis-à-vis des positions de
Ferrière. On va *s'estranger* les uns aux autres, obligeant à intégrer, de part
et d'autre, des points de vue qui n'étaient pas là au départ. Ferrière ne

---

9   Nous retrouvons ici des critiques émises par certains mouvements ouvriers
    et syndicats enseignants, dont les positions sont examinées respectivement
    par C. Heimberg et F. Mole.

peut pas ignorer ces autres contextes, puisqu'il en a besoin pour nourrir son ambition d'être reconnu comme le chef de file de l'Éducation nouvelle dans le monde[10]. La périphérie agit sur le centre.

Mais l'estrangement le plus important arrive avec la délégation nord-américaine. On prononce les mêmes mots, mais on ne dit pas la même chose. Il suffit de lire les textes publiés par Carson Ryan, Harold Rugg, Carleton Washburne ou Lucy Wilson, les orateurs officiels du côté nord-américain, pour s'en rendre compte (*Pour l'ère nouvelle*, n° 31, 1927, pp. 194–201). La préoccupation de ces intervenants se rapporte avant tout à l'éducation publique, aux écoles normales, à l'enseignement pour tous. Citons, uniquement, Lucy Wilson, de Philadelphie, qui commence par expliquer que dans plusieurs États nord-américains l'instruction est obligatoire jusqu'à 18 ans. Ceci en 1927. Et elle ajoute :

> Aux États-Unis (et dans aucune autre partie du monde) l'instruction publique compte également 4 années supplémentaires d'instruction secondaire entièrement gratuite – les livres mêmes y sont compris – et, dans plusieurs États et Municipalités, 4 années d'enseignement gratuit dans un collège. (1927, p. 199).

C'est pourquoi Lucy Wilson revendique ce qu'elle appelle une « philosophie américaine de l'éducation » :

> Bien certainement nous ne l'avons pas rapportée du vieux monde ; elle consiste en ceci : *C'est le devoir de l'État d'offrir à chaque enfant des chances égales* ; c'est-à-dire, en qualité et en quantité, toute l'éducation qu'il peut assimiler : instruction primaire obligatoire, instruction secondaire et gratuite pour tous, instruction universitaire pour tous. Tel est notre idéal. (1927, p. 200, souligné dans la source).

C'est au service de cet idéal, et non comme « expériences isolées », « exemplaires », que les nord-américains imaginent leur présence dans le mouvement de l'Éducation nouvelle. Et l'on pourrait rappeler ici l'expérience de John Dewey, au Japon et en Chine, en Russie et au Mexique, en Turquie, à tant d'endroits autour du monde. Mais c'est toute une

---

10 On le perçoit particulièrement bien dans les pages de son Journal et lors de ses voyages à l'étranger, notamment en Amérique latine, qu'aborde le chapitre 2 de cet ouvrage.

autre histoire… (Popkewitz, 2005). Restons sur ceux et celles qui sont présents à Locarno.

C'est bien cette réalité qui explique celle qui est, peut-être, l'observation critique la plus acide adressée à l'Éducation nouvelle, rédigée par Hannah Arendt en 1954 (elle pensait justement à la période entre le Congrès de Locarno, 1927, et le Congrès de Nice, 1932, de la Ligue Internationale pour l'Éducation nouvelle) :

> Or, en ce qui concerne l'éducation, il a fallu attendre notre siècle pour que l'illusion provenant du pathos de la nouveauté produise ses conséquences les plus graves.
>
> Tout d'abord, elle a permis à cet assemblage de théories modernes de l'éducation, qui viennent du centre de l'Europe et consistent en un étonnant salmigondis de choses sensées et d'absurdités, de révolutionner de fond en comble tout le système d'éducation, sous la bannière du progrès de l'éducation.
>
> Ce qui, en Europe, était resté une expérience tentée çà et là dans de rares écoles et dans les institutions isolées, puis étendant peu à peu son influence à certains secteurs, a, en Amérique, complètement bouleversé et pour ainsi dire du jour au lendemain, il y a de cela vingt-cinq ans, toutes les méthodes traditionnelles d'enseignement. (1989, p. 229).

Comprendre l'internationalisme de l'Éducation nouvelle n'est pas, uniquement, comprendre le rayonnement de ces idées « qui viennent du centre de l'Europe », c'est plutôt essayer de comprendre les différentes spatialités et temporalités où elles se définissent et se développent, notamment à l'extérieur du centre européen.

L'INTERCESSION

Comprendre l'internationalisme éducatif et ses plateformes, dont Genève, nous amène d'emblée à penser que les « plateformes vastes », c'est-à-dire basées sur des consensus mous, risquent de devenir des champs d'incompréhension et même de discorde.

Dans sa chronique du Congrès, Adolphe Ferrière se réjouit du fait que les participants « ont vibré aux mêmes accents, ils se sont indignés des mêmes abus de l'École traditionnelle » (1927a, p. 262). La critique à l'école traditionnelle reste le « dénominateur commun » à Locarno. Mais est-ce suffisant ? On utilise les mêmes mots, mais veut-on dire la même chose ?

Les intercesseurs sont absolument nécessaires. Sans eux, il n'y a pas d'œuvre, nous dit Deleuze : « l'important n'a jamais été d'accompagner le mouvement du voisin, mais de faire son propre mouvement » (1990, p. 171). Les intercesseurs sont présents à Locarno : d'une part, ce sont les organisateurs qui rédigent l'invitation au Congrès pour discuter du thème *Que faut-il entendre par liberté en éducation ?*[11] ; d'autre part, ce sont les participants qui proviennent de plusieurs contrées du monde.

Les termes employés dans la circulaire annonçant le Congrès sont clairs : « Il faut que les éducateurs étudient l'art de la liberté authentique qui n'a rien de commun avec la licence, mais résulte du contrôle intérieur de la raison » (Thaker, 1927, p. 208). La liberté c'est le contrôle intérieur de la raison, se contrôler soi-même, dira Pierre Bovet (1927). Elisabeth Rotten explique que c'est « par amour pour la liberté que nous devons aspirer aux limitations » (1927, p. 180). C'est le thème de la liberté et de la responsabilité qui revient à chaque intervention, car « c'est l'organisation qui rend la liberté possible » (Wilson, 1927, p. 200) et « liberté n'est pas synonyme d'anarchie » (Washburne, 1927, p. 199). On retiendra les mots de M.B.T. Thaker, de l'Inde, qui parle du « contrôle intérieur » : « La vraie liberté réside dans la complète domination de soi-même, intérieure et extérieure » (1927, p. 209).

Pour Ferrière il n'y a pas de liberté sans discipline. Il termine une de ses contributions à la veille du Congrès avec une citation biblique, « religio est libertas » (1927c, p. 141). Et c'est avec un geste semblable qu'il conclut son rapport du Congrès de Locarno : « Nous pouvons donc résumer l'effort de libération en ces termes : Aime et travaille. Dieu fera le reste » (1927d, p. 210). Voilà le résultat de presque deux semaines de travaux « scientifiques » et « pédagogiques ». Je présente une caricature. Bien sûr. Mais, parfois, il faut bien une caricature pour nous aider à prendre des distances. Est-ce une plateforme possible ? Est-ce que la « tribu » de l'Éducation nouvelle se reconnaît dans ces mots de clôture du Congrès de Locarno ?

La question ne doit pas être évitée. Regardons de l'autre côté de l'Atlantique : l'Amérique du Sud, le Brésil.

La représentante brésilienne est Mademoiselle Laura Lacombe. Catholique, elle a étudié à l'Institut Jean-Jacques Rousseau. Elle ne passe

---

11 Le nom officiel du Congrès en anglais est quelque peu différent : *The true meaning of freedom in education.*

pas inaperçue à Locarno. Le film sur les écoles de Rio de Janeiro est un grand succès et, de plus, Laura Lacombe semble avoir été l'une des photographes les plus actives pendant le Congrès. Dans son rapport, présenté à l'Association Brésilienne d'Éducation, elle se fait le relais des propos entendus à Locarno, en arrivant à une curieuse conclusion : « Pour être efficaces, les méthodes nouvelles doivent être adaptées à notre race, car, si elles ne sont pas bien employées, elles seront même néfastes. Si la liberté n'est pas bien maîtrisée, on tombe dans l'anarchie, ce qui est peut-être pire que l'ancienne discipline » (1927, pp. 11–12).

La conclusion peut surprendre, car tout le Congrès est organisé « contre » l'éducation traditionnelle. Et pourtant, face à d'éventuelles « déviations », Laura Lacombe n'hésite pas à conclure qu'il vaut mieux « l'ancienne discipline ». On ne s'étonnera pas que cette vision provoque des différends et des conflits. Le puissant mouvement éducatif brésilien, progressiste, qui publie, quelques années plus tard, le *Manifeste des Pionniers de l'Éducation Nouvelle*, ne se reconnaît point dans cette vision. Il n'y a pas d'intercession sans conflit.

Ce que je veux dire – et ceci est crucial dans mon argumentation – est que l'*intercesseur* de Deleuze (1990) est aussi l'*intercepteur* de Serres (1980). Celui qui intercède (qui communique, qui facilite, qui transporte) est aussi celui qui intercepte (qui arrête, qui entre en désaccord, qui modifie). Sans cette compréhension, nous n'avancerons pas dans nos conceptions comparées et historico-comparatives.

Depuis quelques années, le champ de la comparaison semble porté par les perspectives de dématérialisation de l'espace, comme si tout pouvait être traduit en flux, communications, mélanges, hybridités, réseaux… Ces études tendent à souligner la fluidité, en l'envisageant comme « fluctuation », c'est-à-dire quelque chose qui fluctue dans un espace délocalisé, déraciné.

C'est pourquoi il est important de ramener à notre débat des contributions récentes, d'anthropologues ou géographes, comme Anna Tsing ou Tim Cresswell. Tsing (2005) explique que, sans friction, il n'y a pas de mouvement. Pour qu'on puisse marcher il faut avoir frottement (friction) entre nos chaussures et le sol, sinon on serait condamné à un glissement sans fin et le mouvement serait impossible. De même, Cresswell (2006) souligne que, sans turbulence, il n'y a pas de mobilité. La turbulence, notamment sociale, ne doit pas être considérée comme une rupture, un disfonctionnement, une panne, mais comme un moment de potentielle créativité, où de nouvelles réalités peuvent émerger. Les moments de turbulence rendent visibles des dimensions qui, autrement, seraient restées inaperçues, invisibles.

Ces deux mouvements sont essentiels pour ouvrir des possibilités nouvelles au travail comparé en éducation. Nous ne pouvons pas nous renfermer dans une vision purement physique de l'espace, ni dans un monde d'une fluidité sans fin. Comprendre c'est localiser, positionner, permettre qu'on se positionne. Il n'y a pas de comparaison sans une pensée historique, pas une histoire des choses, mais une compréhension historique de la façon dont l'éducation opère en différentes spatialités. Les intercessions qui se produisent à Locarno révèlent bien que tout mouvement a besoin de « fabriquer ses intercesseurs » (Deleuze, 1990, p. 171).

LA RÉSONANCE

De l'espace vers les spatialités. Du temps vers les temporalités.

Nous assistons, aujourd'hui, à une compression du temps, un temps que nous pensons perpétuel, un temps vide, un temps *sans* temps. Une grande partie du travail comparé tombe dans cette illusion. C'est pourquoi nous devons « déplier » le temps, le « déballer », accéder à la compréhension de la turbulence des événements dans sa connexion avec les processus de longue durée. L'éducation – explique René Rémond – c'est même la très longue durée :

> L'enseignement se range assurément dans la longue durée : peut-être même conviendrait-il de constituer pour lui une catégorie spéciale, de la très longue durée où il se retrouverait avec le travail des champs, ou l'exercice de la justice. (1981, pp. 28–29).

De cette façon, nous pourrons comprendre la résonance des événements dans différentes temporalités en ouvrant de nouveaux champs de compréhension. Il n'y a pas de résonance sans turbulence, sans interruption. Un temps continu est un temps sans histoire, un temps de répétition, sans invention, sans nouveauté, sans création.

Il est impossible de ne pas penser à Marshall McLuhan, quand il écrit, en 1974, que « l'instant et le simultané n'ont pas de séquence ni de connexion, mais sont caractérisés par des intervalles de résonance et des discontinuités », en précisant que « l'action est dans l'écart ou l'intervalle » (1974, p. 29). À nous d'ajouter : la compréhension est dans les moments d'interruption ou de césure.

Si nous n'inscrivons pas notre pensée dans le temps, nous ne comprendrons rien aux phénomènes éducatifs. Mais cette inscription ne peut pas nous fermer dans un temps physique, chronologique. Cette inscription est notre friction, notre traction pour sortir d'une pensée vide, inutile et répétitive. En capturant les différentes temporalités qui existent dans le temps, nous échappons à une comparaison vaporeuse et glissante, qui nous interdit la connaissance et la compréhension.

À cet égard, il est bon de revenir à une réflexion de Nikolas Rose sur les « colonies », dans son ouvrage, déjà classique, *Powers of freeedom*. L'auteur soutient que les expériences coloniales fournissent des exemples très riches, des leçons salutaires, des métaphores et des techniques de gouvernement utiles à la « métropole » :

> Given the geographical distance between the colonies and the metropolitan European centers, government was inescapably 'at a distance' in a rather literal sense. That is to say, to govern the colonies it was necessary to shape and regulate the practices of self-government of those who would govern : the colonial administrators and the colonists themselves. (1999, p. 111).

Il y avait une liberté pour expérimenter qui, souvent, n'existait pas dans les métropoles. Et cette liberté avait un retour sur le « centre », contribuant à sa redéfinition. Ainsi, conclut Rose, « In the process, the very character of Europeanness was being defined ; so too were the characteristics of a new style of governing. » (1999, p. 111).

La contribution de Rose est essentielle pour bien comprendre la présence à Locarno de participants provenant d'Afrique et d'Asie et leur contribution au mouvement de l'Éducation nouvelle. Quand on se retrouve, ensemble, dans la « plate-forme », la forme-plate de Genève (ou de Locarno), cette forme est un lieu de rencontre entre le « centre » (les centres) et les « périphéries ». Ce qui se passe ne résonne pas de la même manière dans les différentes « temporalités » qui marquent chacun des contextes sociaux et politiques.

Cette résonance n'est pas à sens unique. Les expériences qui se font dans plusieurs espaces « coloniaux » sont, à beaucoup d'égards, beaucoup plus libres, et audacieuses, que les expériences « métropolitaines ». Des gens comme Ferrière, ou Dewey, sont obligés d'intégrer dans leur travail, et dans leurs projets, les résonances qui viennent d'autres espaces-temps.

L'*épicentre* ne se construit pas uniquement de l'intérieur. Il se définit aussi, peut-être même surtout, à partir de l'extérieur. Autrement dit : ne pensons pas uniquement en termes de propagation ou de rayonnement, mais retenons aussi l'impact du retour des ondes qui sont originaires des territoires lointains[12].

En lisant les documents du Congrès, ainsi que des rapports rédigés par les participants à l'intention des autorités de leurs pays, une conclusion semble s'imposer : contrairement à ce qu'ils disent – et comment pourraient-ils en dire autrement ? – la préoccupation principale à Locarno n'est pas de connaître ce qui se fait dans le monde, ni d'avoir accès à des idées ou à des expériences originales. Non. L'objectif de l'ensemble des participants est d'obtenir une légitimation de leur action.

Dans l'épicentre, des gens comme Ferrière sont bien conscients de l'importance « d'une vague d'opinion publique toujours grandissante ». Ils ont besoin de cette légitimité qui leur advient des 1 200 congressistes provenant de plus de 40 pays et de leur capacité à propager cette « véritable fraternité de croyants, liés par une sorte de religion supérieure et humaine, qui est basée sur la vérité, la science, l'avenir et l'enfant » (Lemos, 1927, p. 9).

À l'inverse, chacun des congressistes cherche à Locarno une légitimité accrue pour agir dans son pays. Les rapports produits attirent l'attention des autorités nationales pour ce « mouvement éducatif international » et l'urgence de le diffuser partout. À l'image de Laura Lacombe, du Brésil, qui parle des amis de Locarno pour parler d'elle-même et de l'importance de mettre en œuvre ces méthodes au Brésil : « c'est un programme d'un idéal très noble et les gens qui s'y sont consacrés sont de véritables apôtres, car non seulement ils prêchent ces idées, mais ils sont aussi des exemples vivants du renoncement de leur vie à la mise en pratique de cet idéal » (1927, p. 6).

Voilà ce qui se joue à Locarno : un double processus de légitimation. Pour le comprendre, il faut bien écouter les différentes résonances, la manière dont les uns et les autres entrent en résonance, même si rien n'autorise à homogénéiser leurs regards. Si l'attention n'est pas portée sur

---

12 Les études de cas proposées dans ce volume par J. Goodman (chapitre 3) sur les réseaux bahá'ís et par R. Latała (chapitre 7) sur le mouvement pédagogique polonais en témoignent.

les différentes spatialités et temporalités qui traversent les débats et les rencontres, aucune comparaison ne sera possible. En Europe. Certaine-ment. Mais aussi dans les trajectoires intercontinentales de l'Éducation nouvelle.

La Paix comme dénominateur commun ?

Trop souvent, l'Éducation nouvelle a fait l'objet d'une vision uniformisée, soit pour rehausser ses idéaux, soit pour dénigrer ses pratiques et accom-plissements. Dans ce texte, j'ai emprunté le chemin inverse, cherchant à « désamalgamer » une réalité qui ne peut être comprise qu'à partir des différences.

C'est le triple geste de l'estrangement, de l'intercession et de la réso-nance.

L'estrangement, car il faut s'éloigner, prendre des distances, ne pas répéter les mêmes idées, *ad nauseam*, si l'on veut comprendre les tra-jectoires de l'Éducation nouvelle. L'intercession, c'est-à-dire la capacité d'identifier les différents intercesseurs et surtout la manière dont ils se situent en différentes spatialités et produisent des échanges dans tous les sens. La résonance des idées et des propos, des pratiques et des poli-tiques, en différentes temporalités, donnant lieu à des appropriations qui, souvent, placent les membres de la « tribu » aux antipodes les uns des autres. Voilà les trois entrées qui peuvent aider à mieux comprendre les plateformes de l'Éducation nouvelle et leurs trajectoires à l'échelle intercontinentale.

L'ensemble de ma démarche pourrait être métaphoriquement illus-trée par un passage bien connu de *La prisonnière* de Marcel Proust :

> Le seul véritable voyage ce ne serait pas d'aller vers de nouveaux paysages, mais d'avoir d'autres yeux, de voir l'univers avec les yeux d'un autre, de cent autres, de voir les cent univers que chacun d'eux voit, que chacun d'eux est. (1923, p. 69).

Voir ces univers, tous ces univers, n'est possible que dans le cadre d'une grande liberté. C'est toujours la liberté qui nous réunit. C'était la liberté en éducation, en 1927, à Locarno. C'est la liberté de penser qui nous ras-semble ici, pour discuter l'internationalisme éducatif. De Genève vers le monde. Et vice-versa.

C'est vrai que, contrairement aux déclarations de ses figures de proue, l'Éducation nouvelle est un mouvement plus totalisé que totalisateur, c'est-à-dire qu'il est plus la conséquence de la modernité sociale que la cause productrice d'une réalité nouvelle. Et pourtant, les discours de l'Éducation nouvelle se construisent toujours autour d'une idée régénératrice qui a pour base l'enfant et son éducation. À Locarno, très naturellement, c'est la recherche de la paix qui traverse tous les esprits. Il y a des références permanentes à la Société des Nations ou au Bureau international d'éducation, ainsi qu'aux Accords de Locarno, signés en 1925 en complément au Traité de Versailles.

La comparaison entre ces Accords et l'ambiance éducative qui se vit au Congrès de 1927 apparaît dans les textes et dans les interventions de plusieurs participants, pour souligner que la véritable paix ne sera atteinte que par l'éducation.

Citons, avant tout, Arthur Sweetser, directeur-adjoint au secrétariat de la Société des Nations, quand il explique qu'une seconde « conférence de Locarno » vient d'avoir lieu dans le même cadre historique où Chamberlain, Briand et Stresemann se sont rencontrés pour élaborer la nouvelle charte de la paix du monde, mais cette fois-ci pour jeter les bases d'une nouvelle charte d'éducation libérale et progressiste : « Vouloir cela, c'est commencer la réforme par la base même de l'humanité, par l'enfant et par la famille, à un âge où le caractère est généralement donné pour la vie entière, c'est assurer la base sur laquelle MM. Chamberlain, Briand et Stresemann pourront ensuite construire leur édifice » (1927, p. 166).

De même, Álvaro Viana de Lemos, dans son rapport du Congrès, que la « Locarno des diplomates » devenait, maintenant, la « Locarno des éducateurs » :

> Les diplomates ont l'habitude de construire dans le sable leur pacifisme, leur fraternité ! Il était absolument nécessaire de jeter des bases de ciment pour le travail que l'humanité attend impatiemment : c'est ce que nous avons essayé de faire à Locarno, en y apportant, par la voix des enseignants, la sincérité et l'esprit des enfants du monde entier. (1927, p. 4).

Rappelons alors – pour terminer – que dans cette même année, 1927, le Prix Nobel de la Paix est décerné à un éducateur d'une génération antérieure à celle de Locarno, « un très ancien ami de l'Éducation nouvelle ». Âgé d'une trentaine d'années de plus que les figures de proue de la Ligue Internationale pour l'Éducation Nouvelle, Ferdinand Buisson

(1841–1932) a produit un *Dictionnaire* (1880–1887, 1911) qui, dans un certain sens, pose les bases sur lesquelles l'Éducation nouvelle se déploiera.

Dans son discours d'acceptation du Prix Nobel, il cite le secrétaire-général de l'association des enseignants allemands : « Nous ne serions pas des disciples de Pestalozzi, ni même du Christ, si nous ne croyions pas que notre premier devoir est d'éduquer les jeunes au concept de paix, qui est en même temps le concept de loi et d'ordre, et de liberté… » (1928, p. 42). Il le fait pour saluer les efforts de coopération internationale des associations d'enseignants, pour souligner l'importance de l'action en faveur de l'internationalisme éducatif. Voilà comment Buisson termine son discours :

> How could the Nobel Institute fail to encourage so worthy an effort ? It cannot be unaware of the help contributed all over the world by the humble army of peace, whose first-line soldiers are those who first influence the young. (1928, p. 43)[13]

Il y a, peut-être, un « dénominateur commun » à Locarno. C'est la paix, l'éducation à la paix, la paix à travers l'éducation. Mais cela ne durera qu'un instant. Bientôt, c'est encore la guerre. « Sur quoi, tirons le rideau. Locarno est mort ! Que Locarno vive à jamais – dans notre souvenir ! » (Ferrière, 1927a, p. 265).

RÉFÉRENCES

SOURCES

Bovet, P. (1927). La liberté, but ou moyen. *Pour l'ère nouvelle, 31*, 175–177.
Buisson, F. (Éd.) (1880–1887). *Dictionnaire de pédagogie et d'instruction primaire*. Paris : Librairie Hachette.
Buisson, F. (Éd.) (1911). *Nouveau dictionnaire de pédagogie et d'instruction primaire*. Paris : Librairie Hachette.

---

13 Repéré à https://www.nobelprize.org/uploads/2018/06/buisson-lecture. pdf. « Comment l'Institut Nobel pourrait-il ne pas encourager un effort aussi digne ? Il ne peut méconnaître l'aide apportée un peu partout dans le monde par la modeste armée de la paix, dont les soldats de première ligne sont ceux qui influencent le plus les jeunes ».

Buisson, F. (1928). *Changes in concepts of war and peace* (pp. 35–43) (Repéré sur le site officiel du Prix Nobel – https://www.nobelprize.org/uploads/2018/06/buisson-lecture.pdf).

Ferrière, A. (1915). Préface. In A. Faria de Vasconcellos, *Une école nouvelle en Belgique* (pp. 9–17). Neuchâtel et Paris : Delachaux & Niestlé.

Ferrière, A. (1927a). Chronique du Congrès. *Pour l'ère nouvelle, 32,* 262–265.

Ferrière, A. (1927b). La participation des pays latins. *Pour l'ère nouvelle, 31,* 211–221.

Ferrière, A. (1927c). La discipline. *Pour l'ère nouvelle, 30,* 137–141.

Ferrière, A. (1927d). Conclusion. *Pour l'ère nouvelle, 31,* 209–210.

Lacombe, L. (1927). *Congresso Internacional de Educação Moderna – Congresso realizado em Locarno, na Suíça, em 1927.* Rio de Janeiro : Arquivo da Associação Brasileira de Educação (document manuscrit avec 13 pages et plusieurs annexes).

Lemos, Álvaro Viana de (1927). Relatório da viagem de estudo ao estrangeiro feita pelo professor Álvaro Viana de Lemos em Agosto de 1927. Coimbra : document dactylographié (archives privées).

Rotten, E. (1927). Liberté et limitation. *Pour l'ère nouvelle, 31,* 179–180.

Rugg, H. (1927). Comment libérer les programmes. *Pour l'ère nouvelle, 31,* 195–197.

Ryan, C. (1927). Les méthodes individuelles dans les écoles primaires. *Pour l'ère nouvelle, 31,* 194–195.

Sweetser, A. (1927). La signification et la portée du Congrès d'Éducation nouvelle. *Pour l'ère nouvelle, 31,* 165–167.

Thaker, M. B. T. (1927). Liberté et domination de soi. *Pour l'ère nouvelle, 31,* 208–209.

Viana de Lemos, Á. (1927). Relatório da viagem de estudo ao estrangeiro feita pelo Professor Álvaro Viana de Lemos, em Agosto de 1927. Lisbonne : Archives personnelles (document dactylographié avec 17 pages).

Washburne, C. (1927). La liberté par la maîtrise de soi. *Pour l'ère nouvelle, 31,* 197–199.

Wilson, L. (1927). La véritable signification de la liberté dans les écoles secondaires américaines d'instruction publique. *Pour l'ère nouvelle, 31,* 199–201.

Bibliographie

Arendt, H. (1954/1989). *La crise de la culture*. Paris : Gallimard.

Bachelard, G. (1957). *La poétique de l'espace*. Paris : Presses Universitaires de France.

Barthes, R. (1975). *Roland Barthes par Roland Barthes*. Paris : Seuil.

Borges, J. L. (1978). *Le livre de sable*. Paris : Gallimard.

Cresswell, T. (2006). *On the move : mobility in the modern western world*. New York : Routledge.

Deleuze, G. (1990). *Pourparlers 1972–1990*. Paris : Les Éditions de Minuit.

Derrida, J. (1967). *L'écriture et la différence*. Paris : Seuil.

Ginzburg, C. (2001). *À distance – Neuf essais sur le point de vue en histoire*. Paris : Gallimard.

Landi, S. (2013). Avant-Propos. *Essais – Revue interdisciplinaire d'Humanités*, numéro hors-série sur « L'estrangement », 9–17.

McLuhan, M. (1974). A media approach to inflation. *The New York Times*, 21 septembre 1974, 29.

Nóvoa, A. (2018). Comparing Southern Europe : the difference, the public, and the common. *Comparative Education, 54*(4), 548–561.

Popkewitz, T. (Éd.) (2005). *Inventing the Modern Self and John Dewey : Modernities and the Traveling of Pragmatism in Education*. New York : Palgrave Macmillan.

Proust, M. (1923). *À la recherche du temps perdu – vol. XII (La prisonnière)*. Paris : Gallimard.

Rémond, R. (1981). Préface. In L. H. Parias (Éd.), *Histoire générale de l'enseignement et de l'éducation en France*, Tome I (pp. 23–55). Paris : G.-V. Labat.

Rose, N. (1999). *Powers of freedom*. Cambridge : Cambridge University Press.

Serres, M. (1980). *Le parasite*. Paris : Grasset.

Serres, M. (1991). *Le tiers-instruit*. Paris : François Bourin.

Torreilles, P. (2004). *Résonance*. Mortemart : Rougerie.

Tsing, A. (2005). *Friction : an ethnography of global connection*. Princeton: Princeton University Press.

Notices biographiques des auteurs

Cécile Boss mène actuellement un projet de thèse sur l'histoire du Bureau international d'éducation (BIE), rattaché à l'équipe ERHISE et au projet FNS (N° 100011_169747). L'objet de la thèse porte sur l'analyse du processus de construction du BIE comme centre mondial d'éducation comparée entre 1925 et 1952 avec une mise en perspective en histoire sociale.

Émeline Brylinski est doctorante au sein d'ERHISE dans le cadre du projet FNS « le Bureau nternational d'éducation, plateforme de l'internationalisme éducatif » (n° 100011_169747). La thèse porte sur les agent.es de la coopération intergouvernementale en éducation et l'élaboration de recommandations « universelles », afin d'explorer les phénomènes de circulation des idées, les contributions, enjeux et controverses qui façonnent la cause portée par le BIE, soit d'asseoir la paix par l'éducation.

Joëlle Droux co-dirige l'Équipe de recherche en histoire sociale de l'éducation (ERHISE) de l'Université de Genève ; ses recherches portent sur l'histoire des politiques de protection de l'enfance et de la jeunesse au 20ᵉ siècle en Suisse et sur l'évolution contemporaine des réseaux et organisations internationales dans ce domaine.

Charles Heimberg est professeur de didactique de l'histoire à l'Université de Genève. Ses travaux portent sur l'enseignement de l'histoire, l'histoire sociale et du mouvement ouvrier, l'histoire de l'éducation, les enjeux mémoriels et de citoyenneté, la muséohistoire. Après avoir été rédacteur de la revue *Le cartable de Clio*, il s'occupe du site *À l'école de Clio. Histoire et didactique de l'histoire*. Il intervient également au sein de la Fondation

6

pour la Mémoire de la Déportation et de sa revue *En Jeu. Histoire et mémoires vivantes.*

Rita Hofstetter est historienne de l'éducation et professeure à l'Université de Genève. Elle est présidente des Archives Institut J.-J. Rousseau et co-dirige l'Équipe de recherche en histoire sociale de l'éducation (ERHISE). Ses chantiers de recherche (19e-20e siècles) : déploiements des sciences de l'éducation ; construction de l'État enseignant et des savoirs de référence des formations enseignantes ; sociogenèses des internationalismes éducatifs (dont l'histoire du Bureau international d'éducation).

Joyce Goodman est professeure d'histoire de l'éducation à l'Université de Winchester (Royaume-Uni) et chercheure associée à CERLIS (Paris). Ses recherches portent sur la corrélation entre le travail des femmes dans et pour l'éducation pendant l'entre-deux-guerres et l'internationalisme et l'empire (en particulier du fait de l'intrication entre organisations internationales et régionales féminines, éducation et enseignement supérieur), et la méthodologie de l'histoire de l'éducation et de l'histoire de l'éducation des femmes.

Renata Latała, docteure en histoire contemporaine, également diplômée en études européennes, est collaboratrice scientifique au Département d'Histoire de l'Université de Genève. Ses recherches et ses travaux portent essentiellement sur les échanges culturels, les relations internationales et les réseaux intellectuels aux XIXe et XXe siècles, ainsi que sur l'histoire intellectuelle du catholicisme. Elle travaille actuellement sur le concept de solidarité et les pratiques solidaires dans le contexte de la fin de la Guerre froide.

Frédéric Mole, d'abord professeur de philosophie (en lycée et en IUFM), puis maître de conférences en sciences de l'éducation à l'Université Jean-Monnet de Saint-Étienne, est actuellement collaborateur scientifique aux Archives Institut Jean-Jacques Rousseau (AIJJR) à l'Université de Genève (membre de l'équipe ERHISE). Ses travaux portent sur l'histoire des débats et des controverses politiques en éducation (19e-20e siècles).

António Nóvoa, docteur en sciences de l'éducation (Genève) et en histoire (Paris), est professeur et recteur honoraire de l'Université de Lisbonne (recteur de 2006–2013). Il fut président d'ISCHE – Association internationale d'histoire de l'éducation (2000–2003) – et professeur invité dans diverses universités américaines (Oxford, New York, Brasília, Rio de Janeiro). Ses travaux sont liés aux questions historiques et comparatives de l'éducation, notamment à propos de la profession enseignante, des sciences de l'éducation, de l'éducation nouvelle. Il est actuellement ambassadeur du Portugal à l'Unesco.

Xavier Riondet est maître de conférences en sciences de l'éducation à l'Université de Lorraine. Actuel responsable de l'équipe Normes et Valeurs du LISEC EA 2310, il est chercheur associé à ERHISE et à la Bibliothèque Nationale de France (BNF). Son chantier de recherche porte sur l'analyse des processus par lesquels des savoirs peuvent émerger, être acceptés puis institutionnalisés, et permettre l'évolution de la normativité scolaire et des valeurs promulguées par l'École.

Bernard Schneuwly est professeur honoraire de didactique des langues de l'Université de Genève. Il travaille sur les méthodes d'enseignement de l'expression orale et écrite, la construction des objets d'enseignement dans les classes de français, l'histoire de l'enseignement de la langue première, le rapport entre enseignement et apprentissage dans une perspective historico-culturelle et l'histoire de la didactique et des sciences de l'éducation.

Abréviations

Agence centrale : Agence centrale des prisonniers de guerre du Comité international de la Croix-Rouge

BIE   Bureau international d'éducation
BIT   Bureau international du travail
CI   Coopération intellectuelle
CICI   Commission internationale de coopération intellectuelle
CICR   Comité international de la Croix-Rouge internationale
CIE   Congrès international d'éducation morale
CIF   Conseil international des femmes
CN   Commissions nationales de coopération intellectuelle
COE   Conseil œcuménique des églises
FESE   Fonds européen de secours aux étudiants
FIAI   Fédération internationale des associations d'instituteurs
FUE   Fédération unitaire de l'enseignement
IICI   Institut international de coopération intellectuelle
ITE   Internationale des travailleurs de l'enseignement
LIEN   Ligue internationale pour l'Éducation nouvelle
NEF   New Education Fellowship
OCI   Organisation de la coopération Intellectuelle
ONG   Organisation non gouvernementale
PAES   Persian American Education Society
PEN   *Pour l'ère nouvelle*
SAIP   Service d'aide intellectuelle aux prisonniers et internés de guerre
SDN   Société des Nations
SNI   Syndicat national des instituteurs français
UCJG   Union chrétienne des jeunes gens

UISE   Union internationale de secours aux enfants
Unesco   United Nations for Education, Sciences and Culture Organi-
         sation (Organisation des Nations unies pour l'éducation, la
         science et la culture)
Unicef   United Nations International Children's Emergency Fund
         (Fonds des Nations Unies pour l'enfance)
WFEA   World Federation of Education Associations
YMCA   Young Men's Christian Association

Exploration

Ouvrages parus

Education: histoire et pensée

- Cristian Bota: *Pensée verbale et raisonnement. Les fondements langagiers des configurations épistémiques.* 260 p., 2018.

- Catherine Bouve: *L'utopie des crèches françaises au XIXe siècle. Un pari sur l'enfant pauvre.* Essai socio-historique. 308 p., 2010.

- Loïc Chalmel: *La petite école dans l'école – Origine piétiste-morave de l'école maternelle française.* Préface de J. Houssaye. 375 p., 1996, 2000, 2005.

- Loïc Chalmel: *Jean Georges Stuber (1722-1797) – Pédagogie pastorale.* Préface de D. Hameline, XXII, 187 p., 2001.

- Loïc Chalmel: *Réseaux philanthropinistes et pédagogie au 18e siècle.* XXVI, 270 p., 2004.

- Nanine Charbonnel: *Pour une critique de la raison éducative.* 189 p., 1988.

- Marie-Madeleine Compère: *L'histoire de l'éducation en Europe. Essai comparatif sur la façon dont elle s'écrit.* (En coédition avec INRP, Paris). 302 p., 1995.

- Jean-François Condette, *Jules Payot (1859-1940). Education de la volonté, morale laïque et solidarité. Itinéraire intellectuel et combats pédagogiques au coeur de la IIIe République.* 316 p., 2012.

- Lucien Criblez, Rita Hofstetter (Ed./Hg.), Danièle Périsset Bagnoud (avec la collaboration de/unter Mitarbeit von): *La formation des enseignant(e)s primaires. Histoire et réformes actuelles / Die Ausbildung von PrimarlehrerInnen. Geschichte und aktuelle Reformen.* VIII, 595 p., 2000.
- Daniel Denis, Pierre Kahn (Ed.): *L'Ecole de la Troisième République en questions. Débats et controverses dans le* Dictionnaire de pédagogie *de Ferdinand Buisson.* VII, 283 p., 2006.
- Marcelle Denis: *Comenius. Une pédagogie à l'échelle de l'Europe.* 288 p., 1992.
- Joëlle Droux & Rita Hofstetter (Éds.): *Internationalismes éducatifs entre débats et combats (fin du 19ᵉ – premier 20ᵉ siècle).* 304 p., 2020.
- Patrick Dubois: *Le Dictionnaire de Ferdinand Buisson. Aux fondations de l'école républicaine (1878-1911).* VIII, 243 p., 2002.
- Marguerite Figeac-Monthus: *Les enfants de l'*Émile? *L'effervescence éducative de la France au tournant des XVIIIᵉ et XIXᵉ siècles.* XVII, 326 p., 2015.
- Nadine Fink: *Paroles de témoins, paroles d'élèves. La mémoire et l'histoire de la Seconde Guerre mondiale de l'espace public au monde scolaire.* XI, 266 p., 2014.
- Philippe Foray: *La laïcité scolaire. Autonomie individuelle et apprentissage du monde commun.* X, 229 p., 2008.
- Jacqueline Gautherin: *Une discipline pour la République. La science de l'éducation en France (1882-1914).* Préface de Viviane Isambert-Jamati. XX, 357 p., 2003.
- Daniel Hameline, Jürgen Helmchen, Jürgen Oelkers (Ed.): *L'éducation nouvelle et les enjeux de son histoire.* Actes du colloque international des archives Institut Jean-Jacques Rousseau. VI, 250 p., 1995.
- Béatrice Haenggeli-Jenni: *L'Éducation nouvelle : entre science et militance. Débats et combats au prisme de la revue* Pour l'Ère Nouvelle *(1920-1940).* VIII, 361 p., 2017.
- Rita Hofstetter: *Les lumières de la démocratie. Histoire de l'école primaire publique à Genève au XIXᵉ siècle.* VII, 378 p., 1998.
- Rita Hofstetter, Charles Magnin, Lucien Criblez, Carlo Jenzer (†) (Ed.): *Une école pour la démocratie. Naissance et développement de l'école primaire publique en Suisse au 19ᵉ siècle.* XIV, 376 p., 1999.
- Rita Hofstetter, Bernard Schneuwly (Ed./Hg.): *Science(s) de l'éducation (19ᵉ-20ᵉ siècles) – Erziehungswissenschaft(en) (19.–20. Jahrhundert). Entre champs professionnels et champs disciplinaires*
- *Zwischen Profession und Disziplin.* 512 p., 2002.
- Rita Hofstetter, Bernard Schneuwly (Ed.): *Passion, Fusion, Tension. New Education and Educational Sciences – Education nouvelle et Sciences de l'éducation. End 19th – middle 20th century*
- *Fin du 19ᵉ – milieu du 20ᵉ siècle.* VII, 397 p., 2006.
- Rita Hofstetter, Bernard Schneuwly (Ed.), avec la collaboration de Valérie Lussi, Marco Cicchini, Lucien Criblez et Martina Späni: *Emergence des sciences de l'éducation en Suisse à la croisée de traditions académiques contrastées. Fin du 19ᵉ – première moitié du 20ᵉ siècle.* XIX, 539 p., 2007.
- Jean Houssaye: *Théorie et pratiques de l'éducation scolaire (1): Le triangle pédagogique.* Préface de D. Hameline. 267 p., 1988, 1992, 2000.
- Jean Houssaye: *Théorie et pratiques de l'éducation scolaire (2): Pratique pédagogique.* 295 p., 1988.

- Alain Kerlan: *La science n'éduquera pas. Comte, Durkheim, le modèle introuvable.* Préface de N. Charbonnel. 326 p., 1998.

- Francesca Matasci: *L'inimitable et l'exemplaire: Maria Boschetti Alberti. Histoire et figures de l'Ecole sereine.* Préface de Daniel Hameline. 232 p., 1987.

- Pierre Ognier: *L'Ecole républicaine française et ses miroirs.* Préface de D. Hameline. 297 p., 1988.

- Annick Ohayon, Dominique Ottavi & Antoine Savoye (Ed.): *L'Education nouvelle, histoire, présence et devenir.* VI, 336 p., 2004, 2007.

- Johann Heinrich Pestalozzi: *Ecrits sur l'expérience du Neuhof.* Suivi de quatre études de P.-Ph. Bugnard, D. Tröhler, M. Soëtard et L. Chalmel. Traduit de l'allemand par P.-G. Martin. X, 160 p., 2001.

- Johann Heinrich Pestalozzi: *Sur la législation et l'infanticide. Vérités, recherches et visions.* Suivi de quatre études de M. Porret, M.-F. Vouilloz Burnier, C. A. Muller et M. Soëtard. Traduit de l'allemand par P.-G. Matin. VI, 264 p., 2003.

- Viviane Rouiller: *«Apprendre la langue de la majorité des Confédérés». La discipline scolaire de l'allemand, entre enjeux pédagogiques, politiques, pratiques et culturels (1830–1990).* XII, 390 p., 2020.

- Martine Ruchat: *Inventer les arriérés pour créer l'intelligence. L'arriéré scolaire et la classe spéciale. Histoire d'un concept et d'une innovation psychopédagogique 1874–1914.* Préface de Daniel Hameline. XX, 239 p., 2003.

- Jean-François Saffange: *Libres regards sur Su=mmerhill. L'oeuvre pédagogique de A.-S. Neill.* Préface de D. Hameline. 216 p., 1985.

- Michel Soëtard, Christian Jamet (Ed.): *Le pédagogue et la modernité. A l'occasion du 250ᵉ anniversaire de la naissance de Johann Heinrich Pestalozzi (1746-1827).* Actes du colloque d'Angers (9-11 juillet 1996). IX, 238 p., 1998.

- Alain Vergnioux: *Pédagogie et théorie de la connaissance. Platon contre Piaget?* 198 p., 1991.

- Alain Vergnioux (éd.): *Grandes controverses en éducation.* VI, 290 p., 2012.

- Marie-Thérèse Weber: *La pédagogie fribourgeoise, du concile de Trente à Vatican II. Continuité ou discontinuité?* Préface de G. Avanzini. 223 p., 1997.

Recherches en sciences de l'éducation

- Sandrine Aeby Daghé: *Candide, La fée carabine et les autres.* Vers un modèle didactique de la lecture littéraire. IX, 303 p., 2014.

- Linda Allal, Jean Cardinet, Phillipe Perrenoud (Ed.): *L'évaluation formative dans un enseignement différencié.* Actes du Colloque à l'Université de Genève, mars 1978. 264 p., 1979, 1981, 1983, 1985, 1989, 1991, 1995.

- Claudine Amstutz, Dorothée Baumgartner, Michel Croisier, Michelle Impériali, Claude Piquilloud: *L'investissement intellectuel des adolescents. Recherche clinique.* XVII, 510 p., 1994.

- Bernard André: *S'investir dans son travail: les enjeux de l'activité enseignante.* XII, 289 p., 2013

- Guy Avanzini (Ed.): *Sciences de l'éducation: regards multiples.* 212 p., 1994.

– Daniel Bain: *Orientation scolaire et fonctionnement de l'école.* Préface de J. B. Dupont et F. Gendre. VI, 617 p., 1979.

– Jean-Michel Baudouin: *De l'épreuve autobiographique. Contribution des histoires de vie à la problématique des genres de texte et de l'herméneutique de l'action.* XII, 532 p., 2010.

– Véronique Bedin & Laurent Talbot (éd.): *Les points aveugles dans l'évaluation des dispositifs d'éducation ou de formation.* VIII, 211 p., 2013.

– Ana Benavente, António Firmino da Costa, Fernando Luis Machado, Manuela Castro Neves: *De l'autre côté de l'école.* 165 p., 1993.

– Jean-Louis Berger: *Apprendre : la rencontre entre motivation et métacognition.* Autorégulation dans l'apprentissage des mathématiques en formation professionnelle. XI, 221 p., 2015

– Denis Berthiaume & Nicole Rege Colet (Ed.): *La pédagogie de l'enseignement supérieur: repères théoriques et applications pratiques. Tome 1: Enseigner au supérieur.* 345 p., 2013.

– Anne-Claude Berthoud, Bernard Py: *Des linguistes et des enseignants. Maîtrise et acquisition des langues secondes.* 124 p., 1993.

– Pier Carlo Bocchi: *Gestes d'enseignement.* L'agir didactique dans les premières pratiques d'écrit . 378 p., 2015.

– Dominique Bucheton: *Ecritures-réécritures – Récits d'adolescents.* 320 p., 1995.

– Melanie Buser: *Two-Way Immersion in Biel/Bienne, Switzerland: Multilingual Education in the Public Primary School Filière Bilingue (FiBi). A Longitudinal Study of Oral Proficiency Development of K-4 Learners in Their Languages of Schooling (French and (Swiss) German).* 302 p., 2020.

– Sandra Canelas-Trevisi: *La grammaire enseignée en classe.* Le sens des objets et des manipulations. 261 p., 2009.

– Vincent Capt, Mathieu Depeursinge et Sonya Florey (Dir.): *L'enseignement du français et le défi du numérique.* VI, 134 p., 2020.

– Jean Cardinet, Yvan Tourneur (†): *Assurer la mesure. Guide pour les études de généralisabi lité.* 381 p., 1985.

– Felice Carugati, Francesca Emiliani, Augusto Palmonari: *Tenter le possible. Une expérience de socialisation d'adolescents en milieu communautaire.* Traduit de l'italien par Claude Béguin. Préface de R. Zazzo. 216 p., 1981.

– Evelyne Cauzinille-Marmèche, Jacques Mathieu, Annick Weil-Barais: *Les savants en herbe.* Pré face de J.-F. Richard. XVI, 210 p., 1983, 1985.

– Vittoria Cesari Lusso: *Quand le défi est appelé intégration. Parcours de socialisation et de personnalisation de jeunes issus de la migration.* XVIII, 328 p., 2001.

– Nanine Charbonnel (Ed.): *Le Don de la Parole. Mélanges offerts à Daniel Hameline pour son soixante-cinquième anniversaire.* VIII, 161 p., 1997.

– Gisèle Chatelanat, Christiane Moro, Madelon Saada-Robert (Ed.): *Unité et pluralité des sciences de l'éducation. Sondages au coeur de la recherche.* VI, 267 p., 2004.

– Florent Chenu: *L'évaluation des compétences professionnelles. Une mise à l'épreuve expérimentale des notions et présupposés théoriques sous-jacents.* 347 p., 2015.

– Christian Daudel: *Les fondements de la recherche en didactique de la géographie.* 246 p., 1990.

– Bertrand Daunay: *La paraphrase dans l'enseignement du français.* XIV, 262 p., 2002.

- Jean-Marie De Ketele: *Observer pour éduquer*. (Epuisé)

- Jean-Louis Derouet, Marie-Claude Derouet-Besson (éds.): *Repenser la justice dans le domaine de l'éducation et de la formation*. VIII, 385 p., 2009.

- Ana Dias-Chiaruttini: *Le débat interprétatif dans l'enseignement du français*. IX, 261 p., 2015.

- Joaquim Dolz, Jean-Claude Meyer (Ed.): *Activités métalangagières et enseigne ment du français. Actes des journées d'étude en didactique du français (Cartigny, 28 février – 1 mars 1997)*. XIII, 283 p., 1998.

- Pierre Dominicé: *La formation, enjeu de l'évaluation*. Préface de B. Schwartz. (Epuisé)

- Pierre-André Doudin, Daniel Martin, Ottavia Albanese (Ed.): *Métacognition et éducation*. XIV, 392 p., 1999, 2001.

- Pierre Dominicé, Michel Rousson: *L'éducation des adultes et ses effets. Problématique et étude de cas*. (Epuisé)

- Andrée Dumas Carré, Annick Weil-Barais (Ed.): *Tutelle et médiation dans l'éducation scientifique*. VIII, 360 p., 1998.

- Jean-Blaise Dupont, Claire Jobin, Roland Capel: *Choix professionnels adolescents. Etude longitudinale à la fin de la scolarité secondaire*. 2 vol., 419 p., 1992.

- Vincent Dupriez, Jean-François Orianne, Marie Verhoeven (Ed.): De l'école au marché du travail, l'égalité des chances en question. X, 411 p., 2008.

- Raymond Duval: *Sémiosis et pensée humaine – Registres sémiotiques et apprentissages intellectuels*. 412 p., 1995.

- Eric Espéret: *Langage et origine sociale des élèves*. (Epuisé)

- Jean-Marc Fabre: *Jugement et certitude. Recherche sur l'évaluation des connaissances*. Préface de G. Noizet. (Epuisé)

- Georges Felouzis et Gaële Goastellec (Éd.): *Les inégalités scolaires en Suisse. École, société et politiques éducatives*. VI, 273 p., 2015.

- Barbara Fouquet-Chauprade & Anne Soussi (Ed.): *Pratiques pédagogiques et éducation prioritaire*. VIII, 218 p., 2018.

- Monique Frumholz: *Ecriture et orthophonie*. 272 p., 1997.

- Pierre Furter: *Les systèmes de formation dans leurs contextes*. (Epuisé)

- Monica Gather Thurler, Isabelle Kolly-Ottiger, Philippe Losego et Olivier Maulini, *Les directeurs au travail. Une enquête au coeur des établissements scolaires et socio-sanitaires*. VI, 318 p., 2017.

- André Gauthier (Ed.): *Explorations en linguistique anglaise. Aperçus didac tiques*. Avec Jean-Claude Souesme, Viviane Arigne, Ruth Huart-Friedlander. 243 p., 1989.

- Marcelo Giglio & Francesco Arcidiacono (Eds): *Les interactions sociales en classe: réflexions et perspectives*. VI, 250 p., 2017.

- Patricia Gilliéron Giroud & Ladislas Ntamakiliro (Ed.): *Réformer l'évaluation scolaire: mission impossible*. 264 p. 2010.

- Michel Gilly, Arlette Brucher, Patricia Broadfoot, Marylin Osborn: *Instituteurs anglais instituteurs francais. Pratiques et conceptions du rôle*. XIV, 202 p., 1993.

- André Giordan: *L'élève et/ou les connaissances scientifiques. Approche didactique de la construction des concepts scientifiques par les élèves*. 3e édition, revue et corrigée. 180 p., 1994.

– André Giordan, Yves Girault, Pierre Clément (Ed.): *Conceptions et con nais sances.* 319 p., 1994.

– André Giordan (Ed.): *Psychologie génétique et didactique des sciences.* Avec Androula Henriques et Vinh Bang. (Epuisé)

– Corinne Gomila: *Parler des mots, apprendre à lire. La circulation du métalangage dans les activités de lecture.* X, 263 p. 2011.

– Armin Gretler, Ruth Gurny, Anne-Nelly Perret-Clermont, Edo Poglia (Ed.): *Etre migrant. Approches des problèmes socio-culturels et linguistiques des enfants migrants en Suisse.* 383 p., 1981, 1989.

– Francis Grossmann: *Enfances de la lecture. Manières de faire, manières de lire à l'école maternelle.* Préface de Michel Dabène. 260 p., 1996, 2000.

– Jean-Pascal Simon, Francis Grossmann (Ed.): *Lecture à l'Université. Langue maternelle, seconde et étrangère.* VII, 289 p., 2004.

– Michael Huberman, Monica Gather Thurler: *De la recherche à la pratique. Eléments de base et mode d'emploi.* 2 vol., 335 p., 1991.

– Institut romand de recherches et de documentation pédagogiques (Neuchâtel): Connaissances mathématiques à l'école primaire: J.-F. Perret: *Présentation et synthèse d'une évaluation romande;* F. Jaquet, J. Cardinet: *Bilan des acquisitions en fin de première année;* F. Jaquet, E. George, J.-F. Perret: *Bilan des acquisitions en fin de deuxième année;* J.-F. Perret: *Bilan des acquisitions en fin de troisième année;* R. Hutin, L.-O. Pochon, J.-F. Perret: *Bilan des acquisitions en fin de quatrième année;* L.-O. Pochon: *Bilan des acquisitions en fin de cinquième et sixième année.* 1988-1991.

– Daniel Jacobi: *Textes et images de la vulgarisation scientifique.* Préface de J. B. Grize. (Epuisé)

– Marianne Jacquin, Germain Simons, Daniel Delbrassine (éds): *Les genres textuels en langues étrangères : entre théorie et pratique.* 372 p, 2019

– René Jeanneret (Ed.): *Universités du troisième âge en Suisse.* Préface de P. Vellas. 215 p., 1985.

– Samuel Johsua, Jean-Jacques Dupin: *Représentations et modélisations: le «débat scientifique» dans la classe et l'apprentissage de la physique.* 220 p., 1989.

– Constance Kamii: *Les jeunes enfants réinventent l'arithmétique.* Préface de B. Inhelder. 171 p., 1990, 1994.

– Helga Kilcher-Hagedorn, Christine Othenin-Girard, Geneviève de Weck: *Le savoir grammati c al des élèves. Recherches et réflexions critiques.* Préface de J.-P. Bronckart. 241 p., 1986.

– Georges Leresche (†): *Calcul des probabilités.* (Epuisé)

– Francia Leutenegger: *Le temps d'instruire. Approche clinique et expérimentale du didactique ordinaire en mathématique.* XVIII, 431 p., 2009.

– Even Loarer, Daniel Chartier, Michel Huteau, Jacques Lautrey: *Peut-on éduquer l'intel li gence? L'évaluation d'une méthode d'éducation cognitive.* 232 p., 1995.

– Georges Lüdi, Bernard Py: *Etre bilingue.* 4ᵉ édition. XII, 223 p., 2013.

– Brigitte Louichon, Marie-France Bishop, Christophe Ronveaux (Ed.): *Les fables à l'école. Un genre patrimonial européen ?* VII, 279 p., 2017.

– Valérie Lussi Borer: *Histoire des formations à l'enseignement en Suisse romande.* X, 238 p., 2017.

– Pierre Marc: *Autour de la notion pédagogique d'attente.* 235 p., 1983, 1991, 1995.

- Jean-Louis Martinand: *Connaître et transformer la matière.* Préface de G. Delacôte. (Epuisé)
- Jonas Masdonati: *La transition entre école et monde du travail. Préparer les jeunes à l'entrée en formation professionnelle.* 300 p., 2007.
- Marinette Matthey: *Apprentissage d'une langue et interaction verbale.* XII, 247 p., 1996, 2003.
- Paul Mengal: *Statistique descriptive appliquée aux sciences humaines.* VII, 107 p., 1979, 1984, 1991, 1994, 1999 (5e + 6e), 2004.
- Isabelle Mili: *L'oeuvre musicale, entre orchestre et écoles.* Une approche didactique de pratiques d'écoute musicale. X, 228 p., 2014.
- Henri Moniot (Ed.): *Enseigner l'histoire. Des manuels à la mémoire.* (Epuisé)
- Cléopâtre Montandon, Philippe Perrenoud: *Entre parents et enseignants: un dialogue impossible?* Nouvelle édition, revue et augmentée. 216 p., 1994.
- Christiane Moro, Bernard Schneuwly, Michel Brossard (Ed.): *Outils et signes. Perspectives actuelles de la théorie de Vygotski.* 221 p., 1997.
- Christiane Moro & Cintia Rodríguez: *L'objet et la construction de son usage chez le bébé. Une approche sémiotique du développement préverbal.* X, 446 p., 2005.
- Lucie Mottier Lopez: *Apprentissage situé. La microculture de classe en mathématiques.* XXI, 311 p., 2008.
- Lucie Mottier Lopez & Walther Tessaro (éd.): *Le jugement professionnel, au coeur de l'évaluation et de la régulation des apprentissages.* VII, 357 p., 2016.
- Gabriel Mugny (Ed.): *Psychologie sociale du développement cognitif.* Préface de M. Gilly. (Epuisé)
- Romuald Normand: *Gouverner la réussite scolaire. Une arithmétique politique des inégalités.* XI, 260 p., 2011.
- Sara Pain: *Les difficultés d'apprentissage. Diagnostic et traitement.* 125 p., 1981, 1985, 1992.
- Sara Pain: *La fonction de l'ignorance.* (Epuisé)
- Christiane Perregaux: *Les enfants à deux voix. Des effets du bilinguisme successif sur l'apprentissage de la lecture.* 399 p., 1994.
- Jean-François Perret: *Comprendre l'écriture des nombres.* 293 p., 1985.
- Anne-Nelly Perret-Clermont: *La construction de l'intelligence dans l'interaction sociale.* Edition revue et augmentée avec la collaboration de Michèle Grossen, Michel Nicolet et Maria-Luisa Schubauer-Leoni. 305 p., 1979, 1981, 1986, 1996, 2000.
- Edo Poglia, Anne-Nelly Perret-Clermont, Armin Gretler, Pierre Dasen (Ed.): *Pluralité culturelle et éducation en Suisse. Etre migrant.* 476 p., 1995.
- Jean Portugais: *Didactique des mathématiques et formation des enseignants.* 340 p., 1995.
- Laetitia Progin: *Devenir chef d'établissement. Le désir de leadership à l'épreuve de la réalité.* 210 p., 2017.
- Nicole Rege Colet & Denis Berthiaume (Ed.): *La pédagogie de l'enseignement supérieur: repères théoriques et applications pratiques. Tome 2. Se développer au titre d'enseignant.* VI, 261 p., 2015
- Yves Reuter (Ed.): *Les interactions lecture-écriture.* Actes du colloque organisé par THÉODILE-CREL (Lille III, 1993). XII, 404 p., 1994, 1998.

- Philippe R. Richard: *Raisonnement et stratégies de preuve dans l'enseignement des mathématiques.* XII, 324 p., 2004.
- Marielle Rispail et Christophe Ronveaux (Ed.): *Gros plan sur la classe de français. Motifs et variations.* X, 258 p., 2010.
- Yviane Rouiller et Katia Lehraus (Ed.): *Vers des apprentissages en coopération: rencontres et perspectives.* XII, 237 p., 2008.
- Guy Rumelhard: *La génétique et ses représentations dans l'enseignement.* Préface de A. Jacquard. 169 p., 1986.
- El Hadi Saada: *Les langues et l'école. Bilinguisme inégal dans l'école algérienne.* Préface de J.-P. Bronckart. 257 p., 1983.
- Muriel Surdez: *Diplômes et nation. La constitution d'un espace suisse des professions avocate et artisanales (1880-1930).* X, 308 p., 2005.
- Valérie Tartas: *La construction du temps social par l'enfant. Préfaces de Jérôme Bruner et Michel Brossard* XXI, 252 p., 2008.
- Joris Thievenaz, Jean-Marie Barbier et Frédéric Saussez (Dir.): *Comprendre/Transformer.* 292 p., 2020.
- Sabine Vanhulle: *Des savoirs en jeu aux savoirs en «je». Cheminements réflexifs et subjectivation des savoirs chez de jeunes enseignants en formation.* 288 p., 2009.
- Joëlle Vlassis: *Sens et symboles en mathématiques. Etude de l'utilisation du signe «moins» dans les réductions polynomiales et la résolution d'équations du premier degré à inconnue.* XII, 437 p., 2010.
- Gérard Vergnaud: *L'enfant, la mathématique et la réalité. Problèmes de l'enseignement des mathématiques à l'école élémentaire.* V, 218 p., 1981, 1983, 1985, 1991, 1994.
- Sylvain Wagnon: *Le manuel scolaire, objet d'étude et de recherche : enjeux et perspectives.* X, 310 p., 2019.
- Nathanaël Wallenhorst: *L'école en France et en Allemagne. Regard de lycéens, comparaison d'expériences scolaires.* IX, 211 p., 2013.
- Jacques Weiss (Ed.): *A la recherche d'une pédagogie de la lecture.* (Epuisé)
- Martine Wirthner: *Outils d'enseignement : au-delà de la baguette magique. Outils transformateurs, outils transformés dans des séquences d'enseignement en production écrite.* XI, 259 p., 2017.
- Richard Wittorski, Olivier Maulini & Maryvonne Sorel (éds). Les professionnels et leurs formations. Entre développement des sujets et projets des institutions. VI, 237 p., 2015.
- Tania Zittoun: *Insertions. A quinze ans, entre échec et apprentissage.* XVI, 192 p., 2006.
- Marianne Zogmal: *«Savoir voir et faire voir». Les processus d'observation et de catégorisation dans l'éducation de l'enfance.* 258 p., 2020.

www.peterlang.com